亞馬遜森林探勘先鋒

徐畢克斯用科學寫日記，
發掘全新物種

Klaus Schönitzer 著
陳克敏 譯

推薦序一

國立中興大學昆蟲學系教授　楊正澤

譯者在巴西探勘之旅節錄（註五十一）（旅記第一冊第一六二－一六五頁）：翻譯徐畢克斯所描述的熱帶雨林的一天，清晨吼猴咆哮，樹蛙及蟾蜍鼓囊鳴叫，蟋蟀及螽蟖的振翅唧唧，到晚上的螢火蟲出現，內容緊湊又富節奏性。對生物及其棲所行為等生態描繪頗為真實，德文原著以科學語言，描述徐畢克斯的探險記，除了科學術語之外，也需要對當時德語用詞有相當瞭解，才能貼切精準地將德文翻譯為中文，這是本書透過精美的文字以及德國昆蟲學家克勞斯・薛尼徹教授（Prof. Dr. Klaus Schönitzer）在徐畢克斯傳原著，細心整理，忠實敘述徐畢克斯在巴西自然繽紛多樣的生物，簡要回顧十八世紀及十九世紀初歐洲歷史，以及側寫當時文明與原始世界的人文背景。對於富挑戰性的冒險情境，縱使不須畫面，也能經由陳克敏先生的中文譯本，讓人宛如身歷其境。當然原著珍貴的插圖及文件更增添了這本書的價值。

陳克敏先生輔大德語系畢業，外交人員出身，服務過行政院新聞局及外交部，並輪派德國慕尼黑及漢堡外館多年。因為個人的嗜好，經常與歐洲同好研究糞金龜分類，同行間頗為知名，也有著名作品《糞金龜的世界》出版，對於自然科學熱愛，雖是業餘專長但投入頗為深入。本書原著者慕尼黑博物館行政副館長，薛尼徹教授今年剛退休，他是本人昆蟲分類學研究夥伴。克敏兄是原著作者多年好友，能較深入了解原著所表達的原意，加上前述專長及背景，翻譯起來得心應手。相信讀者在閱讀品味過程中，會發現經由其中文寫作技巧與文字的雕琢，巴西熱帶雨林的景象似乎一幕幕浮現。個人曾經兩度造訪南美熱帶雨林，巴西伊瓜樹與祕魯伊奇多士，又曾在馬來西亞及印尼熱帶雨林中的經驗，因此，景象更是躍然紙上，雨林中的聲景，也隨之迴盪在耳際。

推薦序二

國立自然科學博物館副研究員　詹美鈴

看過《里約大冒險》和《里約大冒險二》（Rio, Rio2）系列電影嗎？電影中的主角金剛鸚鵡阿藍（Blu）和珠兒（Jewel），在第二部電影中阿藍和珠兒最後終於結為連理，第二集更生下三隻幼鳥，但在現實世界中，這種金剛鸚鵡的野外族群在二千年因最後一隻雄鳥死亡而全數滅絕，目前僅剩下人工飼養的族群，物種生存狀況亟亟可危。牠們的真正名稱為徐畢克斯金剛鸚鵡，為世界上最珍稀的種類之一，就是本書主角徐畢克斯遠赴巴西探險時，首次發現並命名的鳥類物種，只是他當時所命的學名為*Ara hyacinthinus* Spix，在一八二四年時，因與其他學者的命名重複而無效，後來再由瓦格勒於一八三二年重新命名為*Cyanopsitta spixii* Wagler，一八三二年，其種小名*spixii*就是以徐畢克斯為名，藉此紀念他的貢獻，其模式標本連同徐畢克斯到巴西蒐集的標本全部存放在慕尼黑邦立動物學蒐藏館中，正是本書作者薛尼徹教授（Prof. Klaus Schönitzer）服務的機構，也是當時徐畢克斯工作的地方（當時屬國家科學院所轄的「動物及動物解剖學蒐藏」部門）。

二〇〇一年透過中興大學昆蟲系楊正澤教授所申請的中德雙邊交流計畫（PPP），有機會到訪慕尼黑邦立動物學蒐藏館檢視標本與學習標本蒐藏管理流程。第一次見到一座既新穎又環保的建築物，但所蒐藏的動物標本卻龐大又具悠久歷史，這對我工作於僅三十年蒐藏歷史的科博館來說，相當震撼、感動、同時也充滿了複雜的情緒。標本是各類研究的基礎，也是解開自然史歷史之謎的重要物證，經過近二百年的持續大量蒐藏，標本仍能如此完整保存，著實不易。當時還有幸親身居住在博物館的客房，與這些劃時代的動物標本共居，是極為難得的經驗。在拜讀本書之後，才知道原來很多的蒐藏品是來自於徐畢克斯和他的同伴馬萩仕，在交通不發達的時代，舟車勞頓遠赴巴西及亞馬遜流域，以熱情和堅毅不拔的精神所取回的蒐藏品，不禁令人肅然起敬。

回想二千年起，和薛尼徹教授及其同事與學生在臺灣一起到野外採集，看到他們採集及處理標本時的認真與嚴謹態度，心生尊敬，他們回去之後也陸續發表了不少相關的論文。也因此，科博館在二〇〇五年特地邀請該館學者夏赫德（Wolfgang Schacht）來台協助鑑定本館的雙翅目標本，其工作效率之高令人咋舌，在短短一個月期間內就將約三萬件雙翅目標本鑑定至科，並由館藏中發現了臺灣十一個新紀錄科。他回國後，仍持續協助將本館浸液標本借出進行鑑定工作，可惜在二〇一一年不幸過世而中斷此項交流合作。

二〇〇九年本館與中興大學合作推出鳴蟲特展，深受觀眾喜愛，因此在新聞局陳克敏先生（本書譯者）協助下，我們翻譯成各國語言版本，先後至歐洲六國七個機構進行巡迴展示，二〇一二年最後一站到達德國慕尼黑邦立動物學蒐藏館，本館將所有看板與展品全數送給該館，希望可以在德國境內機構繼續巡迴展出，以達最大效益。二〇一二年科博館更與擁有一八〇年歷史的「巴伐利亞自然科學蒐藏聯盟」（Staatliche Naturwissenschaftliche Sammlungen Bayerns, SNSB）共同簽署合作交流備忘錄，以利於未來雙方在蒐藏、研究、展示與教育方面有更進一步的合作與交流。

慕尼黑邦立動物學蒐藏館具二百多年歷史，擁有二千五百萬件以上的動物標本，是世界最重要及蒐藏數量龐大的博物館之一，這些動物標本都是由像徐畢克斯這樣具高度熱忱的學者經年累月冒險犯難蒐集而來。如薛尼徹教授在採集時，也常甘冒著被螫的危險，而將頭埋進網中捉取蜂類標本，就是避免被牠逃走。件件標本件件精彩故事，細閱本書，您即能深刻了解研究學者在採集標本時的辛酸、痛苦、驚險、感動與喜悅的過程。

推薦序三

慕尼黑大學教授　海恩徹樂（Prof. Thomas Heinzeller）

約翰・巴布提斯・徐畢克斯騎士（Johann Baptist Ritter von Spix）為十九世紀初慕尼黑的動物學者，不但建立了具紮實科學根基的蒐藏，並對巴西的研究卓有貢獻，但由於早逝，致使他很快被大眾遺忘。當然他的重要性在親友圈、家鄉以及所研究的區域巴西，仍為人所知，並再度被重視。

徐畢克斯曾擔任巴伐利亞科學院第一位動物學及動物解剖蒐藏研究員，他以當時最新的分類學知識為蒐藏奠立紮實的科學根基，後人持續此傳統，讓繼承此蒐藏的「慕尼黑邦立動物學蒐藏館」（Zoologische Staatsammlung）成為當今世界上最重要之動物學研究博物館之一，館方所發行之期刊即以徐畢克斯命名（Spixiana），慕尼黑動物學蒐藏館的獎助協會頒獎給對蒐藏有傑出貢獻人士，獎項名稱即稱為「徐畢克斯騎士獎章」，徐畢克斯的塑像豎立在埃希河畔的賀悉城（Hoechstadt an der Aisch），以及巴西的貝稜（Belém）城，德國也有數條街道以徐畢克斯命名，例如在慕尼黑市。

從科學研究角度來看，徐畢克斯所處的時代正介於林內及達爾文之間，兩者分別為近代分類學及物種起源理論英雄人物，如同這些大師，徐畢克斯當時也苦思如何從生機盎然的世界尋覓定律規則，以建立基本思想與自然系統，徐畢克斯想探知這個自然系統的一切。

他的第一部大作即以此為目標，《從亞里斯多德至現代依發展順序所有動物學系統之歷史與評斷》*Geschichte und Beurteilung aller Systeme in der Zoologie nach ihrer Entwicklungsfolge von Aristeles bis in die gegenwäertige Zeit, 1811*），這是部蒐羅所有前人與學界相關想法的彙編。

他力求完備的目標也見於他一八一五年一部稱為《頭源學》（*Cephalogensis*）的頭顱之比較解剖學著作。徐畢克斯最後也想將化石納入當代動物系統中（一八一六年前他已著手研究巴伐利亞的化石：巴伐利亞地底的動物地理及植物地理學），實踐這些偉大的計畫，原本就會耗盡每位研究者一生光陰，但因他須到巴西從事大規模的探勘之旅，一八一七年研究工作突遭打斷，赴巴西時間也從一八一七延續至一八二〇年，雖然此行係基於職務要求，務必前往，但卻備受各方矚目。

遺憾的是如今提到徐畢克斯，人們多半聯想到他的巴西研究之旅，他與旅伴不眠不休的投入探勘，攜回極為可觀的豐富標本收藏，可惜於一八二六年早逝，他本人只研究了部分採集品，倘能假以數年，對蒐藏品進行長期分析，或許對自然系統問題會更具成果，但也只能如此揣測，所以我們仍維持對徐畢克斯的觀點：他是位絕對奉獻科學，從一開始就力求完善的科學家，但以放諸四海的標準來看，當然他未完成其研究計畫。

作者薛尼徹教授（Prof. Klaus Schönitzer）一方面嘗試詳盡刻劃徐畢克斯精采的生平，另一方面則對他一生成就給予應有的尊崇。就前者而言，時間已經過了兩百年，要資料蒐羅齊備並非易事，但至少尚能完成部分；而對於後者，主要即是找回富創造力的徐畢克斯在動物學史上應有地位，徐畢克斯為十九世紀早期動物學之先驅，從我們對他認識上的巨大落差觀之，要為他討回的不過就是一個公道。

圖二：榮伯格（A. Rhomberg）所繪之約翰・巴布提斯・徐畢克斯騎士（Johann Baptist Ritter von Spix）像，舒赫B. Schurch一八三五年於基斯特（Gistel）製成銅版。

圖一：在埃西河之賀悉城市場廣場上的徐畢克斯紀念銅像。

目次
CONTENTS

推薦序一／楊正澤 3
推薦序二／詹美鈴 5
推薦序三／海恩徹樂（Prof. Thomas Heinzeller） 8
引言 17

第一章　法蘭肯及慕尼黑

少年時期及求學經過 22
被延攬赴慕尼黑 32
巴黎的教育訓練 35
首部科學著作 40
在慕尼黑擔任蒐藏研究員 42
早期的科學出版品：成為科學院常任研究員 49
受爭議的傑作「頭顱起源」 53
化石研究 57
赴巴西探勘的初步計畫 58

奧地利的探勘行動 —— 62
馬萩仕 —— 66

第二章　巴西南部與乾燥地區

從慕尼黑經維也納到第里亞斯特出發 —— 70
地中海上的初次歷險 —— 76
告別歐洲 —— 78
里約熱內盧 —— 83
與熱帶的初次接觸 —— 89
前往內陸 —— 99
聖保羅 —— 104
富饒莊 —— 109
當地印地安土著 —— 110
鑽石區 —— 113
波多庫多斯印地安人 —— 115
獵狩 —— 118
前往三藩西斯科河 —— 121

乾渴的旅程——126
巴伊亞聖薩爾瓦多——130
奴隸——131
從巴伊亞往南再折返——133
再次幾乎渴死——136
發燒與鉛中毒——143
初次的河上航行——145

第三章　亞馬遜

聖瑪麗亞貝稜——150
前往亞馬遜河下游——151
製作動物標本——153
瑪瑙斯——160
溯索利莫斯河前往埃嘎——165
徐畢克斯行抵巴西邊界——166
逖庫納族的舞蹈面具——172
徐畢克斯探勘內格羅河域——179

馬萩仕抵達優普拉的瀑布區 183
米蘭哈族與尤瑞族 184
順亞馬遜河流下行 187
返程 189

第四章　返回慕尼黑

回到慕尼黑 194
巴西博物館 199
當紀念品帶回的印第安孩童 201
旅記與地圖 205
題外話：探討三冊《巴西探勘之旅》作者問題 211
馬萩仕與徐畢克斯 216
科學採集品 221
哺乳動物 225
鳥類 229
兩棲類與爬蟲類 231
魚類 232

昆蟲與其他無脊椎動物 233
疾病與死亡 236
結語：傳世貢獻 241
續篇：慕尼黑與巴西 244
附錄 246
以徐畢克斯命名的動植物 246
字彙 260
歷史回顧 267
文獻目錄 270
圖照目次與作者 291
致謝 294

引言

一九七六年起費特考教授（Professor Dr. Ernst Josef Fittkau）擔任第八位慕尼黑動物學蒐藏館的館長，任期達十六年，這些歷任館長都是徐畢克斯的後繼者，費特考與徐畢克斯一樣也前往巴西從事動物學研究，也攜回一批重要的人類學蒐藏，包括當地印地安人藝術及日用品，對徐畢克斯在巴西廣為人知，但在家鄉卻連動物學者都感到陌生的現象，費特考館長頗為驚訝。

徐畢克斯的事蹟的推廣，無可置疑的為費特考館長的貢獻，透過研討會與刊物，他讓被遺忘的徐畢克斯又為慕尼黑動物學者所知悉。「慕尼黑邦立動物學蒐藏館」於一九八一年十一月，在徐畢克斯兩百年誕辰舉辦為期二天的研討會，配合此會議的召開，蒐藏館發行一份內容豐富的特刊（Spixiana Supp.9.1983），刊載了該館至今仍保存的徐畢克斯的採集品。也應得力費特考教授的奔走，一九九四／九五年在慕尼黑及法蘭克福所舉行之「徐畢克斯一八一七至一八二〇年巴西探勘之旅展覽」，展覽目錄上特別推崇徐畢克斯的成就（Halbig, 1994）。另方面也要歸功巴特考夫斯基（Beatrix Bartkowski）傑出博士論文，這是第一部研究徐畢克斯時代的科學巨著（一九九八年以書籍形式出版）。

慕尼黑動物學蒐藏館首席蒐藏管理人及螃蟹專家笛芬巴赫爾博士（Dr. Ludwig Tiefenbacher）發表數篇有關徐畢克斯及馬萩仕（Martius）的探勘之旅文章（一九八二，一九八三，一九八四）也讓徐

畢克斯家鄉賀悉城的鄉親更加瞭解他的故事，當地成立了活躍的「徐畢克斯協會」（Ritter von Spix Foerderverein Hoechstadt an der Aisch e.V.1994），該協會也成功的保留了徐畢克斯的出生故居，成為值得一遊的紀念博物館，目前徐畢克斯在當地已廣為人知，不僅有他的紀念碑還有以他命名的學校。

可惜徐畢克斯並無遺物傳世，不僅巴伐利亞邦立圖書館內難覓，在巴伐利亞科學院及邦立檔案館亦付諸闕如，在尚未完全檢視的馬萩仕的遺物中，只有幾張徐畢克斯的筆記及繪圖，笛芬巴赫爾、巴特考夫斯基以及費特考等人極為用心的從不同檔案中蒐集有關徐畢克斯的記載，許多相關資料散佈在很難取得的出版品中，所載細節有些甚至相互矛盾。

本書已能將許多小拼圖兜在一起，首次呈現徐畢克斯較清晰與完整的圖像，儘管仍有許多不清楚之處與未解的疑惑，本書盡可能運用眾多的資料來源，介紹徐畢克斯所處時代的科學發展及政治情勢，以及彰顯其成就。

編輯說明：本書德文版原書名為 "*Ein Leben für die Zoologie: Die Reisen und Forschungen des Johann Baptist Ritter von Spix*"（為動物學奉獻一生：徐畢克斯探勘巴西之旅），繁體中文版將書名修改為《亞馬遜森林探勘先鋒——徐畢克斯用科學寫日記，發掘全新物種》，特此說明。

▌圖三：徐畢克斯時代之靠埃希河之賀悉城，科博（（J. Kolb）依據萊布歇（Carl August Lebschée）繪圖所製之銅版畫。

第一章——法蘭肯及慕尼黑

少年時期及求學經過

徐畢克斯一七八一年二月九日出生於德國法蘭肯區的賀悉城，家族世居該城，祖父約瑟（Joseph Spix, 1690-1775）為澡堂老闆兼簡易外科治療師，父親約翰（Johann Lorenz Spix, 1749-1792）亦在埃希河一帶的市鎮從事同樣職業，此外，據悉他亦擔任「市民代表」，顯然當時是位有名望的市民（Schmidt 1999）。

徐畢克斯的母親法蘭西絲卡（Franziska Margareta Tadina, 1749-1838）是義大利商人塔第納（Atonio Tadina）的女兒，而外祖母安納瑪利亞也是出生在葛爾拉（Gerra）的義大利人，有些記載顯示，徐畢克斯的義大利的

圖四：徐畢克斯在賀悉城出生之住宅，目前為徐畢克斯博物館（Badgasse街七號）。

遺傳讓他有副「急性子」，徐畢克斯的父親早逝，當時他才年方十一歲，家中共有十一個小孩，他排行第七，十一個子女只有四人存活，而母親則母兼父職，將子女撫養長大。

徐畢克斯出生的房舍至今仍在，經整修後成為一小型博物館，瀏覽內部的展示間可得知許多徐畢克斯生平資訊，此住屋為徐畢克斯祖父所購置，現名為「徐畢克斯之家」，座落在賀溪城的舊城區，介於舊議會（目前為家鄉博物館）、舊堡及埃希河岸之間。

徐畢克斯姓氏不僅因他本人而在賀悉城知名，在十九世紀該城尚有一家旅館以此為名，這是一家老式「客棧」，存放在教堂塔樓頂的一份一八四七年文件中曾提到（Gebhardt 1933），此外過去的賀悉城也以「徐畢克斯・瑪格瑞特」姊妹（Margareta Spix, 1860-1939）以及她們的兄長「徐畢克斯・史若許」（Spix'n Schrosch "Georg Christoph Spix, 1852-1938"）而知名，他們均為徐畢克斯兄弟雅各的孫子，過去都住在「徐畢克斯之家」，後者經營徒步遞送業務，在地方頗有名氣，提供與邦伯格城（Bamberg）間遞送服務，但雙方都無子嗣。

徐畢克斯從小就天資聰穎，因此有機會接受神職人員教育，他的大伯父即擔任神職人員，還晉升至修院院長，一七九二年徐畢克斯完成邦柏格的教會學校學業，翌年就讀五年制文理中學，並取得在大學研習哲學之資格。邦柏格當時為具侯爵封號之獨立主教區，賀悉城當時亦屬其轄區，一七九五年徐畢克斯以十四歲之齡成為「奧福賽斯書院」的研習生[1]，家境不佳的徐畢克斯得到供膳

[1] 該校成立於一七四一年，由法蘭肯之貴族出身的大教堂牧師奧福賽斯（Jodokus Bernhard Freiherr von Aufseß 1671-

宿及免學雜費待遇，依校方規定受教育，研習科目包括物理、形而上學、倫理學、數學與邏輯，有些科目如今已非屬哲學領域，而成為獨立學科，雖然當時哲學理論基本上仍以亞里斯多得的著作為本，但新的思想潮流如康德與費希特的超驗論與唯心論皆為當時重要的探討議題。

當徐畢克斯在邦伯格就讀時，麥西米連・約瑟夫（Maximiliam Joseph aus Zweibrücken）於一七九九年擔任巴伐利亞的選帝侯，他發現其「普法茲——巴伐利亞」新公國景況不佳，負債累累、公務體系失靈，士兵個個衣衫襤屢。政治上巴伐利亞介於法國及奧地利兩強之間，巴伐利亞國境成為雙方爭戰之戰場，一八〇〇年對抗法國的第二次聯合戰爭，巴伐利亞與奧地利同陣營遭逢重大損失，麥西米連放棄國家元首及協商會議部長之職，讓蒙特格拉斯伯爵（Graf Maximiliam von Monteglas）擔任真正國家元首及協商會議部長，並尋求與法國和解。

一八〇〇年徐畢克斯在邦柏格完成哲學學業，而且為該校當年度十位成績最佳學生之一，獲得哲學博士頭銜，這時邦伯格仍然保持自立，直到一八〇二年被巴伐利亞軍隊佔領為止，最後由王國委任代表聯合會議於一八〇三年劃定巴伐利亞王國國界，也就是今日巴伐利亞邦所管轄之範圍，宣告脫離天主教會的管轄。

1738）創立，「奧福賽斯書院」（Aufseesianum）至今仍位於邦柏格市中心區奧賽福斯（von Aufseß），根據賀悉城的市府檔案，徐畢克斯於一七九三年成為該書院的學生（可能指拉丁文學校五年級）。

圖五：巴伐利亞科學院之徐畢克斯油畫像，本圖為慕尼黑邦立動物學蒐藏館的仿製品。

年輕的徐畢克斯繼續赴威茲堡求學，主攻神學，雖然我們的資料不夠詳盡，但徐畢克斯更換就學地點，極可能打算到更先進的大學求學，威茲堡在公國主教埃爾塔（Ludwig von Erthal, 1779-1793）的領導下，成為德國重要學術重鎮，此地所散發的啟蒙主義精神勝過其他巴伐利亞地區。一八〇二年徐畢克斯在公國官方日誌上被登記為「成為好牧者」教會研習課程學員，求學方向仍然朝向擔任神職人員，符合他信仰虔誠母親的期待。

一八〇三年年輕的自然哲學家薛林（Friedrich Wilhelm Joseph Schelling）[2]被聘來威茲堡，學生時代的徐畢克斯對他的絕對主義哲學與精神，以及物質的同一性理論甚為傾倒。徐畢克斯只比薛林小六歲，薛林十七歲即已取得博士學位，在大文豪歌德的引介下在耶拿大學（Jena）擔任教授，薛林是位多方位天才，深受耶拿大學的學生仰慕，建立「羅曼蒂克學派」（Romantische Schule）成一家之言，授課時學生擠滿課堂，對他的講課內容深為懾服，他的學生比別人多三倍。一八〇二年他在耶拿大學所開的「學術研究的方法講座」內容於一八〇三年付梓出版，後來他也在威茲堡開類似的講座，一八〇三年發行兩版的薛林著作：《以一種自然哲學思想為導引來研究科學》（*Ideen zu einer Philosophie der Natur als Einleitung in das Studium dieser Wissenschaft*），也讓徐畢克斯深受啟發。雖然

---

2 薛林（Friedrich Wilhelm Joseph Schelling）一七五五年一月二十七日生於雷翁柏格（Leonberg），一八五四年卒於巴特拉葛茲（瑞士），為自然哲學的代表性人物也為徐畢克斯的老師與獎掖者，進一步資料請參閱楊琛（Jantzen, 2007）。

薛林的思想深奧難懂，有關徐畢克斯深為薛林思想所吸引的記載，我們今天仍有緣拜讀。可惜他直接留下來的資料不多，但他的許多信件紀錄著對薛林思想之重視與敬仰。

因為有薛林，徐畢克斯才將注意力轉移到大自然，徐畢克斯後來於一八一一年所出版的書，遵照了薛林建議，專研「大自然所敞開的這本書」。

薛林一八〇三年出版的《學術研究的方法講座》（*Vorlesungen über die Methoden des akademischen Studiums*）第十一講〈有關自然科學通論〉：

> 如果一定要談大自然，需知宇宙不存在矛盾，只能分為兩個面向：
>
> 在第一面向中思想以真實為基準，而另一面則以理想方式孕育思想，兩者均經由絕對創造與通則之相同效應產生，故宇宙並非二分，而是完

圖六：邦伯格城之奧福賽斯天主校學校（Aufsees'sche Studienseminar），徐畢克斯當年在此求學，目前為天主教寄宿學校，克斯特納（Erich Kaestner）的青少年故事「飛翔的教室」（Das Fliegende Klassenzimmer）即在此拍攝。

圖七：薛林（Friedrich Wilhelm Josef Schelling）對徐畢克斯的影響深遠。

整一體的。

若將大自然視為思想之廣泛生成，我們必須追溯本源及其意義。屬於絕對性的恆規者，本身即為客體，因根據同樣道理，神的創造是通性與本質的的特殊形式，亦即兼具特殊性與普遍性，也就是哲學家所說的單子（Monade）或思想。

哲學能更佳表述思想為傳遞創造特殊的唯一工具，許多普遍性事物才因此被視為特殊，加上本質的齊一性，可斷言我們的宇宙是唯一的，雖然造物的思想絕對是理想性的，但這些思想不是死而是活的，造物者自我創造中的第一批有機體，乃對照祂本質的特性與特殊形態，並依據不可分與絕對之現實。

一八〇四至一八〇九年間薛林致力於哲學與宗教以及人性自由本質的探討，同時出版這兩個主題相關文稿[3]，其中也包括徐畢克斯所研究的問題，但只是順帶提到，薛林後來則傾向另一種帶神學與玄學色彩的哲學，從他著作的前述段落即可見。

在威茲堡不論信仰天主教或新教的教授均可任教，顯然徐畢克斯接觸到非堅守天主教傳統教義的教授所傳授思想，薛林的講座以及新教的神學家特別是保祿教授（Heinrich Eberhard Gottlob Paulus,

[3] 〈哲學與宗教〉（一八〇四），〈人性自由本質的哲學探究〉（一八〇九）。

1761-1851）受年輕學生歡迎，為數約二十人的年輕學生團體（當中包括徐畢克斯）希望納入神職學員專業班課程。史傳生柏格博士（Dr. Strassenberger）在一封信中（一八〇三年九月二十日）提及學生曾請求允許旁聽，保祿教授是先進的新教神學家，主張理性主義，但學生的請求遭拒絕，向校方高層請願也未果，部分學生後來與教會高層妥協，被允許繼續在神職學員專業班就讀，七位包括徐畢克斯在內「不聽話」的學生，則被主教斐亨巴赫（Georg Karl von Fechenbach, 1749-1808）從神職學員專業班停訓。一八〇二年巴伐利亞軍隊於佔領威茲堡後，斐亨巴赫主教喪失其公國主教權力，變成只具「主教」身分，或許因此之故，他必須反對其教區內自由思想的散佈，而徐畢克斯仍堅持自己的信念，縱使環境對他可能不利。

雖然徐畢克斯未接受主教的命令，中斷了神學教育，改而研究大自然，顯然決定是正確的，一八〇四至一八〇五年的下學期，他成為醫學預備生，更換職業跑道，從此專攻醫學及自然科學，改讀醫學也可能較符合他的家庭傳統，因為他出身以護理為業的家庭。

在無教會支持下，為了能繼續學業，他在伊森伯格（Georg August von Ysenburg, 1741-1822）及屯恩與塔克西斯侯爵家中擔任私人教師，侯爵教區的城市威茲堡於一八〇二年被伊森伯格將軍軍事接管，接收了法蘭肯地區的軍隊指揮權，一八〇五年他出任威茲堡及該市之「瑪利亞堡要塞」[4]總

[4] 在巴伐利亞佔領三年後，威茲堡於一八〇五年成為獨立侯國（後來成為大公國），由哈布斯堡王朝的費迪南三世

督，因此徐畢克斯年輕時代就與上層社會有接觸，雖然當時只擔任卑微的職務。

除了向薛林學習自然哲學，還向德林格（Ignaz Döllinger, 1770-1841）學習胚胎學及動物解剖學，德林格在一八〇三年從邦伯格遷往威茲堡。徐畢克斯的另一位老師是勒徐勞（Andreas Röschlaub, 1769-1835），他是位具影響力但有爭議性的醫學教授，與薛林一樣醉心於浪漫主義自然哲學，薛林過去曾是勒徐勞門生，彼此熟稔，但後來兩人關係疏遠。令徐畢克斯印象深刻的還有哥廷根大學教授動物學及自然史的布魯門巴赫（Johann Friedrich B lumenbach），以及基爾大學解剖學教授威德曼（Christian Rudolf Wihelm Wiedeman），當然他們的講座徐畢克斯無法親臨，但是在威茲堡有人傳授兩位教授之專業，柯樂教授教布魯巴赫的動物學，威德曼的解剖學則由福克斯教授講授（Bartkowski, 1998）。

徐畢克斯這時候也與翁肯（Lorenz Onken）[5]有來往，翁肯只比徐畢克斯長一歲，剛拿到博士學位，與徐畢克斯一起在德林格及薛林的講座上課，翁肯在那幾年研習他的自然哲學基礎，後來仍在德國學術界扮演重要及具爭議的角色。我們如果在此談他的個性則離題太遠，但有件與本書旨趣

（Ferdinand III von Toskana）掌政，從一八〇六至一八一四年該大公國為萊因聯盟的主權國，直到一八一四年才最終歸於巴伐利亞，後來費迪南大公曾派遣佛羅倫斯植物學家拉諦（Guiseppe Raddi）赴巴西（見註釋三十九）參加奧地利探勘隊，徐畢克斯與馬萩仕亦為其中成員。

5 勞倫茲・翁肯（Lorenz Onken），原姓氏為翁肯福斯（Onkenfuß）一七七九年八月一日生於巴登地區的波爾斯巴赫（Bohlsbach），一八五一年八月十一日卒於蘇黎世，為動物學者及《伊西斯》期刊的發行人。

相關的趣事，翁肯後來在其所出版的自然百科期刊《伊西斯》（*Isis*），與當時的檢查制度發生衝突，他打算不向當局低頭，並不計後果執意出版。翁肯後來與徐畢克斯一樣都研究海洋生物學，以及頭顱的形貌學，當時翁肯在耶拿與人文豪歌德關係密切，他為知名德國「博物學者及醫師協會」的創始者，該學會一直延續迄今，因為徐畢克斯與翁肯研究的主題很接近，所以為何兩人保持多年聯絡，並相互助長所學，也就不令人意外，兩人思想及研究方法的近似，在徐畢克斯後來的著作中可明顯看出，而翁肯則在他的期刊《伊西斯》詳細介紹及評論徐畢克斯所有重要著作。

徐畢克斯於一八〇七年三月[6]在威茲堡大學取得醫學博士學位，正逢威茲堡成為費迪南大公國（Ferdinand von Toskana）領地而保持獨立，同時薛林在大學也有敵手，必須離開威茲堡主教城，他被請去慕尼黑，對徐畢克斯而言非常重要，徐畢克斯後來在巴伐利亞領地的邦伯格當了二年執業醫師，根據留存的資料顯示，徐畢克斯並未受雇在醫院執業，而是跟一位熟人馬庫斯醫生工作。根據一份未署名的資料，馬庫斯醫生曾支助徐畢克斯在威茲堡大學求學，並促成徐畢克斯後來決定攻讀醫科。

此時拿破崙在巴黎加冕登基成為皇帝，權勢達到高峰，也意味著他將重整歐洲未來的版圖；巴伐利亞則因蒙特格拉斯伯爵的高明外交手腕，適時靠攏法國，因此在一八〇五年的聯合戰役中投靠拿破崙勝利的一方陣營，同年十月慕尼黑盛大歡迎拿破崙到訪。拿破崙為了酬賞忠實盟友，讓巴伐

6 根據何普培（Hoppe, 2000）說法，其他文獻資料為一八〇六年。

利亞於一八〇六年一月一日成為王國，選帝侯約瑟夫・麥西米連五世（Maximiliam IV. Josef），被封為第一位巴伐利亞國王，亦即國王麥西米連一世（Maximiliam I. Josef）。

過不久巴伐利亞十七歲的公主奧古斯特（Auguste Amailie von Bayern）許配給被拿破崙派任義大利副王的繼子貝奧內（Eugène de Beauharnais, 1781-1824），拿破崙安排這場聯姻乃是為鞏固與巴伐利亞的友誼。雖然是一場政治婚姻，但雙方的婚姻生活卻甚圓滿，與本文後來將提到的維也納公主利奧菩婷妮婚姻（Leopoldine）截然不同，奧古斯特公主與貝奧內後來被封為洛希騰堡公爵及女公爵（Herzog und Herzogin von Leuchtenberg），慕尼黑的洛希騰堡宮殿[7]就是兩人所建造的居所。雙方育有七名子女，其中一位女兒阿梅莉（Amélie von Leuchtenberg）稍後我們還會提到。

被延攬赴慕尼黑

此時薛林被蒙特格拉斯伯爵延攬到慕尼黑王室科學院工作，當時的院長為雅寇比（Friedrich Heinrich Jacobi）[8]。過去屬於選帝侯之自然標本蒐藏室的蒐藏品，由當時巴伐利亞科學院負責照

7 洛希騰堡宮殿在第二次世界大戰時被毀，後來又重建，現今為巴伐利亞邦政府財政廳。

8 雅寇比（Friedrich Heinrich Jacobi）一七四三年一月二十五日生於杜塞多夫，卒於一八一九年三月十日；為哲學家，一七九九年在慕尼黑任樞密顧問，接著赴漢堡、歐亭（Eutin）與萬斯貝克（Wandsbeck）。一八〇四年後又回慕尼

管，其中包括一八〇二年從曼罕科學院（Mannheimer Akademie）所納入之自然標本，另外，因教會權力旁落，增添許多取得的新管道，比如蒐藏最豐富的羅特修道院（Kloster von Rott），就有二十五大箱自然標本送往慕尼黑，其中包括一隻海豹、一隻鴉科動物、一些羌、公羊頭、蜂鳥及鴨子剝製標本（Bachmann 1966, p. 31）。

蒙特格拉斯伯爵於一八〇七年澈底革新科學院，此乃這位超級大臣推動之重要與廣泛改革的一部分，以現代巴伐利亞「建築師」稱之實至名歸，科學院將作為新王國的科學中心，因此組織必須再造，一八〇七年五月一日科學院依諭令結構重整，並在一八〇七年七月二七日一次隆重的會議中重新開張。因為從此科學院不再是由學者自願組成的團體，而轉型成為國家機構，研究人員都具有國家公務員身分（Bachmann 1966, p. 7-8），明定工作任務，除了科學研究外，對蒐藏品專業的照料亦屬職務所需，但未規定必須教學。科學院延攬外地學者，尤其是來自德國北部地區，因此引發了院內的敵對、爭論、黑函的紛擾及學界間爭吵，甚至演變成一場暗殺事件（Stoemer 2008, 2009），總之當年輕的徐畢克斯後來在一八〇八年被聘到科學院工作時，院內關係絕非祥和。

大多數的資料顯示，薛林當時想到在威茲堡時他那位頗具天份又生性熱忱的學生，他特意提拔徐畢克斯，並幫助他於一八〇八年以「菁英學子」身分受聘於王室科學院。另根據巴

黑，一八〇七—一八一二擔任巴伐利亞科學院主席，薛林為其死對頭，馬萩仕的老師。

圖八：麥西米連一世國王。這幅畫值得注意的為國王腳旁有一套布馮（Buffon）的自然史著作，可見證他對自然科學的興趣（Karl Stieler繪，1815）。

赫曼（Bachmann 1966, 137頁）的說法，則是科學院慕尼黑的科學家森莫霖（Samuel Thomas vom Soemmering）認識徐畢克斯並促成科學院聘用[9]。

徐畢克斯需將科學院的既有藏品，整理成符合現代科學的蒐藏，因為該批蒐藏看來有點像珍稀品陳列室的展品，因此年輕的徐畢克斯必須先學習現代自然科學與動物學的研究方法，他雖然學習薛林的自然哲學，但那並非現代博物學，必須到巴黎受動物科學的訓練，他通過了一項比較解剖學的考試，獲得六五〇盾的金幣的獎學金。

巴黎的教育訓練

徐畢克斯獲得巴伐利亞政府提供的獎學金，前往當時動物學聖地巴黎博物館研習，他不僅要接受動物學的訓練，更重要的是前往一七九二年重整蒐藏後的「自然史博物館」實習，以利他學成後回慕尼黑依此標準建立科學性蒐藏。

對徐畢克斯而言，相較於當時仍相對落後的與小規模的城市慕尼黑，巴黎的花花世界是相當重

9 森莫霖（Samuel Thomas von Soemmering），一七五五年一月二十八日生於同恩（Thron），一八三〇年三月二日卒於法蘭克福，人類學者與發明家，一八〇五年受聘於慕尼黑。

要的生活體驗，他在寫給老師薛林的信中，詳細的描述他對「高貴的巴黎」之印象。巴黎絢麗的裝飾與奢華，讓他宛如置身「夢境」，他寫道：「當第一次來到高貴的巴黎…，我相信我真的置身在仙子的宮廷中，過去只能憑幻想去體會的，現在真的置身在此殿堂中」[10]。接觸到巴黎的動物學蒐藏則讓他更為印象深刻，他信中寫著：「當我被帶進蒐藏大廳看到動物蒐藏……感到難以言喻的喜悅」。

特別讓他感到激動的是與動物學大師居維業（Georges Cuvier, 1762-1832）的初次晤面。居維業是他重要的老師，徐畢克斯首次拜見他時即加入靈長類組，實地見習解剖學工作，居維業是比較解剖學的創建者，我們今天多半只知道他落伍的大災難理論，居維業讓徐畢克斯參加其科學研究工作，並允許他使用博物館及私人化石骨頭蒐藏，徐畢克斯後來也特別讚揚他的助理胡碩（Rousseau）之大力協助（Spix-1811, S.X）。

徐畢克斯立即體驗到動物學的蒐藏科學價值，對多達九十種的不同靈長動物標本極感興趣，徐畢克斯研究靈長類及其他動物，不僅勤寫筆記並與豐富的現有文獻進行比對，而且還描繪其外部形態。居維業研究方法，顯然深刻影響徐畢克斯後來動物形態學的描述。

此外徐畢克斯在巴黎受訓時亦為拉馬克（Jean-Baptistede Lamarck, 1744-1829）以及聖依萊爾

10 徐畢克斯於一八〇八年八月二十四日寫給薛林的信函，巴特考夫斯基的抄本（一九九八）。

（Éntiene Geoffroy Saint-Hilaire, 1772-1844）的學生，拉馬克早於達爾文，為進化論前驅以及無脊椎動物學的創建者，「無脊椎動物」一詞即出自拉馬克；聖依萊爾曾隨拿破崙前往埃及，當時在巴黎從事解剖學研究。

徐畢克斯在巴黎時與其他年輕動物學者亦有接觸，比如有報告提到，慕尼黑另一位研究兩棲類與爬蟲類，並擅長動物繪圖的優秀青年歐培爾[11]（Nikolaus Michael Oppel），當徐畢克斯抵達時，他已人在巴黎，在背後講壞話，因此徐畢克斯也不願與他為友，後來據傳兩人回到慕尼黑科學院仍彼此敵視。

11 歐培爾（Nikolaus Michael Oppel）一七八二年十二月七日生於上普法茲的遜費西特（Schönficht），一八二〇年二月十六日卒於慕尼黑，動物繪圖師與兩棲類及爬蟲類專家。一八〇七年至一八〇九年曾在巴黎擔任學員，被派任巴伐利亞科學院的助理以及徐畢克斯的繪圖師。自一八一八年起擔任王室學園（Lyceum）教授（Schmidtler 2007, 2009）。

圖九：居維業為徐畢克斯在巴黎重要的老師（Mathieu Ignace van Bree繪）。

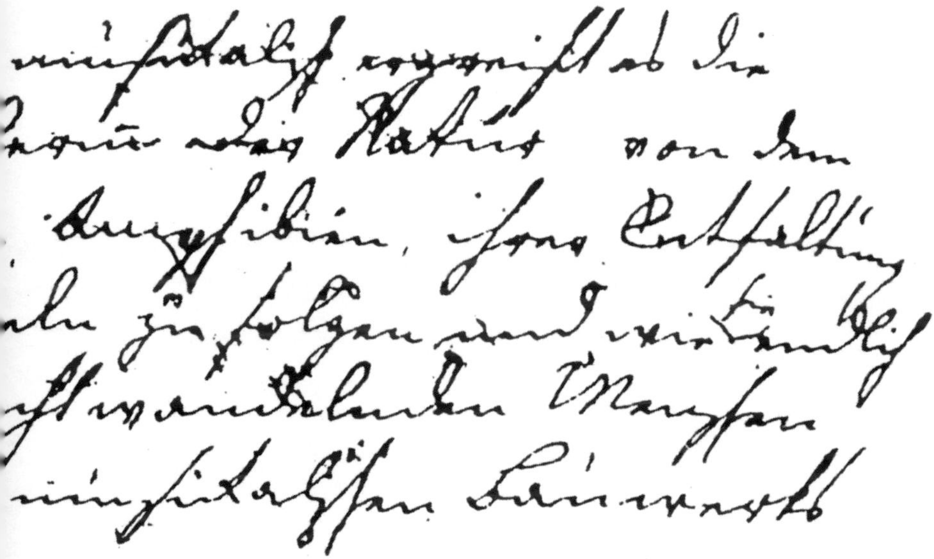

▌**圖十**：一封徐畢克斯寫給薛林的信：「……但音樂性感動靈魂，自然的建築藝術家，首先設計魚類、兩棲類、後來進步到鳥類，然後到哺乳類動物及演變成直立的人類，大自然完成其音樂性結構建築上層的頂飾。徐畢克斯於一八〇八年八月二十四日寫於巴黎。」

一八〇八年九月人在巴黎的徐畢克斯前往諾曼地海岸從事研究，先前已有阿魏爾（Le Havre）與迪埃佩（Dieppe）等科學家前往。這是徐畢克斯第一次接觸海洋，潮汐現象對他是很重要的體驗，激發他許多哲學思考，在他寫給老師薛林的信中，引用許多希臘文學的文句[12]，以精準性結合自然哲學觀察與動物學研究，比如他在信中順帶提到：「我每天解剖烏賊」，也就是說他不像現在動物系學生在實習時解剖過一、二次烏賊，而是天天解剖研究。

[12] 一八一八年十月七日徐畢克斯寫給薛林的信函，巴特考夫斯基的抄本（一九九八）。

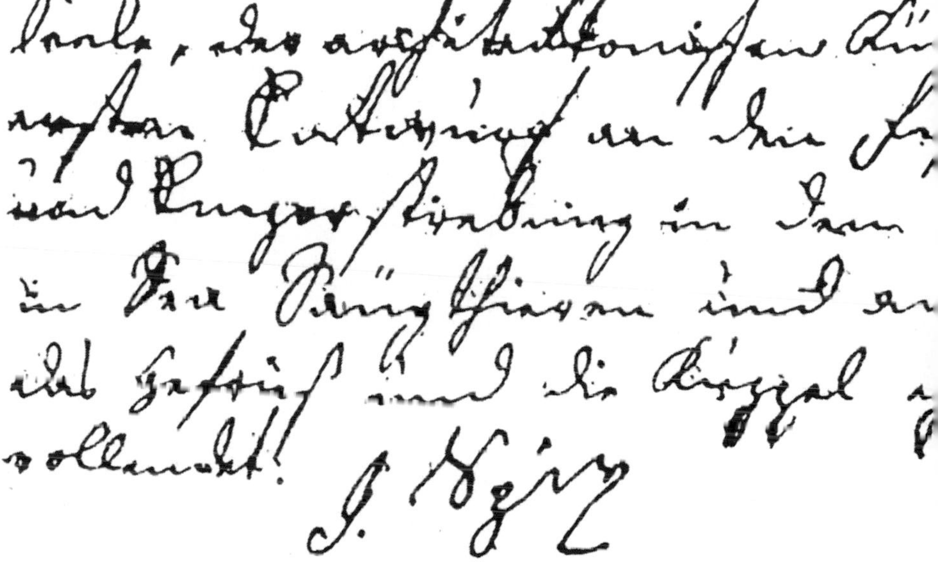

從科學角度來看，徐畢克斯第一次短程研究之旅已有斬獲（請見下一章），他除了記載許多徒步旅途的辛苦，以及在野外與海邊宿夜的經驗，也透露身體不夠強健，旅行結束後必需在巴黎休養數天。但他也利用此會多體驗文化及摩登的生活，與他在法國海邊時所見漁民貧窮的生活成為鮮明對比。

一八〇九年三月至一八一〇年間，徐畢克斯又有機會從事較長程旅行，這次是到法國南部以及義大利拿不勒斯及維蘇威等地，他登上了維蘇威火山，對目睹在學校讀過的歷史遺址感到興奮。植物學家馬萩仕後來在對他的追悼詞中寫到：

他在維蘇威火山山腳及羅馬遺址的日子，總是談但丁的作品，受到這位傑出詩人影響，對所有自然事物，徐畢克斯思想中總是充盈著深奧理念（In Spix & Agassiz, 1829）。

我們對他這趟旅程所知不多，只知道他為慕尼黑的蒐藏特別採集了海洋動物標本，也為他對頭顱的科學基礎研究蒐集材料及資訊，也就是《頭源學》（Cephalogenesis），對此研究的的結果，我們稍後再談，徐畢克斯後來經過瑞士返回慕尼黑，值得一提的是，許多旅程全仰仗徒步，最好的情況也不過是搭乘欠舒適的郵遞馬車。

慕尼黑為了路德維希王子（後來的國王路德維希一世Ludwig 1, 1786-1868）與泰瑞莎公主（Therese von Sachsen-Hildburghausen, 1782-1854）於一八一〇年十月十七日的婚禮所舉行知名的賽馬比賽。我們不確知徐畢克斯是否已返回慕尼黑，只能假定他當時也在慕尼黑參與盛事，因當時整個城市連續多日慶祝，這也是慕尼黑十月啤酒節的源起，慶祝場地立即獲王室核准以泰瑞莎公主為名，稱之為「泰瑞莎綠地」（Theresienwiese）。

首部科學著作

徐畢克斯所交出第一份研究海洋動物的科學研究報告，早在先前提過的諾曼地研究之旅已完成，這趟研究讓他在一八〇九年發表「有關紅海星歷史的紀述……」（Memoire pour server à l'astérie rouge…），除了研究海星外也探討海葵，以及皮珊瑚（Alcyonium），在這篇報告中所探討的主題是低等動物的「敏感性」，配合當時流行的議題，亦即具感覺能力的動物，與對環境刺激不直接產生反應的植物，徐畢克斯在巴黎也與洪堡德會面（Alexander von Humboldt）（請見他在一八〇八年八月二十四日寫給薛林的信）。

徐畢克斯從洪堡德學到「電氣實驗」，以研究低等動物的敏感度，此外，徐畢克斯也實地觀察海星、海葵及皮珊瑚並研究其對刺激之反應，當時這並非理所當然之事，在這篇報告中他也紀錄了紅海星的神經系統，徐畢克斯雖精通拉丁文，但他的第一篇學術報告卻未用當時國際性科學語文拉丁文撰寫，而是用法文，這可能是欲追隨他巴黎老師的傳統，同時當時巴黎也是研究動物學的中心。

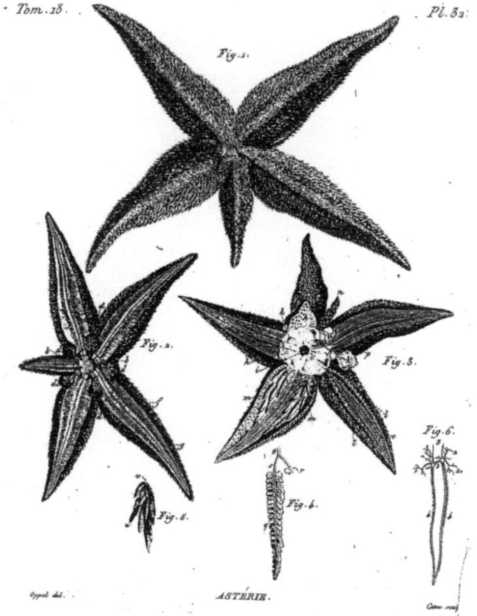

圖十一：徐畢克斯第一份學術報告的海星解剖圖（一八〇九）。

在慕尼黑擔任蒐藏研究員

巴伐利亞科學院的自然科學蒐藏皆存放在稱為「威廉米倫」（Wilhelminum）建築的一樓，一八一〇年蒐藏已頗具規模，科學院收到許多國內外的礦石，有來自布格豪森（Burghausen）大象牙的化石，以及大型動物填充標本比如一頭犀牛、一隻麋鹿與斑馬，其中特別引人注意的一件標本是一隻稱為「索里曼」（Soliman）的大象標本，這是麥西米連大公爵（Erzherzog Maximiliam）（後來之麥西米連二世皇帝）於一五五一年所獲贈之禮物，從葡萄牙經西班牙，通過義大利布維恩訥（Brenner）隘口再送到維也納，一五七二年該大象標本又被麥西米連皇帝送給巴伐利亞侯爵阿貝希特四世（Albrecht V），為慕尼黑珍稀品蒐藏增色（Huber & Kraft, 1994）。

除了大型動物標本外，所有標本全部存放在玻璃櫥櫃內，並自一八〇九年十月起公開展示，在這幾年，昆蟲及礦石蒐藏也大為增加，必須加以分類整理。比如一八〇九至一八一〇年間，該院從哈特曼斯埃格（Hartmannsegg）先生處購得巴西的動物標本，並從普懷佛（Johann Pfeiffer）購得一萬件本土及外國昆蟲標本，還有一萬件本土昆蟲及礦石標本則透過莫爾（Freiherrn von Moll）[13]的仲

---

13 莫爾（Karl Maria Erenbert Freiherr von Moll），一七六〇年十二月七日生於薩爾茲堡附近之塔爾高（Thalgau），一八

介廉價取得（Bachmann, 1966, p. 135-136）。年輕的徐畢克斯充滿工作熱忱，剛從巴黎帶回新思想，這些都成為他的工作任務。

一八一〇年十月三十一日徐畢克斯被聘任為巴伐利亞王國科學院的助理研究員，他的工作任務是「整理與擴充科學院相關的自然蒐藏品，特別是動物學的部分」。徐畢克斯是當時蒐藏保管人裴特徹（Joseph Petzl）[14]的副手，裴特徹主要興趣為礦石，並不樂意增添副手，他寫了一篇長達十三頁的報告（一八一一年一月一九日），滔滔不絕陳述蒐藏的保管及擴充根本不需要動物學者，裴特徹認為動物學的蒐藏品已經完善整理，只需要一名工友來照管參觀及使用即可。

此外，由於經費也不足，難以擴充蒐藏，但徐畢克斯有靠山支持，可能是因薛林及蒙特格拉斯伯爵撐腰，國王也就不把裴特徹的抗議太當一回事，因為過了不久，在一封一八一一年四月十六日的「覆函」中，他任命徐畢克斯為獨立的動物學及動物解剖學蒐藏研究員，「……經宣誓後任新職，隔日就交接蒐藏品細目……」[15]，不只徐畢克斯獲晉升，同時也成立歸科學院所轄的「動物及

三八年二月一日卒於奧格斯堡；為博物學家及政治家，一八〇四年起居住慕尼黑，巴伐利亞科學院成員，一八二九年後成為榮譽會員。

14 裴特徹（Joseph Petzl），一七六四年八月二十一日生於桑柏格（Zamberg），一八一七年四月七日卒於慕尼黑；一七八七成為神職人員，一七九〇年加入約翰尼特會，一八〇二年成為科學院成員，一八〇七年被任命為蒐藏研究員。

15 一八一一年四月十六日國王麥西米連一世對徐畢克斯的覆函，一八一一年五月七日徐畢克斯致國王信函。（邦立總檔案館四三九及四四三號檔案，榮莫樂抄本），亦可見巴赫曼（Bachmann, 1966）及笛芬巴赫爾（Tiefenbacher

動物解剖學蒐藏」獨立部門，這即是當今「慕尼黑邦立動物學蒐藏館」（Zoologische Staatssammlung München）的前身，二〇一一年正好滿二百年。接任新職的徐畢克斯必須詳細報告蒐藏的最新狀況，也須說明對蒐藏品的新分類與增添計畫，因此他過去在巴黎所學以及在採集旅行的經驗正好派

1997）；可惜原件似已不存在，徐畢克斯與科學院成員有關展示蒐藏品的討論，可見於科學院徐畢克斯個人檔案中的不同函件，康普（Kamp, 2002）。

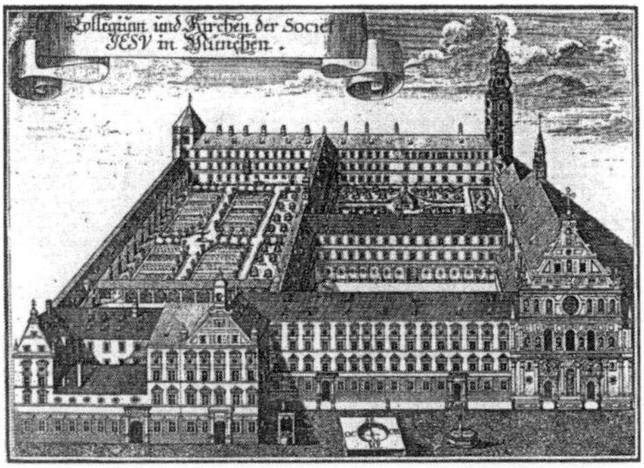

圖十二：稱為「威廉米倫」（Wilhelminum）的「老學術院」（Alte Akademie）建築，衛寧（Michael Wening）一七〇一年銅版畫。原先為耶穌會修道院，一七八三年後成為巴伐利亞科學院，一九四四年遭戰火焚毀。

圖十三：在奧迪翁廣場（Odeonplatz）的巴伐利亞軍校學生，一八四〇年由不知名畫家所繪，王宮花園大門為柯連徹（Leo von Klenze）一八一六／一八一七年間接受路德維希王子委託在慕尼黑所蓋的第一棟建築。

上用場，他於是開始為慕尼黑的蒐藏製作標本，並訂定創始的科學研究步驟。

針對上級各項要求，徐畢克斯於五月四日呈交院長報告，但卻未經公務正常管道呈報，遭到嚴格的警告，這也證明徐畢克斯缺乏外交手腕，可惜這份報告並未保存下來。此事件對科學院的動物學蒐藏並不有利，徐畢克斯應先瞭解各方意見並反覆溝通討論，他的要求與計畫讓科學院的袞袞諸公覺得逾越與失禮，顯然大家覺得這位年輕又充滿熱忱的動物學者的舉動過於突然，他的熱情與非比尋常的工作熱忱，難免引起自然蒐藏室的一陣騷動（Fittkau, 1983, 1995）。

學術界頗知名，曾奉王室委託興建植物園的植物學家許朗克（Franz von Paula von Schrank 1747-1835），在一份多頁的評論中提到：「徐畢克斯……對他的學術工作充滿熱情……但實在熱忱過度，把自己及別人都當成最偉大的天才，皆具無以倫比的勤奮精神，這是年輕且熱愛科學的學者常見但不應苛責的通病，我自己年輕時也幹過同樣的事……」，他擔心徐畢克斯在巴黎學得的只是工作方法的皮毛，與革新專有名詞的「癖好」，「……今天所建的屬名幾乎與種名一樣多……」，他的綜合結論為：「若由一位年長的學者來監管徐畢克斯的工作將會較佳，節制他的工作熱忱與指導方向，否則年輕人的一頭熱很容易要求過高」。徐畢克斯後來接納了許朗克的意見，但徐畢克斯顯然個性急躁，曾擔任「慕尼黑邦立動物學蒐藏館」館長的賀忖考教授曾在著作中多次提到他「義大利的脾氣」。

徐畢克斯所掌管的動物學蒐藏額外分配到二個廳與二間房間，以利分類及陳列。此外，動物學標本則擺在二個長廊與所謂的哺乳動物大廳（Bachmann 1966, 138頁），國王還派動物畫家及爬蟲類專家歐培爾擔任徐畢克斯的助手，但旋即出現問題，兩人在巴黎早已認識，但卻相處不洽而互揭瘡疤。

國王先是派歐培爾擔任徐畢克斯手下的助理，不久又任命他為動物學蒐藏副研究員，但遭徐畢克斯強烈抗議，爭執結果徐畢克斯獲勝，仍然擔任唯一的動物學蒐藏研究員，歐培爾則在他手下擔任繪圖師，「……副研究員歐培爾以後只純粹擔任動物繪圖，他每次都不抱怨，認真完成工作，……」，「……歐培爾擔任助理研究員薪水應與蒐藏研究員薪水一樣多……」[16]。徐畢克斯此

16 一八一一年十一月二十四日以及一八一一年十二月八日麥西米連一世覆函（邦立總檔案館六〇六及四〇六七號檔案，榮莫樂

圖十四：徐畢克斯時代的慕尼黑：王宮街（Residenzstrasse）街道右邊的建築至今未有改變，左邊則多已非依原樣重建，瓜立歐（Domenico Quaglio），一八二六油畫畫作。

時因在科學院有靠山，所以人事問題才出現此結果，這時他也出版第一本動物學分類史之科學性著作（見下章）。

值得注意的是，巴伐利亞國王自己經常直接插手科學院的事務，也不吝於修改自己先前的決定，國王對科學院動物蒐藏的事務大部分均親自參與，多次要求院方向他詳細報告，並下達各種明確指示，例如科學院研究人員就蒐藏採取何種系統陳列，如不能取得一致意見時，他寫道：「根本上應採取巴黎的方式……」[17]，對國王的指示，徐畢克斯應感到很自在，畢竟他在巴黎學習了蒐藏管理，最知道該怎麼做，後來國王對增添新動物蒐藏都要聽取詳細報告，想瞭解是否或如何製成標本，「慕尼黑邦立動物學蒐藏館」目前還保存了一份特呈國王的一八二〇年納入蒐藏的動物清單，徐畢克斯多次在不同信中提到這批動物學及動物解剖學的蒐藏為「國王的蒐藏」。

徐畢克斯最常為人所道的人格特色是工作熱忱，有關他的個性則可惜所知不多，僅有少數的資料來源提到徐畢克斯個人私事。其中之一是巴伐利亞語言學家史梅樂[18]（Johann Andreas Schmeller）的日記，他在日記中稱：「經常在寂寥的格里斯區，各自在喜愛的散步上巧遇」，該地是當時

抄本）。

17 一八一一年七月二十一日麥西米連一世覆函（邦立總檔案館五二四榮莫樂抄本）。

18 史梅樂（Johann Andreas Schmeller），一七八五年八月六日生於堤爾遜洛伊特（Tirschenreuth），八五二年一七月二十七日卒於慕尼黑。曾擔任軍官、圖書管理員以及大學教授。因編纂巴伐利亞字典一書而知名。

城北區尚未開發的伊莎河畔（Isarufer），現今在慕尼黑市蕾黑區（Lehel）尚有一條街道稱為「格里斯」街（am Gries）。此外史梅樂也稱一八一六年七月十九日在馬誇史坦（Marquarstein）附近往考姆－阿普（Kaum-Alpe）的山路上遇到徐畢克斯：「……當時他已很虛弱，他需與馬廷尼教授的遺孀去阿德爾侯辰（Adelholzen）泡澡，她擔任管家掌管他的經濟……」，徐畢克斯顯然當時需要靠泡澡來療養，奚格斯多夫（Siegesdorf）的阿德爾侯辰有巴伐利亞最早的理療浴之一，距離馬誇史坦不遠。

徐畢克斯非常重視有系統的擴充蒐藏品，他竭力尋求各個種類的適當標本，對本土物種則盡量求齊全（*Fauna Boica*），他建立動物學及動物解剖學蒐藏，也製作保存解剖學動物標本。徐畢克斯瞭解到體內及解剖特徵對分類很重要，由他所歸納的蒐藏研究員的職責，迄今大部分仍為「慕尼黑邦立動物學博物館」所依循的工作準則。據猜測，「動物及動物解剖學蒐藏」（Zoologisch-zootomisch Sammlung）一詞可能是由徐畢克斯所創。

沒多久徐畢克斯的動物及動物解剖學標本蒐藏就需要新的

圖十五：慶祝「慕尼黑邦立動物學蒐藏」館二百週年紀念所發行之徐畢克斯紀念郵票。

空間，也獲准擴充，一八一二年所有的標本均已整理妥當，均有空間存放，每件的名稱都用德文、拉丁語及法文標示。徐畢克斯也開始與其他博物館蒐藏交換多餘的標本，例如蘭斯互特大學（Universitäet in Landshut），此外，雷根斯堡聖艾梅朗修道院（St. Emmeran）所捐贈科學院的標本也使館藏增色不少。購進艾爾朗根（Erlangen）史瑞柏教授（Professor Schreber）[19]的蒐藏，更屬重大擴增，這批蒐藏包括二千冊圖書，五百隻蝴蝶及甲蟲標本，五十件哺乳類動物、鳥類、烏龜與魚類以及一件臘葉的標本（Bachmann 1833, p. 43）。徐畢克斯稱這批蒐藏為「稀有的珍貴寶藏」[20]，科學院的動物學蒐藏大幅增加，堪稱當時德國最完整的蒐藏（Bachmann, 1966, p. 140）。

早期的科學出版品：成為科學院常任研究員

徐畢克斯在慕尼黑工作一年後，出版一本厚達七百頁的作品《從亞里斯多德至現代依發展

19 史瑞柏（Johann Christian Daniel von Schreber），一七三九年一月十七日生於圖林根的懷笙湖（Weißensee），一八一〇年十二月十日卒於艾爾朗根，為醫師與博物學者，尤其專研植物學，林內的學生，馬萩仕的老師。

20 徐畢克斯信函無收件者地址，可能是寫給栗希騰史坦（Martin Heinrich Carl Lichenstein），柏林動物學博物館，一八一四年三月十八日，巴特考夫斯基抄本（一九九八第三二七頁）。

順序所有動物學系統之歷史與評斷》（*Geschichte und Beurteilung aller Systeme in der Zoologie nach ihrer Entwicklungsfolge von Aristeles bis in die gegenwärtige Zeit*）。這本獻給蒙特格拉斯伯爵的著作頗受學界普遍肯定，當時動物分類為動物學的顯學，值得注意的是，自徐畢克斯之後，至少在德語地區即未再出現動物分類歷史著作。

徐畢克斯在這部歷史性論述中，不斷反覆陳述精神領域對動物學科學研究方法的重要性，讓大家一直覺得他不僅是位動物學者，還常富哲學性思考，他以不同方式闡明哲學思考方法對分類學的影響，堅決支持林內（Carl von Linné）分類方式與命名規則，雖然林內分類法在當時並非不無爭議。但是很快的即成為所有生物學分類系統的基礎，不但能替新物種命名，還能克服激增的新物種命名問題，基本上林內的命名規則迄今仍適用。

遠在達爾文之前，徐畢克斯即定義動物學的核心任務在尋求自然系統，他對動物學分類系統之研究方法的理論，迄今大部分依然正確，值得一閱。徐畢克斯認為分類系統應把解剖學納入考量，在當時屬全新的觀念，今日仍不失其現實意義，舉例來說，軟體動物的分類系統長久以來都受到外殼的形態所主導，但後來解剖學及胚胎的發展，顯然已成為軟體動物分類之重要基礎。

從徐畢克斯這部著作的導言中也可見到薛林及居維業兩位老師對他的影響。薛林是徐畢克斯的哲學老師，指導他直接體驗大自然，居維業則是他動物形態學研究方法及比較解剖學的老師，指導他更精進研究大自然。

> 摘自徐畢克斯著作的導言……（Spix, 1811. S.X）：主要是薛林……，……他的哲學把我們從百年來士林的無稽與幻想中引領出來，再回歸大自然，在我攻讀醫學的過程中，對我的問題給予之建議，讓我永誌於心，他不只是教我書本上的東西，還要我留意大自然這本敞開的書，一切以經驗為依歸；還有居維業的動物學，當代整部自然史透過比較解剖學才有一個全新的方向，我在巴黎時，不只參加他的解剖學研究……還讓我到動物學及動物解剖學蒐藏室以及他私人的化石蒐藏室研究，甚至讓我欣賞最喜歡的插圖，他們是我內心深感尊敬及欲表達謝意之人……。

徐畢克斯對慕尼黑動物學蒐藏以及對科學研究的努力，獲得肯定；一八一三年四月二十九日徐畢克斯成為巴伐利亞科學院常任研究員，對動物學蒐藏的貢獻同時受到讚揚，自此他成為學界受肯定與器重的一員，靠著這部引人注目的著作，顯然不出數年即成功的讓其批評者與反對者均折服。

徐畢克斯開始固定受邀與學者會面，多半於週六晚間在圖書館舉行。這個頗受歡迎被稱為「jour fixe」（定期）聚會，通常會介紹圖書館及最新的蒐藏，陳列最新的雜誌，並介紹旅經慕尼黑的科學家及藝術家。

如同所有科學院成員一般，徐畢克斯可能也需穿著量身裁製的昂貴制服，而且還要自掏腰包，

「科學院的制服是藍色的袍子搭配朱紅色的絲絨領子及綴飾金線刺繡、白色的褲子、尖角帽以及穗飾」，制服上的刺繡有明確規定，並劃分職等（Stoermer, 2009），巴伐利亞國王非常注重科學院研究人員在正式場合穿著制服。

一八一二年十一月在科學院的科學家會議中，徐畢克斯運用居維業的研究方法詳細的介紹醫學用血蛭的解剖，明顯的具巴黎學派色彩，相關的出版品見於一八一四年出版之《普通血蛭的整體身體內部構造介紹》。在這篇報告中徐畢克斯解釋血蛭的血管及神經系統，正確的辨識出血蛭具封閉的血管系統，從背部及身側的血管注射的水銀，可進入最細微的支血管，這種方法他在巴黎習得，因此能證明身側血管的收縮作用即為心臟的功能（血蛭缺乏心臟是已知之事）。相對於前人與同時代的研究者，徐畢克斯正確的描述

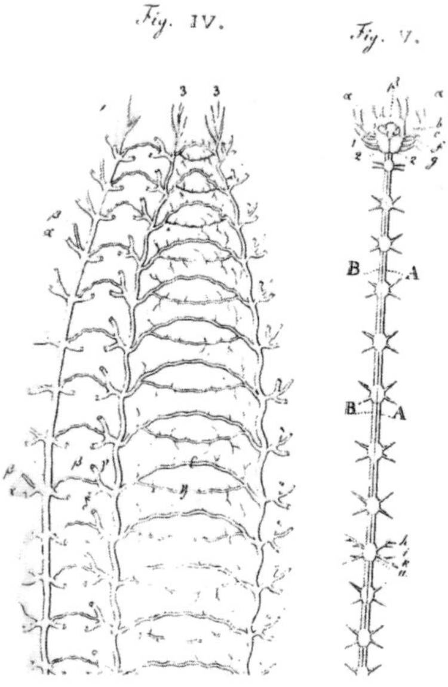

圖十六：血蛭的血管與神經系統，取材自徐畢克斯一八四〇年報告。

血蛭神經系統係由兩條具二十四對的神經節的神經束所構成，這種神經系統現今通常稱為「繩梯式神經系統」，如同巴特考夫斯基（Bartkowski, 1998）所指出，詳盡的形態學研究方法，在徐畢克斯著作中通篇可見，研究成果至今仍屬有效，仍具關鍵的重要性。

一八一二年徐畢克斯又在科學院提出另一篇有關對新、舊世界猴類的研究論文。這篇報告於一八一四年付梓，對當時已知的猴類分類提出重要修正，徐畢克斯的報告中採納巴黎的博物館蒐藏研究，他更精確的描述了兩種猴類，其中有一種吼猴，沒想到後來他在南美原始林中常見到此種的近似種。徐畢克斯列出當時已知的所有猴類，並彙集了所有關於個別種類的資料，其中有兩個從未被圖繪的猴種[21]，透過慕尼黑的蒐藏標本才能精細繪圖。奇特的是，徐畢克斯的敵手歐培爾還與他攜手合作，為此報告製作此兩種猴類銅版畫，歐培爾最後還被分配到徐畢克斯部門擔任繪圖師。

受爭議的傑作「頭顱起源」

一八一五年徐畢克斯出版一部以拉丁文撰寫，繪圖精采，非常講究的著作《頭源學》（*Cephalogenesis*），他可能自視為不凡的「傑作」。徐畢克斯在著作中詳述各種動物的頭顱形態，並以自然哲學的觀點來解釋其起源，因受到自然哲學追求自然共同性的鼓舞（世界模式），他不僅

[21] 這些標本已不存於慕尼黑動物學博物館。

描述脊椎動物的頭顱，還包括節肢動物（昆蟲、蜘蛛、螃蟹等）的頭腔，以及烏賊的頭部，他根據翁肯所採用的專有名詞部分迄今仍有效。

徐畢克斯研究的出發點是以自然哲學探討動物界頭顱的發展，運用當時所強調的動物界多樣中的統一性原則，他引用薛林的理論，亦即數字三是自然界中的基本原則，動物的發展過程以三個成份呈現：頭部、胸部及腹部，也反映創造的整體性[22]。但不同於前輩薛林及翁肯，他以經驗學研究方法，藉重解剖精確的研究及解釋，「即使接納了自然哲學對動物界及自然的統一性觀點」（Bartkowski, 1998, p. 292）。比如徐畢克斯曾形容他這部作品：「完全從精神領域根源著手的想法，多年來始終如一……」，係指他的基礎建立在自然哲學上，根據馬萩仕（Martius 1866）的說法，徐畢克斯花了八年時間進行頭顱及腦的形態學及解剖學研究。

這部作品也影響到德國大文豪歌德的自然科學著作，雖然歌德的結論完全不認同徐畢克斯的觀點。他形容《頭源學》是一本值得稱許的大格局著作，但受到翁肯的錯誤影響，徐畢克斯只承認頭顱有三個未成形的頭顱脊椎骨，而歌德則反駁頭顱是由六個脊椎骨所構成（Goethe, 1824, p. 271）。歌德與不同的同僚通信，研究《頭源學》所舉出的問題，在一封寫給解剖學家及自然哲學家卡魯斯（Carl Gustav Carus, 1789-1869）的信中，稱這本著作雖然「架構龐大」，但卻是「失敗之作」（一

22 詳見巴特考夫斯基（一九八八第二九一至二九三頁）。

八二二年一月二十二日）。一八二〇年歌德出版有關切牙骨知名論文，提到徐畢克斯的《頭源學》為「顱骨學的重要著作」[23]。一篇評論歌德的科學著作的文章指出，《頭源學》促成歌德稍後順利發現人類的切牙骨。

就連其他的科學界同僚對《頭源學》的結論也不贊同，

23 一八二〇年歌德寫道：「幾無愛好者發現，並非擁有所有相關人體標本之公立博物館或私人蒐藏，才一定夠份量，如果仍有不足，可參考徐畢克斯所撰的知名頭顱學著作」，也可對照費特考（一九九五年，第三五頁）。

圖十七：不同的動物頭顱，取材自徐畢克斯一八一五年「頭源學」石版畫插圖。

徐畢克斯遭部分人嚴厲批評，如同史梅樂在日記中所提到：「森莫霖對《頭源學》評斷的嚴苛，讓他當時有點吃不消」（一八二六年五月十三日）。以今日觀點來看，應將這些批評視為過時的學術爭論，因為有憑據的批評，無疑的應以精確描述為本，才具有存在價值。

從馬萩仕對徐畢克斯的悼詞（一八二九）中我們知道，徐畢克斯後來打算繼續頭源學研究，但沒能完成，在悼辭中馬萩仕讚譽《頭源學》稱：「我們的老友以此方式觀察自然，絕對無法否認有其獨到與傑出之處」，可惜今日僅有少數人能讀得懂這本著作的拉丁文，看得懂的人，也絕非動物學家而是歷史學家，或古典文學雅好者，但這些人又缺乏動物學背景。

可確信的為，以自然哲學為基礎所撰的《頭源學》足以傳世，乃因先前無人能如此澈底與精確描述大量動物及人類頭骨，徐畢克斯的研究雖主要基於薛林的哲學理論，但並不拘泥於浪漫的自然哲學，而是跨進注重細節與精確描述的科學新領域[24]。以現今角度觀之，徐畢克斯當時的研究資源與所能掌握之動物種類數量，尚不足囊括物種頭形的龐雜多樣及解釋其起源。

該著作精美的插圖係以石版印刷，根據史密特勒（Schmidtler）的說法，此乃首部科學著作使用當時在慕尼黑剛發展出的新印刷技術[25]。徐畢克斯顯然立即認知此新印刷技術的妙用，後來許多

---

24 亦可參照海恩徹勒（Heinzeller 2006）。

25 石版畫（Lithographie）亦即石版印刷；平面印刷，於一七九八年由任內斐德（Sennefelder，1771-1834）在慕尼黑所發明，請見史密特勒（Schmidtler, 2007, 2009）。

科學插圖也均採用，所以翁肯在《伊西斯》學術期刊上對精美的插圖大加讚揚（一八一九），德國的動物學插圖自此即仰賴石版印刷技術，達到巔峰的即為生物學家海克爾（Ernst Haeckel）出版的《自然的藝術形式》（*Kunstformen der Natur*）一書。

由於徐畢克斯的表現獲大家肯定，因此一八一六年底蒙特哥拉斯伯爵下令為他調整年薪為五百金盾，他稱：「……對你的貢獻，至表滿意」[26]，當然所滿意的不只在徐畢克斯的科學成就，還包括他在蒐藏工作上的貢獻。

化石研究

此外徐畢克斯還描述了一片出自索恩霍芬（Solnhofen）石灰板岩「像似蝙蝠」的化石，將之定名為Pteropus Vampyrus L.，他在著作的導言中曾提到購買這塊石灰板及其他化石，索恩霍芬所產的板岩至今仍被用來作為石版印刷的材料。

徐畢克斯的古生物學論文發表於一八一六年，在他前往巴西探勘之前，曾以演講形式發表在科學院的學報，但至一八二〇年才刊登，內容可能是有關一種翼手龍的指節。值得注意的是，徐畢克

[26] 巴伐利亞總檔案館六五五一號檔案，一八一六年十二月四日給王室科學院的便箋。

斯努力的想將該化石納入當時的分類系統中，相較於今日，在當時絕非理所當然之舉。徐畢克斯雖然在著作及信件中透露將對巴伐利亞化石進行大規模研究，但因他英年早逝終未能實現，一八一六年四月二日徐畢克斯寫給紐倫堡出版商史拉格（Schrag）的信中提到，他已開始撰寫一篇有關巴伐利亞化石較具規模的論文，標題為：「巴伐利亞地底動物學與植物學」（Unterirdische Zoologie und Phytographie von Bayern），插圖部分已完成，徐畢克斯當時希望數月內能完成論文，但可惜手稿未保存下來（Bartkowski, 1998）。徐畢克斯過世前一年，促成科學院的化石由礦石研究部門移轉到動物學蒐藏（Blass 1926），一八六六年馬萩仕也提到當時徐畢克斯已準備就大量蒐集的化石進行研究。

抵達到巴西後，徐畢克斯也蒐集化石供科學研究，他與古生物學家葛德福斯（Georg August Goldfuss）保持通訊（一八二二年三月七日函件，Bartkowski, 1998），在所出版之《巴西探勘之旅》（*Reise in Brasilien*）的圖輯中亦有一張乳齒象化石的插圖，並描述重要的化石產地。

赴巴西探勘的初步計畫

派遣巴伐利亞的科學家赴巴西進行學術研究，多半歸功麥西米連國王，他特別獎勵科學研究，希望藉此能提升巴伐利亞的重要性，但巴赫曼（Bachmann）一九六六年明確指出，科學院的榮譽院士卡爾文斯基男爵（Baron Karlwinski）[27]於一八一五年即開始鼓吹此想法，不論國王或科學院院士均同意其主張，也讓人不禁猜測，這位長居西班牙的男爵，其實自己想去巴西。

洪堡德（Alexander von Humboldt）的南美洲科學探勘之旅引起歐洲各界重視，但他旅程未包含巴西，因為他僅獲前往西班牙殖民地之許可。但洪堡德的探勘報告，讓卡爾文斯基男爵及科學院院士興起了前往巴西探險的念頭，巴赫曼曾記載（一九六六，二十二頁）：「慕尼黑當時均熱衷此計畫，這位老男爵甚至躍躍欲試，不知天高地厚，想仗一己財力來完成此探勘之旅」。本身對鳥類學及植物學感興趣的國王，則採納其建議，且付諸實際行動。

科學院內每位成員都對探勘巴西之旅興趣濃厚，每個學門都表達了期待，徐畢克斯則受命選派一名動物學者，他是否意識到或期盼自己即為此人選，當然我們不清楚，根據文字記錄顯示，他期待館藏會因此大增，他亦曾與洪堡德聯繫，顯然洪堡德的探勘報告讓他極為嚮往。

科學院的植物部門應是由許朗克（Franz von Paula von Schrank）所主導，他奉命辦理植物學探勘事宜，比如提供寄運的木箱採用不同巴西樹種的木材製成，以盡量節約運送的空間之實際建議[28]。

然後開始討論前往探勘的人選，果不其然，動物學人選為徐畢克斯，植物學則選中年輕的學者

27 根據布瑜樂（Bühler）的說法，卡文斯基（Wilhelm Friedrich von Karwinski 一七八〇—一八五五）為匈牙利植物學家，根據巴赫曼（一九六六）說法，他為地質學家，請見考德（Kauder 2001）。

28 徐畢克斯與馬萩仕在後來呈給國王的報告中，提到他們確實依建議辦理（EOS期刊一八一二年第八號第三二頁）。

馬萩仕，卡爾文斯基男爵則盼擔任團長以及負責礦物研究與管理財務等工作，最後並考慮派一名繪圖員隨行。

當時政治上的因素也顯然有助巴西的研究工作，因為拿破崙佔領葡萄牙，葡萄牙王室遷往巴西，成為葡萄牙帝國的中心。一八〇八年起巴西政治上對歐洲採開放政策，王儲若昂（João）下令對友善國家開放口岸，並同意興辦實業、設立大學與創辦報紙，以利推動巴西的經濟與貿易。

一八一五年巴伐利亞科學院提出一份對巴西科學探勘的詳細計畫，根據該計畫，巴伐利亞的科學家將從阿根廷的布宜諾斯艾瑞斯前往智利，然後北上基多（Quito），再轉往卡拉卡斯（Caracas）或墨西哥折返，以撰寫當地情勢及自然生態的報告，並詳述降雨狀況。但此計畫過於野心勃勃，一旦估算費用，自然窒礙難行，當卡爾文斯基男爵將計畫呈報國王後，馬上石沉大海。

當時進行這麼龐大計畫時機上亦屬不利，因為一八一五年四月印尼宋巴瓦（Sumbawa）島的覃柏拉火山（Tambora）爆發，造成北半球廣大地區水患及作物欠收[29]；除了天候因素外，歐洲正忙於拿破崙戰爭（一八一五年六月十八日滑鐵盧之役），農稼荒廢，勞動力不足，因此一八一六年為巴伐利亞歷史上「失去夏日」的一年，造成饑饉，國王也親自投入救災，散盡宮中財富購買濟災糧

[29] 印尼宋巴瓦及龍波克島火山爆發造成七萬一千人喪生，這次爆發釋出之能量為一八八三年喀拉喀托火山爆發的四倍，估計約噴發之火山灰達一千四百億公噸，遮蔽全球大氣上層，因此造成一八一九年全球氣候改變。

食，無太多經費可供科學探勘之旅使用。

另一位德國的博物學者威特王子[30]（Maxmiliam zu Wied-Neuwied）也在一八一五至一八一七年間前往巴西，旅程自費且完全出於本身興趣，他曾服役於普魯士軍隊，參加過多場戰役。威特王子對自然科學非常感興趣，洪堡德對未能前往巴西甚感惋惜，返國後建議他前往巴西探勘，王子非常認真的準備其巴西之旅，比如，他曾前往哥廷根聆聽動物學者布魯門巴赫（Johann Friedrich Blumenbach, 1752-1840）授課，接下來我們還會討論威特王子早於徐畢克斯所研究的巴西部分地區。

沒多久即有了新的機會，讓巴伐利亞這種小王國得以用相對有限經費，派遣兩名科學家前往巴西，國王麥西米連一世得知奧地利計畫將對巴西進行大規模科學探勘後，立即展開外交聯繫，這對他一點也不困難，因為奧地利皇帝法蘭茲一世是他的女婿[31]，所以徐畢克斯與馬萩仕能加入成為奧地利大探勘計畫的成員，節省不少開銷。

30 威特王子（Prinz Maximiliam Alexander Philipp zu Wied-Neuwied），一七八二年九月二十三日生於新威特（zu Neuwied），一八六七年二月三日卒於新威特（萊茵蘭-普法茲）。

31 法蘭茲一世皇帝兼匈牙利國王（一七六八－一八三五），（約瑟夫卡爾法蘭茲二世，最後一任神聖羅馬帝國皇帝，一八一八年第四度婚姻娶麥西米連一世國王的女兒夏洛特公主為妻）。

奧地利的探勘行動

兩位慕尼黑的科學家[32]加入之奧地利探勘巴西的大團隊行動，一般稱之為「納特爾探勘計畫」（Natterer Expedition）。此計畫乃藉由奧地利公主利奧菩婷妮（Leopoldine）與葡萄牙王位繼承人聯姻所促成。這位王儲也就是後來成為巴西皇帝的佩鐸一世（Dom Pedro I），而聯姻係由奧地利梅特涅伯爵（Früst Metternich）基於政治因素所策畫的，以加強哈布斯堡王朝對拉丁美洲的影響力，對抗英國對該地區之勢力。葡萄牙方面也努力促成此聯姻，以鞏固對哈布斯堡王朝的關係。

利奧菩婷妮公主全名稱之為卡洛琳・約瑟華・利奧菩婷娜（Caroline Josepha Leopoldina），學識豐富，對自然科學很有興趣，尤其熱衷於礦石的蒐藏與分類，應是她促成科學探勘之旅，特別是前往她未來夫婿家鄉巴西，她的父親法蘭茲一世皇帝（Franz I. von Österreich）也支持科學研究，大方資助探勘之旅，至少一開始即未限制經費與探勘時間。「維也納皇家自然史博物館」的館長許萊柏（Karl Franz Anton von Schreiber, 1775-1852）被任命為總策畫。

精通鳥類學的動物學者納特爾（Johann Natterer）被選為動物學組的成員，並可望出任探勘隊

32 或許我們不該稱他為來自慕尼黑而是來自法蘭肯地區，但我們可絕對確定他們已以慕尼黑為家。

長；植物學則由米坎教授（Johann Christian Mikan）擔任[33]，後來納特爾被迫將團隊領導權交給米坎，兩人關係自始不睦。其他參加奧地利探勘隊的成員包括具醫師與植物學家身分的鮑爾（Johann Emanuel Pohl）[34]、皇室獵人蘇何（Dominik Sochor）、皇室園丁薛特（Heinrich Wilhelm Schott, 1794-1865）、著名風景畫家恩德（Thomas Ender）[35]，以及知名植物畫家卜賀伯格（Johannes Buchberger）[36]。並依利奧菩婷妮

33 米坎教授（Professor Dr. Johann Christian Mikan），布拉格大學自然史教授，一七六九年生於波希米亞之特佩李慈（Teplice），一八四四年卒於布拉格。米坎教授夫人約翰娜米坎（Johanna Mikan）也參加巴西探勘之旅，並全力參與相關工作，例如向藍斯多夫男爵學習如何製作鳥類標本，見Schmutzer（二〇〇七），還在返航時協助一路照顧帶回之活體動物，獲翁肯特別報導（一八二三）。

34 鮑爾（Johann Baptist Emmanuel Pohl），一七八二年生於波希米亞，一八三四年卒於維也納，為醫師，植物學家與礦物專家。

35 恩德（Thomas Ender），為風景畫家，一七九三年生於維也納，一八七五年卒於維也納。

36 卜賀柏格（Johann Buchberger），為植物畫家，因參加探勘行動意外

圖十八：納特爾（Johann Baptist Natterer）的石版畫像，作者：桑德勒（Michael Sandler）。

公主的期望，增加她的礦物學老師徐希（Rochus Schüch）[37]，以及動物畫家弗瑞克（G. K .Frick）[38]；皇帝法蘭茲一世的兄弟費迪南三世大公（Grossherzog Ferdinand III von Toskana）則派遣義大利植物學家拉諦博士（Dr. Giuseppe Raddi）[39]助陣，後來助理園丁胥希德（Joseph Schücht）也加入探勘行列。

根據東恩（Riedel-Dorn, 2000）、史代勒（Steinle, 2000）、徐慕策（Schmutzer, 2007）的研究報告，奧地利的探勘隊自始即命運多舛，納特爾與米坎教授兩人的爭鬥一開始就拖累團隊，無法在巴西分組進行研究、無法規劃適切探勘路線，連向巴西當局取得想要的探勘許可都遇到困難。由於各種問題，奧地利的探勘旅程比原計畫還短，很快即遭致歐洲學術刊物幸災樂禍式的批評，比如《伊西斯》期刊（Isis）即刊出了這些奧地利學者的負面報導（Onken, 1820）。

受傷，一八二一年卒於維也納。

37 徐希（Rochus Schüch）（也寫為Schiech, Schuch），一七八八年生於摩拉維亞之拉寧斯多夫（Ranigsdorf），一八四四年卒於巴西；在歐帕瓦（Opava）文法高中擔任數學與自然科學教授，為礦物學專家及利奧普婷妮公主的老師，在里約熱內盧成立了一套博物學採集品蒐藏，擔任利奧普婷妮公主的兒子佩鐸二世的老師。

38 根據毛帖（Mauthe, 1994）的說法，畫家弗瑞克（G. K .Frick）後來才加入探勘行動，柏圖赫（Bertuch）表示他是在公主身邊任職，另根據東恩（Riedl-Dorn）說法，尚有畫家弗瑜貝克亦加入探勘隊（Franz Frühbeck 一七九五年生於維也納，卒年不詳），因此從不同資料來源可判斷，參加探勘隊隊員共有十四名學者及研究人員、醫師與畫家，其中包括：納特爾、卜賀柏格、恩德、弗瑞克、弗瑜貝克、鮑爾、薛特、米坎夫婦、徐希、蘇何、拉諦、徐畢克斯及馬萩仕。

39 拉諦（Dr. Giuseppe Raddi），一七七〇年生於佛羅倫斯，一八二九年卒於羅德島；植物學家，專長蕨類苔癬。

但接下來情況更糟，畫家卜賀伯格於一八一八年一月在從里約赴葛伯福瑞歐（Gabo Frio）探勘途中，不幸從一匹膽怯的馬上摔下來，身負重傷，自此未能痊癒，一八二一年病逝維也納，米坎教授因適應不了巴西氣候，一八一八年攜帶妻子、負傷的卜賀伯格、植物學家拉諦，及健康欠佳的風景畫家恩德搭乘護衛艦「奧地利號」返國。

一八二〇至二一年間，其他的奧地利科學家也陸續返國，運回許多裝箱的珍貴採集品，科學家的第一批報告也即刻在維也納發表，並由博物館館長許萊柏彙整成冊（一八二〇／二二）。其中包括一長串每個採勘隊員採集品的名單，以平息外界的批評。

動物學者納特爾及皇室獵人蘇何則獲准繼續留在巴西，他們騎著驢子深入內陸未知的荒野。蘇何一八二六年因熱病在馬投葛羅索（Mato Grosso）去世；納特爾則一再延長探勘時間，一八三一年他娶了一位當地女子瑪麗亞（Maria do Rego）為妻，直至一八三六年才攜妻女返國，距離當初來巴西已十八個年頭，歷險無數，但維也納家鄉人幾乎都已遺忘他了（可參考Mauthe 1994, Schmutzer, 2007）。

很遺憾的是，時至納特爾一八四三年六月一七日過世，他的採集品尚未進行科學研究，後來的研究也甚為粗淺；更糟的是，一八四八年發生革命，收藏於維也納霍夫堡（Hofburg）皇宮博物館內的採集品、手稿及檔案部分遭焚毀，大部分的日記也未能保存下來，許多納特爾在巴西所採的標本，目前已成為維也納自然史博物館最珍貴的館藏，有許多尚未公開陳列展示。同樣重要的是他的人類學蒐藏，但藏品並未公諸於世，也未經科學澈底評估。

利奧菩婷妮在巴西的時間並不長，她在外交及慈善工作的表現上甚受愛戴，她的勇氣與政治手腕對巴西情勢的穩定貢獻良多，深獲夫婿佩鐸一世的肯定。一八二二年十二月巴西獨立，佩鐸一世加冕為皇帝，但皇后利奧菩婷妮卻深為丈夫外遇、財務問題及許多攻訐她之事所苦，她雖不習慣巴西炎熱氣候，想念家鄉，但卻全力為巴西貢獻心力，還千方百計抽出時間從事感興趣的博物學研究，一八二六年她因心力交瘁死於巴西。

佩鐸一世後來又再婚，本書後段章節將介紹他婚姻的一段插曲。

馬萩仕

植物學家馬萩仕（Carl Friedrich Philipp Martius）一七九四年四月十七日出生於德國南部艾爾朗根（Erlangen）[40]，後來成為徐畢克斯重要探勘旅程夥伴，比徐畢克斯小十三歲，馬萩仕出生世家，父親是宮廷藥師兼藥學名譽教授，家族原先在義大利的翁布里亞（Umbrien），後輾轉經匈牙利移居到德國。馬萩仕在艾爾朗根攻讀醫學，亦受教於許瑞柏（Johann Christian von Schreber）。許瑞柏乃著名植物學家及生物學命名法創始者林內的登門弟子，徐畢克斯於一八一二年在艾爾朗根認

40 有關馬萩仕詳細資料，請詳參Schramm（一八六九）、Meissner（一八六九）、Mädfrau（一九八〇）、Grau（一九九四）。

識尚是年輕學生的馬萩仕，當時許瑞柏教授甫過世，他與許朗克（von Schrank）為慕尼黑科學院一起爭取其知名之博物學蒐藏。馬萩仕於一八一四年，以一篇有關艾爾朗根植物園內植物的論文，二十歲之齡即獲得博士學位，同年並獲得科學院植物園聘用，當時的植物園在現今慕尼黑司法廣場旁，稱之為「舊植物園」（Alter Botanischher Garten），日前之慕尼黑植物園成立年代甚晚，一九一四年才建於紐芬堡（Nymphenburg）。

圖十九：馬萩仕（Carl Friedrich Philipp von Martius）銅版肖像，作者：Kuhn nach Merz。

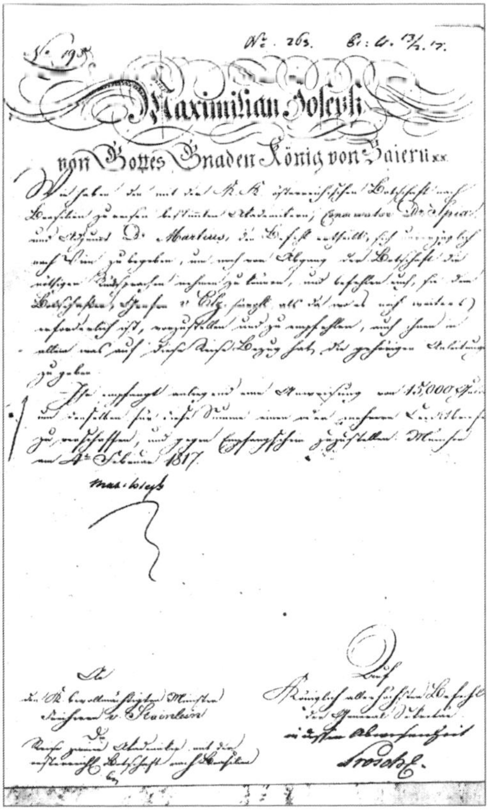

Maximilian Joseph

von Gottes Gnaden König von Baiern xx.

圖二十：國王麥西米連一世所頒發之徐畢克斯及馬萩仕前往巴西探勘命令。

第二章——巴西南部與乾燥地區

從慕尼黑經維也納到第里亞斯特出發

一八一六年十二月六日的天主教尼可拉斯節（Nikolastag），王室的特使林格（von Ringel）來到科學院，邀請徐畢克斯及馬萩仕前往巴西，年輕的馬萩仕立即允諾，而當時已三十六歲的徐畢克斯則請求給予一天考慮時間。

翌年一月二十八日，徐畢克斯及馬萩仕收到指示：「立即前往維也納並從該處轉往第里亞斯特」，以從該港市搭船前往里約熱內盧，他們能事前準備的時間不多，因為奧地利船三月間就將起錨（詳細日期已無可考）。

在徐畢克斯及馬萩仕收到命令起程時，王室科學院奉命提出兩人此次探勘之旅的計畫，雖然計畫已作業兩年，但仍需一些修正。徐畢克斯負責動物學、馬萩仕負責植物學，兩人探勘範圍除需涵蓋這兩個學門各領域外，尚需兼及地質學、礦物學、地貌學、氣象資料、磁場及水文的探勘；但兩人實際上「兼及」的尚不只此，還包括語言、習俗、歷史、宗教、巴西居民使用之器具以至原住民均需進行最詳盡研究並提報告。簡而言之、任何具有科學及經濟價值者，皆應研究及紀錄（詳參徐畢克斯與馬萩仕：奉巴伐利亞約瑟夫・麥西米連一世陛下命令，一八一七－一八二〇前往《巴西探勘之旅》報告第一冊一八二三，慕尼黑出版，第五－七頁，底下引用該探勘報告之各冊內容將簡寫成旅記第一、第二及第三冊）。

實際上此乃強人所難的任務，訂計畫者均未去過遙遠異國，對兩位青年科學家的要求實屬難行。徐畢克斯已有相當著作，算是知名動物學者，也因涉身科學院內權力鬥爭小有名氣，但馬萩仕既年輕又缺乏經驗，科學院內的同僚都不喜歡徐畢克斯，例如史利希特葛羅[1]（Schlichtegroll）在一封信中提到：「徐畢克斯是個『懦夫』，膽怯不敢前往巴西」，可能是科學院內某些重量級成員利用巴西科學探勘機會，給兩人出難題，讓他們吃苦頭，但沒想到結果完全不同。

奧地利科學家也接到詳盡任務指令，但與徐畢克斯及馬萩仕無關。但當時對前往探勘的科學家的工作指示與所要求的正式報告，不無爭議，翁肯在一八二〇年的一篇文章中提到：「科學不應受僵化的工作報告拘泥，應讓才智無礙發揮，若要追求學問就要給予自由，要培養學者就應給予自由，否則免談」。

徐畢克斯及馬萩仕著手整理其行囊，如「書籍、工具、藥物以及其他旅行必需品」，並寄到弟里雅斯特。其他科學院人員必須幫忙提供適當的工具與書籍，如晴雨計與具有大地測量功能的指南

1 史利希特葛羅（Adolf Heinrich Schlichtegroll）一七六五年十二月八日生於戈塔（Gotha）的瓦特斯豪森，一八二二年卒於慕尼黑；一八〇七年至一八一二年擔任慕尼黑科學院的主任秘書，自一八一二年起從退休之雅寇比接手院長之職，詳細資料可參考Bachmann（一九六六），Stoemer（二〇〇八，二〇〇九），一八一七年二月三日史利希特葛羅寫給雅扣布斯的信函。

針，以及能測磁場傾斜角的羅盤，部分由科學院提供，部分出自科學院成員私人蒐藏，有些儀器甚至取自科學院院藏。遺憾的是，科學院無法提供兩人能天文對時的精準鐘錶，然而有此設備是進行精準地理測量必備的，也是製作準確地圖的前提[2]。

科學院在慕尼黑的「金雞樓」（Goldener Hahn）為兩位科學家辦理餞行，席上多人再度提出各種建議與敦促注意事項。一八一七年二月六日兩人離開慕尼黑前往維也納，在離開林茲不遠的藍巴赫（Lambach）的驛站，遇見剛從維也納返國的國王麥西米連，國王對兩人表示：「若此行能攜回有助益科學與人類的發現，則吾願足矣，請發揚巴伐利亞的榮耀，願上帝與你們同行」[3]。

2 本段資料主要來自巴赫曼（一九六六）的敘述，其他作者如笛芬巴赫爾（二〇〇〇），資料在細節上有所差異。

3 資料來自巴赫曼（一九六六），其他文獻資料則顯示國王

圖二一：護衛艦「奧地利」號，恩德（Thomas Endner）摻白色塗料鉛筆素描。

今日從慕尼黑到維也納僅需五小時，而當時兩人花了五天，出發前幾天（一八一七年二月二日）巴伐利亞的重臣與徐畢克斯的贊助者蒙特哥拉斯伯爵，遭王儲路德維希解職，他不久前還代表巴伐利亞出席維也納會議，此人事異動為巴伐利亞內政重大改變的開始，多年後對返國之徐畢克斯及馬萩仕造成重要影響（見一四九頁）。

兩人在維也納結識了共同前往探險的奧地利夥伴，因為搭乘的奧地利船期延誤，所以利用出發前空檔時間補足裝備，比如更完整的地圖。重要的是，兩人在維也納遇到曾前往熱帶地區研究的科學家，維也納當時已是國際都會，而慕尼黑還只是地方城市[4]，成為國際知名的「親善的世界之都」（Weltstadt mit Herz）還是多年後的事。

當然徐畢克斯與馬萩仕在維也納時，一定也讀過英國人馬威（John Mawe）所撰寫的旅行報告，該英文報告在一八一五年以書籍形式出版後，其第一章於一八一七年二月與三月間被維也納的雜誌《藝術、文學、戲劇與流行》翻譯成德文出版（Schmutzer, 2007），而奧地利公主將遠嫁遙遠

已於二月一日從維也納返回，請見Stahlder（二〇〇五）。

4 一八一〇年慕尼黑人口才四〇六三八人（奧爾、海德豪森與季辛皆尚未納入市區），一八二〇年人口才達五三五七二人（不含周邊城市），人口增加乃因遷入之居民（Fentsch, 1989），出版商睦勒（Christian Müller）一八一六年有一段關於慕尼黑的記述：「慕尼黑絕非德國的大城市……，沒有甚麼吸引人之處，德勒斯登、維也納與布拉格的規模與美麗必定讓人難忘，如果有機會到適當地點俯瞰市區……」（Stahlender, 2005）。

陌生的巴西，成為維也納民眾熱門話題。

兩人在前往弟里雅斯特途中除造訪格拉茲（Graz）、萊伊巴赫（Laibach）外，並特別前往阿德斯柏格洞窟（Adelsberger Grotten），目前稱之為波斯托尼亞洞窟（Postonia），他們並好運的捕捉到十八隻盲螈（*Proteus anguinus*），這種奇特的兩棲動物僅在岩溶洞窟出沒，幾年前才經維也納自然史博物館館長許萊柏精確描述後發表。

徐畢克斯將半數盲螈寄回慕尼黑，另外一半帶去巴西，以瞭解盲螈在熱帶氣候中是否會有異於原產地的改變（旅記第一冊，第九頁），雖是很聰明的嘗試，但在實驗有結果前，盲螈肯定都已死光，在納特爾寫給他兄弟的一封信中稱，這些盲螈大概無法活著抵達慕尼黑[5]。今天我們知道盲螈只能生活在洞窟中，這種外形狀似鰻、無色素及短腳的盲螈，常被一般人當成性器官成熟的幼齡蠑螈，一直讓科學家感到好奇，慕尼黑動物學研究機構研究盲螈幾十年，甚至延續至今，直到最近才發現，盲螈在其棲境中可活上一百年。

徐畢克斯與馬萩仕抵達弟里雅斯特後，船仍遲未啟航，因尚有其他成員遲遲未到，讓徐畢克斯有空到亞德里亞海採集海洋動物，以前的採集之旅已讓他累積足夠經驗，他紀錄所見到的動物，包

5 一八一七年四月九日納特爾從第里亞斯特寫給兄長約瑟夫的信函，維也納市國家博物館手稿蒐藏，納特爾七八五六號檔之徐慕策（Kurt Schmutzer）抄本：「徐畢克斯打算將他的活女妖裝在瓶子內用郵遞車運回慕尼黑，結果沒幾隻活著」，他稱這些盲螈為女妖（Sirenen）乃是使用本種動物現已不使用之異名*Siren anguina*。

括昆蟲與鳥類。翁肯於一八一九年的報導中稱，徐畢克斯共寄了三十罐頗具價值的海洋動物浸液標本回慕尼黑。

一八一七年四月七日所有成員到齊可登艦前，兩人還抽空造訪威尼斯，奧地利公主赴巴西的隨員亦將一起搭乘。納特爾寫給他兄弟的信中稱：「護衛艦上一應俱全，配備有四十四門大砲」，信中還提到徐畢克斯咳嗽很嚴重，出發前生了病，兩天後納特爾信中又寫道：「直到清晨船上才供餐……除了一堆家禽外，我未見其他活的東西，據說今天將有十八頭牛登船」[6]。

徐畢克斯、馬萩仕、米坎教授夫婦以及奧地利風景畫佳恩德共同搭乘護衛艦「奧地利號」；納特爾及助理蘇何、園丁薛特、連同助理以及植物畫家卜賀伯格則搭乘另一艘護衛艦「奧格斯塔號」，兩艘護衛艦計畫一起航行至直布羅陀，在與兩艘葡萄牙船隻會合後共同橫渡大西洋。

「奧地利號」與「奧格斯塔號」兩艘護衛艦為奧地利首批遠洋船隻，但由於必須自備新航海圖、航行細則還需從巴黎取得，匆忙採購的計時器來不及送上船，因此先寄往直布羅陀，指揮官還得自備遠洋定位甚為重要的六分儀（Riedel-Dorn, 2000），到處湊合適合的航海工具，因此不免讓人覺得船隊問題重重，即使奧匈帝國國勢強大，兩艘船想駛往巴西也依然是項挑戰。

6　一八一七年三月三十一日納特爾從第里亞斯特寫給兄長約瑟夫的信函。維也納市立博物館手稿蒐藏，納特爾七八五四號檔之徐慕策（Kurt Schmutzer）抄本（以及一八一七年四月九日信函）。

地中海上的初次歷險

一八一七年四月十日船隊從弟里雅斯特出航，但第二天就遇到大風浪，護衛艦「奧地利號」遭嚴重損害，因此該艦在羅溫則（Rovinj）下錨，以修復甲板的主要受損處，然後再駛往普拉港（Pula），以完全修復該艦損傷，停留在該港期間對徐畢克斯是個好機會，不僅參觀該港古代建築，也趁機瞭解鄰近地區。

另一艘護衛艦「奧格斯塔號」受損情況更為嚴重，這艘船不久前才剛下水，但禁不起考驗，於是迂迴到亞德里亞海另一側，經多日修復後才停靠威尼斯海灣的喬治亞島（Gioggia）。當時威尼斯為奧地利領地，「奧格斯塔號」必須大肆翻修，因所有的桅杆、帆及救生艇幾乎全毀，兩位船長差點被送軍事法庭論罪，因此最後決定只派「奧地利號」繼續前往直布羅陀。

但護衛艦「奧地利號」在馬爾他島的西方海面又遭遇風暴。當時航程遇到何種風險，我們無法推測，幸運的船長即時停靠瓦列他（Valetta）的港口，等待利於航程的順風，船隻因此未再受損，前一天在瓦列他港外剛有艘船沉沒。徐畢克斯則利用靠岸的機會造訪馬爾他島，從報告中我們發現，徐畢克斯與同伴們利用每個機會，上岸參觀名勝或進行動植物調查，並盡可能精確的紀錄，從氣象數據以迄栽種的水果。

徐畢克斯被海洋發光現象所著迷，他蒐集海水樣本，用顯微鏡觀察發光的微小原生動物，並頗貼切的命名為*Notiluca miliaris*。他亦對之進行發光試驗，值得注意的是，當時仍認為海洋發光現象，係與船隻摩擦產生電流所致，或因惰性動物性物質，或發光的「蠕蟲」所造成；事實上能發生物性光的「蠕蟲」不少，最常見的為夜光藻（*Notiluca*）（第一冊三三－三四頁），徐畢克斯也觀察並描述浮游生物的垂直移動，這是現在海洋生態專家早已耳熟能詳的事。

最後徐畢克斯與馬萩仕終於抵達了直布羅陀，「……海格勒斯（Hekules）之柱，見證古代最大膽冒險行動極限」。探勘隊全員應在此會合，「奧地利號」與「奧格斯塔號」應由此地共同橫渡大西洋。「奧地利號」的科學家利用停留的時間研究直布羅陀及附近地區岩石，徐畢克斯與馬萩仕皆詳盡的紀錄了直布羅陀主要的石灰礫岩與骨化礫岩（旅記第一冊，四四及四五頁）。

徐畢克斯亦從直布羅陀寄回採集品，翁肯（一八一九）亦報導有十八罐以烈酒為浸液的標本寄至科學院，多數為魚類，另有八罐蛇類及蜥蜴以及一罐海蛞蝓，翁肯抱怨在科學院未能見到徐畢克斯及馬萩仕寄回之昆

圖二二：大海上的帆船，Johann Moritz Rugendas 鉛筆繪圖。

蟲與植物標本：「……問題在於科學院有些蒐藏品不願給外人看」。

告別歐洲

直到確定「奧格斯塔」號修復工作仍遙遙無期後，決定由「奧地利」號單獨前往巴西，「奧格斯塔號」稍後再與兩艘葡萄牙船「聖西巴頌」（São Sebastião）以及「若昂六世」（Dom João VI）隨行，這兩艘葡萄牙船乘員多達一千三百人，還有甚多充當旅途糧食之活生生牲畜與家禽，包括牛、豬、羊、四千隻雞以及其他動物。「諾亞方舟與行駛固定航線的「若昂六世」相比簡直是小兒科」，據說梅特涅公爵曾宣佈想參觀該船（Riedel - Dorn, 2000, p. 28）。

▌**圖二三**：徐畢克斯及馬萩仕所搭乘的「奧地利號」甲板，恩德（Thomas Ender）一八一七年之水彩與鉛筆繪圖。

徐畢克斯與馬萩仕所搭乘的「奧地利號」駛向大西洋前仍需等待東風，一八一七年六月三日當測得東風後，船上立即鳴砲並升起出航信號旗，兩人仍在阿爾熱西拉斯（Algeciras），該船因此派了一艘小艇通知他們，並將其「十萬火急」送回船上：

船上一切都已準備妥當並等待出發之際，就是不見同僚米坎教授的蹤影，他因調查植物離開阿爾熱西拉斯太遠，因此尚未登船，我們開始擔心他，最後他終於在船收錨與張帆的最一刻幸運的趕回來。

護衛艦「奧地利號」終於出航，同行的還有「壯觀船隊」，多達五十多艘的其他船隻，都是為了等東風而聚在一起（旅記第一冊五十六頁）。從直布羅陀半島穿過位於歐非大陸的海峽進入大西洋，對兩人是難忘的體驗，他們寫道：

想到穿過兩個大陸並航向另一個大陸，全體均感動不已，古老非洲近在咫尺，數百年來未改變，仍保持原樣。遙想古代，海峽猶為探險活動的極限。希望在物產豐饒及富自然奇觀的美洲，亦能印證亞特蘭提斯種種美好的傳說，當通過海格勒斯之柱（譯註：直布羅陀海岬）進入汪洋大海之際，思及必須離開高度文明的歐洲，不覺百感交集，此乃生命無法忘懷的一刻。

抵達馬德拉島（Madeira）時又有機會稍事停留，因此能於繼續航行前進行短暫探勘；海上風平浪靜，水手甚至有空在船上演起傀儡戲：

只有一次船上愉快氣氛被打斷，亦即船員發現……遠處有一艘大船形跡可疑，此海域經常受到來自布宜諾斯艾瑞斯及北美來的海盜騷擾，葡萄牙船或西班牙船更要特別要小心，仔細觀察後，發現該船配備有相當的武器，但也很快察覺……該船並無敵意，可能是一艘駛往幾內亞的葡萄牙奴隸船。（旅記第一冊七十四頁）。

當「奧地利號」穿過赤道時，徐畢克斯如常的準時紀錄下天氣並描寫當時狀況：

當時為六月二十九日，星期天，根據我們在船上的估算，應剛橫越赤道，海上甚為平靜，我們舉行彌撒慶祝，嚴肅的靜默籠罩在這艘寂寥的船上，四周海天無垠，渺小的船處在兩個半球中間變化無常海洋上，艦上軍鼓響起，打動每個人心靈深處，自然主宰力量與萬物神祕變化，讓感念者特別為之動容。（旅記第一冊八〇－八十一頁）

這篇文字可看出受到薛林學說影響，亦即徐畢克斯的自然科學的思考方式，顯然並非由馬萩仕執筆。

但旅記中未提到通過赤道，在「奧地利」號上是否舉行慶祝的「受洗儀式」？或許徐畢克斯認為不值得一提？奧地利特使秘書關第安（Wilhelm von Grandjean），則記載了在「聖西巴頌」號上所舉行之穿越赤道受洗儀式，同樣的儀式很可能在「奧格斯塔」及「奧地利」號上舉行：

> 一群人帶著面具，由裝扮成海神（Neptun）的領頭，船長要求「海神」給船上每一位尚未跨越過赤道者一份小禮物，接著「跨越赤道的新手」被安排「受洗」，由一位理髮師象徵性的刮鬍子，並把受洗者的頭按到水盆內。如果有人刻意躲避受洗，會被群情激動的「海神爪牙們」揪出，扭送「海神」法庭受審，整個活動以笑鬧收場，還有人裝扮成魔鬼模樣，供大家噴水取樂[7]。

7 摘自徐慕策（二〇〇七）；尚有一八二九年史佩第男爵（Grafen Spreti）

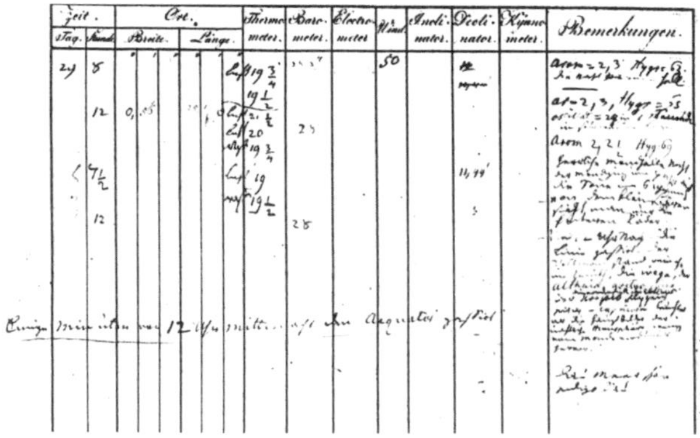

圖二四：徐畢克斯跨越赤道（一八一七年六月二九日）時的氣象日誌。

兩人在六月一十五日觀天象時首次看到著名的南十字星座，南半球星座「對每位水手象徵平安，懷著激動心情觀察這座象徵神聖的星座」。南十字星是座小型星座，但耀眼而知名，由四顆最明亮的星星組成，在天際狀如十字架，十六世紀的水手將之視為基督教的十字架，也成為巴西國徽的一部分。

里約熱內盧

「奧地利號」穿越直布羅陀海峽後，六週後於一八一七年七月十四日清晨終於見到仰慕已久的大陸[8]及里約熱內盧林木蔥鬱的山脈。

首先是船桅上監視座上的警衛看到，然後船上所有人在見到後皆雀躍歡呼……，當日天清氣朗，一陣順風讓我們駛經高聳的海岬，讓我們乍見距離里約熱內盧灣（Bai von Rio de Janeiro）的雄偉入口尚有段距離，港口的左、右邊均有隆起的陡峭岩壁作為前哨，不停被大浪沖刷的旅行誌中也詳細報導船上穿過赤道的類似慶祝活動（Spreti/Seckendroff, 2008）。

[8] 萬佐里尼（Vanzolini 1981）曾撰徐畢克斯與馬萩仕旅行路線摘要，頗受好評，並列出所拜訪地點名單。徐畢克斯也曾對其旅程做過摘要（見Spix，1821，第三十一～三三頁）。

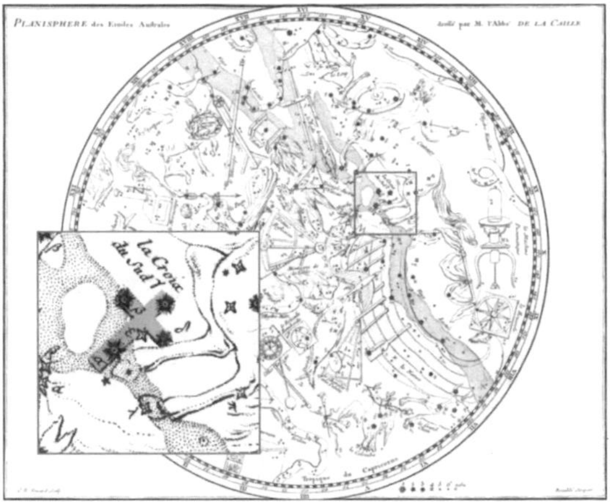

圖二五：這張當時的「星空圖」（Atlas Celestes）顯示南十字星座位於半人馬座的後腿位置，John Flamsteed，一七七六繪。

著，南邊亦同。糖麵包山（Pao dacucar）為遠洋船隻的著名路標，我們在中午過後抵達，不斷有迷人影像映入眼簾，船航向巨大的岩壁入口，進入之後好像來到一座大露天圓形劇場，……自然美景秀麗多樣，遠超過我們先前所見……，飽覽不斷變換的景色讓我們目不暇給，終於我們來到這個年輕的王國首都，籠罩在落日餘暉中，我們船拋下錨，此刻心頭湧上一種無法形容的感覺，因為船在另一個大陸的土地定錨，在軍樂及艦上隆隆砲聲慶祝下，宣告我們圓滿的完成旅程，抵達目的地。

徐畢克斯及馬萩仕處身在民族紛雜以及「喧嘩的黑色及有色的半裸群眾中」（旅記第一冊八十九頁），接著他們在全市唯一的旅店中找到住處，幾天過後並在附近的聖安娜市（de S. Anna）租了一間小屋。對徐畢克斯及馬萩仕而言，里約熱內盧是個大城市，因為當時該市已有十萬人口，比慕尼黑還多（目前里約熱內盧人口達六百萬，整個經濟圈內達一千二百萬人）。

兩人四處逛街以瞭解這個陌生的城市，甚感愉快，在里約居住的歐洲人也協助他們，因此很快的就適應環境，特別是德、俄裔的藍斯朵夫男爵（Baron Georg Heinrich von Langsdorff）[9]給予兩人幫助最多，他自一八一三年起擔任俄國駐巴西總領事，也幫助過先前從德國來巴西旅行的威特王子。巴西人至今仍很喜歡這位男爵，這位見多識廣的男爵在里約關係極佳，為巴伐利亞來的兩位學者引介了許多聯繫對象及管道，在藍斯朵夫男爵家中，兩人會見了許多博物學家並交換許多頗具價值之資訊。

《巴西探勘之旅》這部詳盡旅記中所描述徐畢克斯及馬萩仕赴奴隸市場情節，為最令當今讀者難以消受的一章（旅記第一冊一一八－一一九頁）：

> 一般人看到這些被歐洲高貴文明所引進的非洲人，會有兩種不同的感受：其一為黑人在白人掌理下逐漸開化，此人道努力雖讓人欣悅，但奴隸販賣制度存在又讓人感到難過，為了讓這些受壓迫與藐視的人種，有機會能受到教化，迫使這些黑人蒙受殘忍及違反人權對待，當我

9 藍斯朵夫（Georg Heinrich Freiherr von Landsdorff）一七七四年四月十八日生於寫石坦（萊茵黑森），卒於一八五二年六月二十九日布萊斯高之弗萊堡，曾在哥廷根攻讀醫學及自然科學，一八〇三至一八〇七年以博物學者身分參加庫森史登船長（Krusenstern）的全球航行。一八一三年起擔任俄羅斯駐巴西總領事，自一八二一起籌組俄羅斯的巴西探勘行動，巴伐利亞的畫家魯根達茲也參加部分行程。

Gebiet von "Laranjeiras" bei Rio de Janeiro
Aquarell von Johann Werner, 1839/40 gemalt im Auftrag von C. F. Ph. v. Martius als Kopie des Originals des österreichischen Malers Thomas Ender, das dieser – Mitglied der Österreichischen Brasilien-Expedition – 1817 als Begleiter von Spix und Martius bei deren ersten Erkundungsfahrten rund um Rio de Janeiro erstellt hat
In limitierter Auflage (200) – zur Förderung der Arbeit von OroVerde – Stiftung zur Rettung der Tropenwälder, Frankfurt/Main

圖二六：徐畢克斯時代的拉臘熱依臘思（Larajeiras），而今已成為里約熱內盧市區一部分，受馬萩仕委託約翰韋納（Johann Werner一八三九／四〇）所繪水彩畫。

們到奴隸市場挑選奴隸時，同樣感受更形強烈。

兩人顯然也感受到良心上的不安。

兩位慕尼黑博物學家身為白人自覺比黑人高出一等[10]，雖在《巴西探勘之旅》報告中明白表露，但同時他們也認為奴隸制度殘忍與無人性。當然我們也必須考量當時環境，比如巴伐利亞農奴制度直到十八世紀末才結束，一八〇八年巴伐利亞憲法才明令廢除，奴婢制度在當時被視為正常，比如受過人文教育的利奧菩婷妮公主還曾贈送她哥哥卡爾（Franz Karl）一名黑

10 比如可參見Lisboa（二〇〇七），Schulze（二〇〇八）。

▌**圖二七**：里約熱內盧的主要街道一八一七－一八一八，恩德（Thomas Ender）的鉛筆與水彩繪圖。

▌**圖二八**：里約熱內盧南郊景像，恩德（Thomas Ender）油畫，一八三七年

奴（Riedl-Dorn 2000, 61頁）。巴西的黑奴多數在甘蔗田充當奴工，自一八七一年起經過多次努力，奴隸制度終在一八八八年完全廢除。

安頓後兩人立即調查里約熱內盧周遭環境，馬上對生機旺盛的大自然感到振奮：

> 我們幾乎未聞人煙及喧鬧聲，處身異國生機盎然的大自然中，讓我們深為著迷，倏然間出現五彩斑斕的鳥類、耀眼的蝴蝶、沒多久又看到造型奇特的昆蟲，以及樹上垂掛的黃蜂及白蟻巢穴，一會兒又見到各種樣式繁多，散佈峽谷及山丘上極可愛的植物，吸引我們的注意（旅記第一冊一三九頁）。

里約熱內盧周遭的自然生態讓徐畢克斯大受鼓舞，他在一八一七年八月二日寫給麥西米連國王第一篇報告中提到：

> 大自然以如此豐富多樣的生命形式妝點此地區，即便具最豐富的想像力，也不足以刻畫……巴西不只是個異國，而是我們地球亙古以來讓人夢想的樂園（EOS, Nr.3, p. 11）。

與熱帶的初次接觸

徐畢克斯及馬萩仕循著里約市的供水管到達水源地：

水源地周遭環境讓里約熱內盧的一些有才氣的詩人熱衷嚮往，並以水精靈之歌來詠讚，這是他們給自己鄉都之合宜佳禮，我們經常不辭辛勞忍著酷熱來此地清涼一下，進行調查及戲水，在枝葉茂密的樹木下乘涼，對面遠處有一湖泊，我們的採集品有鳥類、昆蟲及植物，讓我們這些從北半球來的異鄉人陶醉其中，只有在大自然的靜謐中感受到愉悅，才會有那種難忘經驗，亦才能感知自己的福佑。

《巴西探勘之旅》報告中有許多地方描述兩人對自然多樣的讚嘆，「初到這裏的博物學者，並不確知是否接觸更多的動物形態、色彩及聲音的多樣性」（旅記第一冊一六三頁），即便今日初到熱帶森林的人也會為之著迷，徐畢克斯及馬萩仕對體驗熱帶森林幾乎毫無準備，他們不似今日有照片或影片可參考，從家中臥室的電視就可　目瞭然，唯一可事前瞭解的即為旅行報告中的描述。

巴西探勘之旅節錄[11]（旅記第一冊第一六二－一六五頁）：

清早響起吼猴的咆哮聲，樹蛙及蟾蜍高低不同的鳴聲，以及蟋蟀與蚱蜢振羽及鳴叫聲，朝陽讓瀰漫的霧氣止歇，所有的生靈歡迎新的一日到來。黃蜂離開像鞋般大小從樹枝垂掛下的巢穴，螞蟻離開牠們用泥巴搭建在樹上的住所，出入均在自行開闢的路徑上，無所不在的白蟻亦復如此；最豔麗的蝴蝶光澤與顏色足與彩虹媲美，尤其是數量眾多的弄蝶逐花而飛，或在街道上覓食，群集在一起，在日照充足溪水清涼的沙質河灘旁，反射藍光的藍閃蝶、小灰蝶、蛺蝶、以及藍白色的斑蝶與體大翅膀上有眼紋的貓頭鷹蝶翩然起舞；鳥類亦穿梭於潮濕的山谷與灌木之間，振翅嗡嗡有聲的蛺蝶快速逐樹飛翔，最大蛾類－夜蛾，張著翅膀紋風不動的棲在樹幹上，等待夜晚降臨；成百成千的光澤亮麗甲蟲從空中飛過，像寶石般從植物的嫩葉或芬香的花朵飛躍而出；各種體形與色彩奇特的蜥蜴在林中爬行，具暗色斑紋的有毒或無毒蛇類，光澤比花朵的蠟質還耀眼，從闊葉、樹洞或地上躦出來曬太陽，盤繞在樹上伺機捕獵昆蟲與鳥類，今後這些將是我們每日例行的接觸；松鼠及成群的猴子好奇的從森林的深處移動到農作區來，成群呼嘯的從一棵樹移到另一棵樹；鳳冠雉、鳴冠雞以及鴿子飛離樹梢，來到森林潮濕地面閒逛，具有奇特鬚羽及亮麗羽毛的其他鳥類也單獨或成群的飛越開

11 本段與後續節錄中只要提到屬名及種名而非簡寫，將捨棄增加科學性解釋、學名與註解，亦可參照後面名詞解釋。

花的灌叢；紅、藍及綠色的鸚鵡群集在樹冠上，或朝向農莊及島嶼方向飛去，空中充滿牠們聒噪的聲音；大嘴鳥棲在遙遠枝椏上不停開合大啄，發出響亮鳴聲，苦苦哀求老天降雨；黃鶯不斷從其長串垂吊的袋狀巢穴冒出，飛往結滿果實的橘樹，當人靠近時，擔任警衛的黃鶯會發出吵雜的叫聲；鶲徘徊在樹林與灌叢間伺機捕捉昆蟲，快速的追趕飛舞的藍閃蝶或路過的亮麗蠅類；雖然隱身樹叢中，鶇仍以美妙的旋律鳴唱出生活的喜悅；吵雜的侏儒鳥在密林內忽東忽西快樂遊蕩，以誘人的夜鶯般音調讓獵人迷途，啄木鳥在啄樹木時發出撞擊響聲；來自最高樹木的頂層，啄木鳥所發出金屬般聲音，高過這些甜美聲音，像似鐵槌擊打在鐵砧上，不同的鳥在遠近不同地方交替鳴叫著，讓造訪者驚嘆不已；當各種動物以動作及聲音詠讚一日之美好時，羽色足以媲美各種寶石的纖小蜂鳥，則繞著色彩繽紛的花朵飛舞，太陽西下後動物們歸於平靜，只有小鹿及西貒豬及喜吃果實的刺豚鼠與有長鼻的貘還在活動；天色暗後森林犬科及有袋類動物，與狡猾的貓科動物則潛行林中獵食，最後在吼猴的咆哮、樹懶的求援聲以及在震耳欲聾的青蛙與蟬的悲鳴聲中結束這一天，並在灰尾雞（Macuc）及齒鶉雞（Capueira）與擠羊奶人的叫聲，以及牛蛙的低沉鳴聲中宣告夜晚的到來；無數的螢火蟲開始聚集放光，吸血蝙蝠鬼魅般的飛舞在熱帶的暗夜中。

當時巴西仍有海岸林，徐畢克斯及馬萩仕對林中的樹木及參天巨木頗多著墨：

圖二九：里約熱內盧之科爾科瓦（Corcovado）的森林，山上立有著名的基督耶穌像，採自馬萩仕所著「巴西植物相圖表」一八四〇。

原始林見證了新大陸的造物力量，仍保存其原始風貌，未受到人為干擾，在巴西稱之為處女林，森林中讓人感覺到像歐洲一般清涼，立即見到蔥鬱豐盈的自然美景：植被生生不息，樹木成長至雄偉的高度，但自然對此巨大的原始遺跡仍不感滿意，又在每棵樹創造了許多充滿綠意及開花的寄生植物，不像歐洲尤其是北歐森林的物種般單調，這裏的樹木不論樹幹、葉子或花朵間均明顯的具有多樣物種，每棵比鄰而居的樹木大體上均彼此不同。（旅記第一冊一五九頁）。而今這種海岸林已極為罕見。

兩人不只記述大自然，也紀錄當時的農業與經濟情況，並打從心底認為巴西的殖民代表進步：「很高興這個樂園已有歐洲人奔忙的足跡，已見辛勤耕耘出的田地與漂亮的農舍」（旅記第一冊一四四頁）。有幾次他們談到「黑人」時，都是指必須從事簡單耗力不甘心亦不勤快工作的奴隸。

抵達里約熱內盧前不久，我們的朋友藍斯朵夫總領事，在海灣北邊往明那斯秀拉埃斯（Minas Geraes）的路上買了一大塊地，開始自行種植木薯，除了必要的農舍，還在旁邊為自己蓋了一間住宅，我們很高興接受他的邀請，除了探訪自然史的

圖三十：木薯農莊附近地區景象，恩德（Thomas Ender，一八一七－一八一八）之水彩鉛筆畫。

寶庫外，還可參觀他所開發的事業。（旅記第一冊一五〇頁）。

對兩人而言，這是個好地方，一方面可以探訪里約城外的大自然，又可瞭解當地的農事，這塊地在現今里約熱內盧的福盧明內瑟（Fluminese）區的英歐米瑞恩（Inhomirim），藍斯朵夫有一野心勃勃計畫，打算將之建設為模範農莊，徐畢克斯及馬萩仕均極感興趣：

木薯農莊……之所以得名乃因在此種植之優質木薯，西北邊與佈滿小溪谷的山脈為鄰，溪谷為森林覆蓋，從谷內一直延伸到風琴山脈凸顯的山峰，在這大片的原始林中有些開闊地，這些空曠地均是因砍伐樹木並經焚燒過，種植木薯、玉米、豆類、咖啡等作物。通常經過數次收成後將休耕，數年後又會覆蓋上密集生長的新植被，但缺乏巨大與成長緩慢的樹種。（旅記第一冊一五九頁）。藍斯朵夫計劃以其「模範農莊」吸引歐洲移民前來，但他的農業知識不足，未能長期成功經營（Steinle, 2000）。

兩位博物學家也很快見識到熱帶生態系的黑暗面，亦即寄生蟲所帶來的煩惱、疼痛與危險，他們詳細的描述沙蚤在皮膚上所造成的細小但疼痛的囊腫，沙蚤會從腳趾甲內侵入皮膚；此外，蟑螂與螞蟻更是無所不在的日常家居的害蟲；蟎蟲也造成兩人極大困擾。

最安全的防治的方法即自始不讓蟎類上身，如果尚未被叮咬得很深，則可用烈酒、浸泡過水的菸草搓揉，或點燃菸草用煙燻方式將蟎蟲殺死，只有在熱帶地區領教過這種經驗的人，才能體會每日在野外活動的博物學者所需忍受的痛苦。（旅記第一冊一七三頁）。

徐畢克斯及馬萩仕調適探勘工作的歷程中，曾歷經多次身心的低潮並失去信心。搭乘第二艘船遲來兩個月的納特爾曾記錄，兩位巴伐利亞同仁因探勘的難度與酷熱，對規劃的發現之旅喪失雄心，「……我遇到的巴伐利亞夥伴……徐畢克斯稱他採集到一百隻鳥，兩人已因探勘之旅的艱辛，更因為酷熱失去工作興趣。徐畢克斯已盼望打道回府，返回歐洲，並對我說，早知道這樣，當初就不該來，我無法答腔，因為我除了里約，還未出過城，當時天氣也未過熱」[12]。但徐畢克斯及馬萩仕寫回慕尼黑的信函對此皆隻字未提，兩人可能清楚信件會被公開發表。

直到一八一七年十一月初，第二艘奧地利護衛艦才將公主及其他奧地利成員送抵里約熱內盧。公主在里約受到盛大歡迎，當奧地利團隊展開大陣仗探勘行動時，兩個慕尼黑佬所有活動則均須

---

12 一八一七年十一月七～八日納特爾從里約熱內盧寫給兄弟約瑟夫信函，維也納市國家圖書館手稿蒐藏，納特爾七八六九檔號，徐慕策抄本，請亦見Schmutzer（二〇〇七）。

自行設法，兩人不僅在報告中「抱怨」，並在《EOS》期刊上批露（一八一八年二三期），文中提到奧地利的植物專家及動物專家，配有園丁、獵人及標本師，而礦物專家則有礦工協助，並有風景畫家恩德隨團寫生。但期刊登出時，刻意將原報告中批評之詞淡化[13]，並另外提到如能有繪圖師協助，工作情況將會更佳。

兩人報告的字裏行間也透露出奧地利的大團隊有「協調上的問題」，以及龐大的開銷。奧地利的研究人員顯然很難協調一致行動，彼此間太多利益的算計，並視兩位巴伐利亞來的夥伴，只是「附屬」人員，也不特

[13] 一八一七年八月二日徐畢克斯由里約熱內盧寫給國王信函，亦可參照《EOS》期刊一八一八年第五號，亦可見Tiefenbacher（一九九四）。

圖三一：在徐畢克斯及馬萩仕的時代巴西已盛行火耕，採自馬萩仕所著《巴西植物相圖表》一八四〇。

別提供協助[14]。

奧地利的信使韋伯納爵士（Graf von Wrbna）還帶來慕尼黑方面進一步的指令：兩人的日誌除科學性內容外，尚需登錄財務資料，詳載每日開銷，即使金額微不足道，也要蒐集相關單據。兩人在行前顯然已協調好，徐畢克斯負責出帳，而馬萩仕負責保管單據，由此規則觀之，徐畢克斯為馬萩仕的主管，馬萩仕後來提到：

> 我很快的確定這只是防範錯誤與疏漏的繁瑣規定，我已習慣甚至在眾人面前拿出寫字板，紀錄每一筆的開支，晚間鐘錶上發條前準時將開支入帳，葡萄牙人常笑我為一點微不足道的花費也登記，亞馬遜河上的葡萄牙船長就笑我用的記事便條[15]。

徐畢克斯及馬萩仕停留在里約熱內盧及附近地區約半年時間，並送出第一批採集品木箱，交由護衛艦「奧地利」號運回，當運抵歐洲後「……根據所附資料顯示有一箱為鳥類；另一箱為珍稀昆蟲；一箱為美洲貘、還有一套直布羅陀、馬德拉與里約熱內盧的礦石；以及一個裝著魚的大錫罐；

14 也可能這兩位巴伐利亞人不受奧地利人歡迎，因為巴伐利亞與奧地利幾年前尚曾兵戎相見。

15 馬萩仕的收支日誌，巴伐利亞邦立圖書館蒐藏（Martiusiana, I, C, I, 8），亦見Tiefenbacher（一九八二，一九九四）。

數盒箱貝殼；四分之一為乾燥植物標本」（EOS, Nr. 23, 1818）。其他的尚包括種子以及地理資料（溫度、溼度、指南針的讀數等）。兩人希望能儘早深入巴西內地探察的期望未能實現，奧地利團隊下令延長在里約熱內盧停留時間，因此兩人決定獨自前往巴西內陸。兩位巴伐利亞博物學者與奧地利團隊分道揚鑣，自是聰明決定，畢竟他們是對巴伐利亞國王負責，而非奧地利的同夥，兩人也因提早抵達里約已適應新世界環境，建立了聯繫人脈，並認識附近週遭環境，比多數維也納來的夥伴更居優勢。

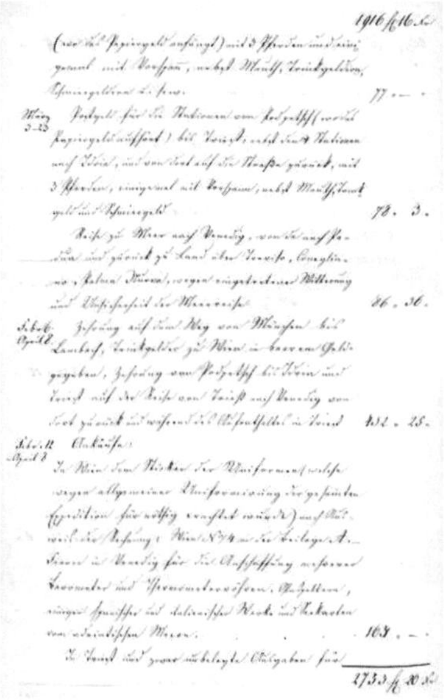

圖三二：徐畢克斯與馬萩仕的帳目，採自兩人呈給國王的報告。

前往內陸

一八一七年十二月九日徐畢克斯與馬萩仕離開里約熱內盧，這個小型探勘隊由兩位慕尼黑的博物學家以及一位輸送貨物的驢隊領班（Arieiro）、一位驢夫（Gamerada）及一位買來的黑奴組成。另有六隻驢用來運物、二隻供騎乘（EOS, Nr. 83, 1818），值得注意的是兩人把購買「黑奴」視為理所當然，經過情形還在慕尼黑發表，甚至提到某次在野外宿營時黑奴逃跑了，經過四天後才「抓回來」，如前所述，這種情形當時被視為正常。奧地利風景畫家恩德加入他們的行列，這即是為何這趟旅途有水彩繪圖的原因。

圖三三：徐畢克斯及馬萩仕前往聖保羅，恩德繪。

▌**圖三四**：在驢子上裝載物品（取材自威特王子一八二〇／二一）。

▌**圖三五**：徐畢克斯與馬萩仕的旅程圖（原圖）

………………… 共同旅行路線

。。。。。。 徐畢克斯旅行路線

．…．…．… 馬萩仕旅行路線

「Rio de Janeiro（里約熱內盧）、SãoPaulo（聖保羅）、Belém（貝稜）、Ilheus（伊累歐思）、Diamantina（蒂阿曼庭納）、Belo Horizonte（貝羅何里榮特）、Brasilia（巴西里亞）、Januária（熱鷲阿瑞亞）、Salvador（薩爾瓦多）、Rio S. Francisco（三藩西斯科河）、Recife（黑西斐）、Natal（納塔爾）、Oeiras（歐埃依拉斯）、Coxia（柯西亞）、Fortaleza（弗塔雷薩）、São Luis（聖路依斯）、Manaus（瑪瑙斯）、Tefe（德費）、Tabatinga（塔巴亭卡）、Iquitos（依基托斯）」

旅途的前幾天讓兩人特別辛苦：

驢子們尚不習慣所背負物品，彼此間也有相處困難，不僅牲口商對照料這些家畜沒有經驗，還有我們對這種粗獷的生活方式及日常三餐打點……極差的客棧……糟糕的路況均不熟悉，加上雨季來臨，經過多日的乾旱後突然降大雨，幾乎每天下午二點過後即不斷的打雷，路上積著像鞋子一般高的水，溪水隨時暴漲，涉水時得冒生命危險，裝備只能大家扛在肩上才能防止弄溼（EOS Nr. 83, 1818）。

僅管困難險阻不斷，徐畢克斯對巴西大自然的多樣性仍一路興致高昂，不停盡力採集動、植物標本及人類學文物；但路途上要保持標本不受損實為不易，要讓標本不發黴，必需儘快浸泡在酒精中，或用營火烘乾。惱人的尚有兩人的旅行裝備，絕對無法與現今的探險裝備相提並論，比如兩人路途上還穿著歐洲服裝（見圖三二），行李裝在用皮帶紮緊的木箱內，用驢子運送，一段時間過後兩人有了些經驗，丟棄一些不必要的行李，讓馱驢減輕些負擔（旅記第一冊一八六頁）。

我們行李中的採集品中，大部分的昆蟲及植物易因濕度突然增加而長黃色的黴菌，再如何小心都難以防止其迅速滋生。（旅記第一冊一九二頁）。道路多半開在土質黏重的泥地上，也因不斷降雨難以行走，泥濘不堪，根本連站立都困難，森林內泛濫的洶湧溪流，常讓驢夫必須將行李扛到背上，影響旅程甚大。（旅記第一冊一九三頁），兩人即使在辛勞一週後最多只休假一日，有時甚至不休息，「以晾乾我們溼掉的裝備」。

過沒多久驢子的健康狀況即惡化，因潮濕及背負過重物品而造成潰傷，必須治療或更換，為了躲避白天的酷熱，改為夜間上路，但在暗夜中行動又擔心被毒蛇咬，「當然這些晚上出來獵食的毒蛇比較喜歡光線較亮的道路而非樹林，因此對晚上趕路的人構成很大威脅，尤其小型毒蛇白尾矛頭蝮蛇（*Bothrops leucurus nob*）經常出沒的地區」，「幾天前我們因中午的酷熱在一棵大樹下休息，樹上棲著這種兇惡的毒蛇，還好我們即時逮住牠，並泡入烈酒中」（旅記第一冊二百頁）。

美洲的矛頭蝮蛇（Bothrops）為一屬具有劇毒的蛇類，徐畢克斯採集了數種，該蛇學名中之「*nob*」為拉丁文的nobis意思是「我們」，從學名的意思來看，顯然當初徐畢克斯打算與馬萩仕共同聯名描述這種蛇，但最後於一八二四年由瓦格勒（Johann Georg Wagler）根據徐畢克斯的標本與筆記，與徐畢克斯聯名發表，他所採的數種矛頭蝮蛇，至今仍保存在慕尼黑邦立動物學博物館，均為所謂模式標本（見詞彙表）。

一八一七年聖誕夜徐畢克斯與馬萩仕在大雨中來到一個名為盆坦雯嘎巴（Pendamhongaba）的貧窮小鄉鎮，「當地的鎮長熱情歡迎我們這些全身濕透的客人，後來並帶我們到教堂參觀，教堂才剛蓋好一半，用缺乏品味的木製裝飾，但教堂內燈火明亮充滿節慶氣氛，還有躺著耶穌的馬槽，這種宗教習俗此地仍可見，讓我們備受感動，並樂知在此人跡罕至具野性美地區，也降臨基督神聖教誨，基督的精神能不斷發揚」。

儘管徐畢克斯與馬萩仕對科學探勘工作雄心萬丈，但仍撥冗來研究當地的民眾與生活條件，在抵達聖保羅之前即建立一工作站。「住在附近的印地安人實在奇貌不揚，他們的種族普遍特徵即為喜好腦袋空空的呆坐，不主動積極，尤其可從他們的迷惘、不解的目光與羞怯的舉動看出來，他們被迫接觸仍感陌生的文明，開始對事情有反應，並與黑人、混血人種及葡萄牙人雜處，造成其內心怨懟與行為放蕩，實感可悲；而有些地主對待他們的方式亦為造成他們身心俱創的原因」（旅記第一冊二一三頁）。這些記述的字裏行間不僅表現當時歐洲人的自大，但也感受到對人的同情心。

與兩人隨行的奧地利風景畫家恩德，經歷約四週旅程後無法適應當地氣候，他的健康狀況惡化，中途與另一個歐洲旅行團體返回里約熱內盧，離開慕尼黑的夥伴。他事後回顧當時情形：「我身心俱疲，癱在地上站不起來……當地天候對我的健康與工作熱情影響太大，讓我必須打道回府」[16]，恩德的多張水彩繪畫是當時巴西生活的寶貴紀錄，一八一八年他與受重傷的植物繪圖師卜賀伯格及植物學教授米坎返回奧地利。

16 恩德（Thomas Ender）的自撰，引自Schmutzer（二〇〇七）。

聖保羅

一八一八年初徐畢克斯與馬萩仕抵達巴西最古老的城市聖保羅，該城居民約三萬人，有一所大學與圖書館，徐畢克斯很高興發現當地也教授康德哲學，這表示啟蒙思想已傳佈到巴西。目前聖保羅市人口多達一千一百萬（若納入外圍區域則多達二千萬），為巴西最大城，現代建築的摩天大樓林立；而在徐畢克斯時代，城內建築物尚不多。在城內逗留數天後，兩人造訪一個富藏鐵礦地區，當地也冶煉鋼鐵，因兩位博物學者亦為訓練有素的醫師，經常有人來詢問醫療問題，「……病人從四面八方而來，詢問醫療建議或索取

圖三六：建築物內部躺著一位休息的當地人，後方為徐畢克斯，恩德鉛筆繪圖。

藥品，還有接待我們的人非常愛鄉保民，認為可以利用客人來為鄉親做些善事，替我們召來一大夥病患」，短短的四天內徐畢克斯與馬萩仕「約開出五百張處方給四處湧來的病患，用掉了我們旅行小醫藥箱的一半藥品，多數的病患症狀多與感染梅毒有關……」（旅記第一冊二五七頁）。一八四六年由海夫納（Hefner）為「年紀較長的青少年」出版的《巴西探勘之旅》版本，並未收錄此段插曲，可能當時認為仍是對年輕人不宜，旅行報告紀錄許多至今仍對醫師及歷史學者具價值的資料（Abreu, 2007），及有關當時巴西民眾的健康狀況與特別的疾病。

兩人在聖保羅將沿途所採集的動植物標本裝箱，寄到里約熱內盧，再從當地轉

圖三七：森林中的實驗室，圖中為洪堡德與彭藍（Bonland）在歐若諾科（Orinoco），羅特（O. Roth）所繪，我們可猜想徐畢克斯與馬萩仕在巴西工作的環境與此類似。

寄慕尼黑，標本均未損壞，翁肯（一八二四）立即撰刊報導。

旅途繼續深入巴西其他地區，穿越森林與山谷、河流與山脈，經過農墾區以及廣大的放牧區，有些地區甚至有金礦或其他地方礦產；每段旅行兩人均盡量詳加研究與精確紀錄。

這時雨季亦告結束，兩人來到山區：

四周地區壯觀景色讓我想起家鄉的阿爾卑斯山，自然美色讓人心曠神怡，我們帶著愉快心情在晨霧中騎乘前行，空氣中充滿高山植物清冷的香味，就在我們身旁的草叢中，露水像珍珠般妝點著它們……我們如同在阿爾卑斯山一般在此享受日出，但熱帶豐富多樣之自然魅力使其顯得更美。（旅記第一冊三二一頁）。

摘自《巴西探勘之旅》（旅記第一冊三二四—三二七頁）：

我們不斷登高，山路景色宜人，讓旅人目不暇給，興味盎然，山谷景觀變化萬千，農莊散佈越來越多，越靠近富饒莊（Villa Rica）越明顯……，從陰暗低海拔的原始林來到這似乎完全不同的開闊地，讓旅人感到振奮，這種海拔高度讓森林中的動物吵雜聲全靜下來，聽不到猴群的叫聲；大群鸚鵡、金鶯與巨嘴鳥的喧嘩聲；與啄木鳥的敲打樹幹聲；鐘鳥類似金屬的聲音；侏儒鳥響亮鳴聲；鳴冠雞及鳳冠雞的鳴叫聲等。蜜蜂及蜂鳥更常見到，靜靜穿梭在開滿花的多年生草本植物上，聽到不絕嗡嗡聲；彩色斑斕的蝴蝶在涓涓細流的山泉處徘迴，眾多的黃蜂進出從樹木上垂下的巢穴，成群大黃蜂在周遭不遠的地面上鑿洞築巢。

但是小啄木鳥靜靜的爬上樹，在樹皮中尋找昆蟲，灶鳥毫不擔心牠們烤爐形狀的巢穴構築在低處的枝椏間，類似鵐的攀鳥從類似野鴿巢穴悄然冒出，野鴿在矮林所築的巢穴長約數英呎從樹上垂掛下來，打算今年再擴允；笑隼從樹梢俯視，尋找在道路上曬太陽的蛇，甚至毒蛇都可掠取果腹，一見到人就發出像受驚嚇的叫聲；但這地區的寧靜被打斷時候極少，只有聒噪的椋鳥、小型鸚鵡及其他鸚形目鳥類從玉米田或棉花田成群的飛至附近的樹林，或棲息在田野中單株樹木上時，才會因爭食發出駭人的鳴聲；或者頭上長著冠羽，喜不時移動的圭拉布穀鳥，群棲在樹枝上時，為護衛其共同巢穴內所產的純綠色卵，會發出震耳鳴聲；這種聒噪聲以及途經之旅人常會驚嚇到其他動物，好幾類群形似雀鳥般大小野鴿，不時躲到其他樹叢；在灌木叢徘迴的較大型野鴿，則不安的趕緊飛進樹林棲在高枝上，在陽光下展露其發出金屬亮澤的羽毛；還有成群的小猴一路追逐嘶叫返回叢林深處；岩丘的岩豚鼠在風化的岩縫迅速出入，美洲鴕鳥家庭成員均一起行動，像馬一般輕聲的通過灌木叢，在年幼鴕鳥伴隨下，穿過山丘與谷地，讓性喜吃蛇的叫鶴趕緊躲避，有的窩藏在草堆中，有的飛到樹上，或者飛快爬到山丘頂端，並發出類似松雞交配時讓人迷惑的響亮鳴聲；受驚嚇的犰狳驚慌失措的找藏身處，如再受威脅則將身體縮成一團；食蟻獸行動笨拙的冒險穿過田野，遇到危險則以背頂著身體，以利爪對付敵人，其他製造森林聲響的尚有野豬、短角鹿、美洲貘、或不怕生的西貒豬，寧靜且高高在上的是在空中盤桓的紅頭兀鷹，讓危險的響尾蛇喪膽躲在草叢裡；牠們搖著尾巴發出嘶嘶聲，頭朝地面吊掛樹上；鱷魚則在水塘岸邊曬著太陽，像根樹幹般，當在白晝旅人所見一切成為過去，夜晚降臨時，則由蟬的鳴叫聲、擠山羊奶工人的單調呼喊聲、四處遊走鬃狼的嚎聲，以及害羞的短耳狐狸或者美洲豹的咆哮聲接手，為平和的田野構成奇特的動物世界景像。

旅途中兩人經過位在賽拉多卡拉卡（Serrado Caraca）附近的一處的聚落，當地山嶽風景特別美，有位隱士在此風光明媚之地蓋了一座別莊，有一所教堂及數棟建築，可供歐洲的旅客舒適的食宿接待，「此地的住所，充滿虔敬般寧靜的寂寥，無他處堪比，讓更多感性從塵世的熱情與

圖三八：賽拉多卡拉卡的別莊及禮拜堂（採自徐畢克斯／馬萩仕，《巴西探勘之旅圖輯》）。

憂慮中釋出」，徐畢克斯在此處採集相當多的天牛、吉丁蟲與蜂鳥。住宿頗佳，配上周遭美景，兩人可安適休養，但不停歇的旅行也讓兩人甚感思鄉，「當我們晚間返回住所時，從修道院陽台看空靈明亮的圓月或星斗滿空的南半球穹蒼，這是我們所期待新享受，晚禱的鐘聲穿過具野性美的山谷，喚起靈魂最甜美的雜陳感受，當前美景與對遙遠家鄉的思念，被甜蜜的結合一起，在此似樂園般的地方停留兩日後，我們很不情願的再度啟程……路上亦不斷出現新的事物及美景」（旅記第一冊四〇七頁）。

富饒莊

富饒莊（Villa Rica，目前稱為「歐若佩亞多市Ouro Peto」，意思為黑色的金子）對當時而言是個商業大城，該城四周有豐富金礦，透過友好的艾西維格男爵（Baron

圖三九：富饒莊的市集廣場，該地今日稱為歐若佩亞多市（Ouro Peto），在十八世紀末期為新大陸最大的城市。

von Eschwege）[17]協助，兩人得以赴該城探訪，艾西維格男爵（全名：Wilhelm Ludwig von Eschwege）為德國地質學家，一八一〇年起服務於巴西王室，領導開礦事宜，對巴西瞭解甚詳，他樂意幫助這兩位來自巴伐利亞的博物學家，也經常協助其他來巴西旅行人士，比如數年前來過此地威特王子。

當地印地安土著

徐畢克斯與馬萩仕除了動植物外，對各族印地安人也很感興趣，「過去印地安人擁有該省富藏金礦的所有土地，但很快就被尋金的外來移民趕走，那些仍留在明納捷萊絲（Minas Geraes）的印地安人逐漸退居到沿海岸分布的塞哈（Serra do Mar）山脈，藏身三十至五十公里寬難以進入的茂密原始林內…讓當地礦工深感不安，最具危險性的印地安人為食人族波多庫多斯人（Botocudos），他們據有朵協（Rio Doce）河岸地區……我們已聽聞許多有關他們的事情；去拜訪這樣印地安族群，觀察他們居所的渴望越來越強」（旅記第一冊三八四頁），他們透過艾西維格男爵安排認識了一位來自法國的軍

[17] 艾西維格男爵（BaronWilhelm Ludwig von Eschwege），一七七七年十一月十日生於奧埃之艾西維格（Aue Eschwege/Werra），一八五五年二月一日卒於卡瑟－沃夫安格爾（Kassel-Wolfsanger）。一八二〇至一八二一年前往巴西，詳見Hanno Beck（一九七七）。

官，他被派來「馴服與教化」印地安人，他為兩人安排熟悉地方的軍方嚮導，只有透過他們協助與保護，兩人才敢深入印地安人的地盤，根據艾西維格男爵於一八一八年所出版的巴西見聞錄，波多庫多斯印地安人為食人族。

對兩人而言，前往印地安人區域為緊張的冒險經驗：「進入糾結複雜的濃密原始森林，深入內部後幾乎不見天日，心裏充滿驚悚與恐懼，沒有士兵陪同不敢冒闖，至少要武裝齊備與不脫隊，即使撞見印地安人會有被攻擊危險，但士兵所帶的猙獰的悍狗，對他們不斥林中猛獸，不得不被迫防衛；林中有許多奇特的昆蟲，特別是美麗的象鼻蟲、蝴蝶、從未見過的林鳥，以及多種哺乳類動物……，讓研究動物的人會覺得不虛此行」（旅記第一冊三六三頁）。徐畢克斯與馬萩仕經過科維阿多斯印地安人（Coroados）地區時，詳述了其飲酒節慶與藥用植物與其用途、室內陳設與生活方式，以及任何他們所能探知的事物。

圖四十：科羅阿多斯印地安人的飲酒節慶（採自徐畢克斯／馬萩仕《巴西探勘之旅圖輯》）。

徐畢克斯與馬萩仕拜訪布里斯（Puris）的一個村落，這是另一印地安部族，也竭力詳盡描述其生活方式與文化，兩人覺得很有趣的為：

布里斯印地安人的夜間舞蹈，乃透過一位為士兵擔任翻譯的科羅阿多族年輕人之安排，特別為兩位博物學家表演，兩人則贈送土著「較小的禮物」，但其中以鉛製的著色士兵玩偶特別受喜愛。接下來發生的一件事讓徐畢克斯印象最深刻為：「當我們觀看這場為少數，觀眾準備的演出時，我們當中有人發現[18]一條小蛇在地上爬行，因為尾部肥厚，本地人稱之為雙頭眼鏡蛇（Cobra de duas cabegas），印地安人認為有毒，故非常怕這種蛇，我們抓住牠並掐住蛇頭展示給大家看時，卻紛紛驚恐走避，而這些印地安人並未因此更崇敬我們，從此對我們像對其巫師般敬畏，這並非我們與他們在一起所喜歡的感覺。」

徐畢克斯與馬萩仕在此地所蒐集的多箱標本，在總督的協助下，運往里約熱內盧後，再轉運慕尼黑。

[18] 推測可能是徐畢克斯的記錄，徐畢克斯敘事不採用第一人稱形式，與馬萩仕恰相反，除了旅記中對他的單獨行程敘述（旅記第三冊第一一八—一二〇頁，以及第一二九—一三一頁）。

鑽石區

一八一八年五月兩人離開富饒莊（Villa Rica）前往特茱科（Arrial do Tijuco），目前稱為蒂阿曼庭納（Diamantina）的熱克欽霍量（Jequitinhonha）河谷上游地區，也就是所謂的鑽石區。蒂阿曼庭納仍保有徐畢克斯時代已存在的老市中心區，並被聯合國教科文組織列為世界文化遺產。

蒂阿曼庭納直到一八四五年才由王室直接管轄，因為該地為重要鑽石產區，徐畢克斯及馬萩仕寫給史泰因萊男爵（Baron von Stainlein）[19]的一封信中表示，兩人因遇到該區「非常喜好科學與崇尚自由」的總管，樂於接待歐洲來的團體，才有可能造訪該區，徐畢克斯及馬萩仕並受鑽石區總管邀請到家作客，「他非常高興與我們以德語交談」，他是位很有教養亦極樂於助人的東道主。除了提供自宅供兩人住宿，還盡可能提供各方面協助。兩人甚至從東道主口中得知鑽石年產量，甚至還參觀了多處採鑽場，得以詳盡的紀錄採礦的工作細節。

這個地區也吸引這兩位博物學者，「似乎大自然選定了最珍貴的寶石及最壯觀的森林地區，並以最

19 一八一九年二月十四日徐畢克斯及馬萩仕從巴伊亞寫給維也納之史泰因萊男爵（Baron von Stainlein）信函。巴伐利亞總檔案館，維也納巴伐利亞協會二一九九號檔，賀悉城市府檔案影本。

圖四一：蒂阿曼庭納的舊市區，目前被聯合國教科文組織列入世界遺產。

圖四二：篩取鑽石（取自徐畢克斯／馬萩仕《巴西探勘之旅圖輯》）。

美的植物花卉妝點」。此地區的景色媚力勝過兩人迄今所見過之秀麗或壯觀之風景，「整個鑽石區就像經過人工裝飾的花園，其間穿插著山丘與山谷與羅曼蒂克的阿爾卑斯山景觀，伴隨著田園風光的自然景色」。在此地工作的黑奴多達數百名，從事篩洗鑽石的粗活，與田園風光恰呈尖銳對比，為了激勵這些被嚴格看管的黑奴邁力工作，黑奴可憑發現的特別巨大鑽石換取自由。透過總管的協助，兩人有機會攀爬此地最高峰伊坦北（Itambé da Villa），並確定該山峰高度為五五九〇巴黎呎，亦即約達一八〇〇公尺，「總管立即命令黑奴搭建夜間宿營的茅草屋，出乎我們意料之外的在這荒野不毛之地還保存一塊完好的告示板，上面登載明日登峰的一切該準備事項，因山峰下有一片似乎難以穿越的野林，所以總管已先派人在樹林最茂密處劈荊斬棘開闢小徑」，徐畢克斯與馬萩仕認為在他們之前尚無白人攀登過此山峰。

波多庫多斯印地安人

一八一八年六月初，徐畢克斯與馬萩仕從美麗的鑽石區起程前往三藩西斯科河（Rio São Francisco），途中遭到一群屬於波多庫多斯族的印地安人，如前所述，該族印地安人被認為是食人族，故兩人對其紀述頗為負面：「他們若干人披著漆黑發亮的直髮……及耳垂穿洞，帶著數吋長的木製圓板，使他們的臉看起來格外野蠻可怕，同樣糟的尚有科羅阿多斯、布里斯以及科羅帕斯

（Coropoes）印地安人，讓人深覺惋惜遺憾，因這些人將容貌糟蹋到毫無人樣，只是讓人印像更差，他們平坦的方臉及小而無神的眼睛，顯露其反應遲鈍的動物原始性，肥厚的嘴唇顯示其好吃，慵懶與魯鈍，挺著大肚子，全身上下多肉但欠缺肌肉，所以走路邁小步伐」（旅記第二冊四八〇頁），馬萩仕[20]後來稱他們為「半人類」（Halbmenschen）並「羨忌其自由」，用現代的說法應為：他們愛好自由。後來他又談到印地安人先前曾受殘忍對待：「……一項王室的法令宣告印地安人為國家敵人，不受法律保護，他們遭巡邏隊及森林巡狩隊像野獸般追捕，被捉去從事十年勞役，或遭令人髮指的屠殺」（旅記第三冊四八二頁）。從這些紀錄足以顯示文明的歐洲人對原始民族極為無知，原因只能從那個時代及當時文化去理解，我們也繼續會在本書多處發現。

相反的，馬庫阿尼（Macuani）印地安人則被形容得較文明，他們住在茅屋內以農耕與獵狩為生。該族仰賴農耕，過著定居的生活方式，很顯然被界定文明程度較高，比仰賴狩獵居無定所生活方式高明，所以每當把印地安人居無定所與愛好自由扯在一起時，總被認為是不願適應歐洲人的生活方式所致。

徐畢克斯與馬萩仕一路馬不停蹄，紀錄所有的體驗與觀察，如本地的棉花栽種，聚落的設施，沿途風景與森林等。

[20] 有關巴西探勘之旅作者問題，請見：「題外話—探討三冊巴西探勘之旅作者問題」。

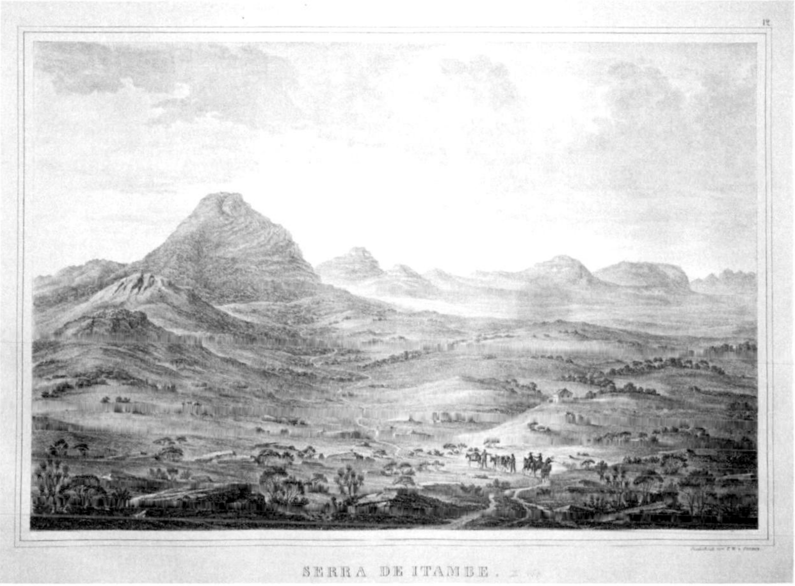

圖四三：徐畢克斯與馬萩仕所攀登之伊坦北山（Itanbé da Villa）（摘自徐畢克斯／馬萩仕，《巴西探勘之旅圖輯》）。

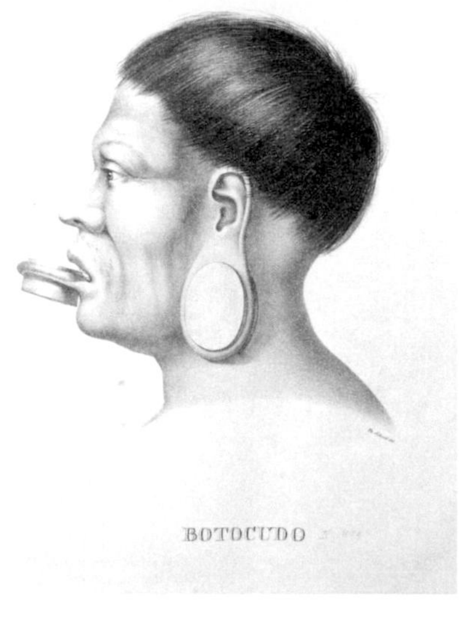

圖四四：波多庫多斯印地安人穿孔的下唇與耳垂（取自：徐畢克斯與馬萩仕之《巴西探勘之旅圖輯》）。

獵狩

接下來的旅途中，兩人不斷的狩獵，當時動物學者仍以火石槍狩獵做為蒐集動物標本的普遍方式，即便今日亦難以想像。為防範危險的美洲豹（Onzen），夜間如果在野外宿營時，必須派一人守衛：「經驗顯示，我們的防範措施適得其所，因為當我們晚餐豆子及火腿都快吃光了，徐畢克斯博士帶來幾隻他獵獲的鸚鵡。當晚吃掉後，一夥人接著上吊床就寢，直到守衛的槍響將我們吵醒，同時驢子也發出驚恐的叫聲，一隻身上有斑紋的美洲豹試圖接近，但因見到營火慢慢退卻，保持清醒的嚮導稱他向另一隻美洲豹開火，我們認為很有可能，因為美洲豹掠食時通常成雙出現。歷險後營區恢復平靜，翌日太陽升起後，我們再度出發前往瑞阿夏埃歐（Riachaeo），……我們在該地停留一日，以獵捕居住在附近水塘的美麗水鳥」（旅記第二冊五一八頁）。如前述引用之紀錄獵狩並非只為動物學目的，亦為重要食物來源，旅行報告中提到，就連徐畢克斯所獵獲的鸚鵡也成為受歡迎的食物，也可發現打獵確實令人振奮，在報告中稱獵捕貘被認為最輕鬆，因為貘並非猛獸，但獵捕大型貓科動物時則不斷有驚險情節：「美洲豹讓人覺得不輕鬆，更覺困難與危險。在此蓄養牛羊的地區，經常出現豹蹤，因為牠們比貘較少轉往潮溼地區，經常不固定的四處移動，較不易追蹤，遇見牠們純屬巧合，因此危險性更大，當有人通報了某地區有美洲豹跑到水邊，或在牲口附近出沒，則帶著狗埋伏，等到豹掠食牲口時，進行攻擊。鳴槍揚起硝煙後，獵人瞬間改變位置，因為美洲豹在槍響後撲躍過來，獵人閃避不及，被豹的前掌擊倒在地上，美洲豹居高臨下，獵人已成為他獵物時，牠觀望了一回兒，在此生命交關時刻，其他的獵人不慌不亂以矯健身手救了同伴，即時射殺美洲豹」（旅記第二冊五二〇－五一一頁）。除美洲豹外，徐畢克斯也獵捕其他猛獸，比如他甚至射殺巨蟒與凱曼鱷魚，其他有趣的事尚包括獵捕三趾鴕鳥，也就是馬萩仕紀錄中的「美洲鴕鳥」。徐畢克斯與馬萩仕在「熱情居民的協助下……在薩卡多（Salgado）的開闊疏林草原地區體驗獵捕美洲鴕鳥，圍獵隊伍利用訓練過的馬匹追趕，當美洲鴕鳥精疲力竭後會找樹叢躲避，這時再下馬步行過去射殺。因為美洲鴕鳥肉難以下嚥，所以獵殺牠們往往只是為了樂趣，主要是為了羽毛。用美洲鴕鳥羽毛製成的拂塵在巴依亞（Bahia）以及里約熱內盧可賣得好價錢，並可外銷歐洲」（旅記第二冊五三九頁）。後來達爾文疑似曾吃過一隻美洲鴕鳥，似乎覺得味道還不錯，後來才發覺可能是一未知的種類，所以保存了骨骼，羽毛與鳥皮，結果證實猜測屬實，他帶回吃剩的遺骸返回英國後，經鳥類學家古德（Gould）發表為新種，稱之為達爾文鶆（Rhea dawini）。

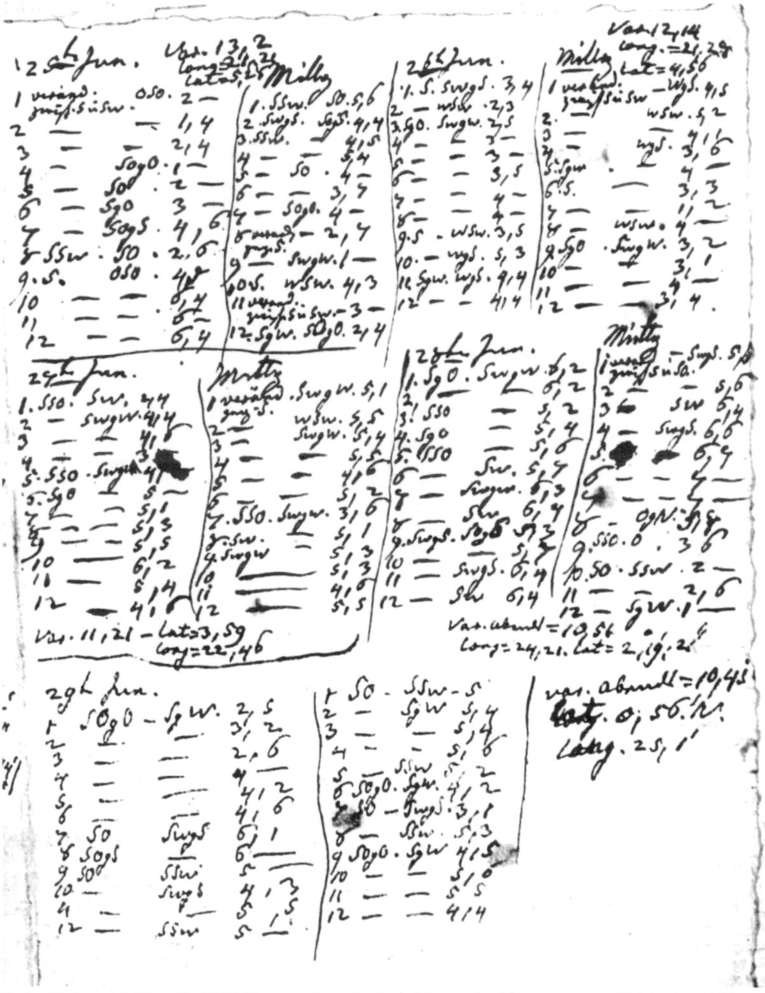

▌**圖四五**：徐畢克斯所紀錄之一八一八年六月二十五日至二十九日的天氣紀錄，剛開始資料還登記在事先印好的日誌上，後來直接寫在記事本上，但紀錄仍依舊精確。

前往三藩西斯科河

一八一八年六月兩人來到康坦達斯（Sertao von Contendas），兩人形容此地為富庶區，人口不斷增加，居民以農耕為生，豐衣足食，此外，此地有不同種蜜蜂，出產蜂蜜與蜂蠟，對當地經濟頗具重要性（旅記第二冊五二四頁），有些種類在樹木築巢，有些則在地上。當地出產的蜂蜜與蜂蠟也有不同的品質與種類，但並非如歐洲蜜蜂般由人工照料，蜂蜜及蜂蠟均直接採集自野蜂，也是當地某些居民收入的來源，徐畢克斯及馬萩仕所觀察的亞泰依蜜蜂（（Jatai-Bienen, *Tetragonisca angustula*），目前為巴西分布最廣，為最常利用的蜜蜂，這是一種只分布在南美洲，體型小無螫刺的蜂，當時巴西尚未引進歐洲的蜜蜂。

旅記中還特別描述對此地區民眾的特別習性，如小孩普遍愛吃土，這種現象可能是缺乏礦物質或為了吸取某種抗生素物質，尤其是土壤中黴菌可以抵抗疾病，但在《巴西探勘之旅》卻不斷揣測「可能是從動物過渡到人類的行為與習性」（旅記第二冊五二七頁）[21]。

兩人於八月份抵達紹卡多港（Porto de Salgado），亦即目前的熱篤阿瑞亞（Januaria），在該地

21 一八一九年二月十四日徐畢克斯寫給維也納的史坦萊男爵信函。

逗留數日以探勘週遭地區，附近最有趣的是三藩西斯科河（São Francisco），「原本會是一條最美與最富饒的河流之一……，卻因染上傷寒與發高燒，加上數百條鱷魚與食人魚在水中，讓人深覺這條河很恐怖」，三藩西斯科河為巴西第二大河與乾燥的巴西東北方生活命脈。

有關三藩西斯科河附近的鳥類聚集池塘之記述頗讓人感興趣，一方面也因在旅記圖輯中有一張很美的插圖引起注意（圖四六）。底下我們引用《巴西探勘之旅》該段的紀述（旅記第二冊五三〇－五三一頁）如下：

我們宛若置身一個全然陌生的國度，這裏見不到荒脊無葉子的樹林……，四周蔥鬱的樹林被延伸出去的魚池所圍繞，當晚間我們靠近其中的魚池時，奇特的景像映入眼簾，河岸邊數百隻粉紅色的火鶴如士兵般成列的集結，並涉水在爛泥上忙碌的啄食，緩緩前行，大型的鸛鳥（裸頸鸛）則步履沉重，涉水較深，用牠們的長啄追逐魚群，池塘中央的小島上盡是水鴨與水秧雞，眾多的小辮鴴快速的繞行森林週邊，忙著捕食昆蟲，此處盡是各種鳥類吱吱喳喳及咯咯的不停鳴聲，欣賞此奇景越久，望著這些洋溢著天生獨立性與活力的各種鳥類，益發讓人難下決心，扣動扳機破壞大自然的安詳。我們所見到的鳥必定超過萬隻，各自展現其求生自保本能，當初造物的圖像再現我們眼前，若非我們觀察的最終感想，乃認定所有動物存在的要件即為爭鬥與永遠的爭鬥[22]，我們會對此令人訝異的奇景更覺心安。此地無法勝數的水鳥種類，毫無掛慮的展露其天性，各自捕食其獵物，如昆蟲、蛙及魚等。每一種動物似乎都有追捕他的敵人：體型巨大的鸛雖在池塘稱王，但敵不過鷲鷹及美洲豹，水鴨及鶴則為水獺、獾與野貓及禿鷹的獵物；弱小的水鳥週遭總是環伺著強鄰，在遠處的水域，這些能飛行的鳥族則需與居主宰角色的凱曼鱷魚、巨蟒、與可怕的食人魚抗爭。水鳥們都居住在河的附近，棲息在池塘岸邊的蘆草與泥沼地上，或者棲在懸伸樹枝上，在乾季完成生育，並在河水氾濫期遷離，移居到距河岸地勢較高的地區，部分候鳥則朝海岸飛去。

距離此鳥類聚集池塘不到一刻鐘腳程，徐畢克斯與馬萩仕發現另一個不同的幽靜池塘：

……我們好像被魔術變到死亡國度，這裏似乎所有的鳥均滅絕，即便有停息在神秘深暗池水上面的濕熱空氣，沒有一枝一葉會因此搖動，我們很訝異的問嚮導原因為何？他解釋稱，此

22 這句話聽起來意外的頗類似後來「我的奮鬥」書中不斷引用的字眼，並引發對達爾文天擇學說的討論，但我們必需明瞭達爾文的曠世之作「透過天擇的物種原始或生存鬥爭所保存的優勢種類」直到一八五九年，亦即四〇年後才發表。

圖四六：三藩西斯科河旁的鳥類聚集池塘（摘自徐畢克斯／馬萩仕《巴西探勘之旅圖輯》）。

處棲息著大量的凱曼鱷及食人魚，這個恐怖地方足可比擬但丁的地獄海[23]，數隻覆鱗的怪物伸出頭發出呼嚕聲，並從喉嚨噴出水來，……我們數了將近達四十隻，有些在池邊，有些因為我們製造的噪音而浮到水面上，若非浮著如塊木頭般動也不動，即是伸出頭來觀察四方；最大的鱷魚達八至九英呎長，背甲呈綠色，吻部鈍，沒有一種動物長相看來如此猙獰，有些畫家將之視為最邪惡與墮落的象徵亦實不為過。

不論是凱曼鱷魚或食人魚皆在探勘報告中被

23 馬萩仕後來於一八二九年的追悼詞中表示但丁為徐畢克斯喜愛的作家。

視為最可怕的動物，並以危險恐懼的方式來敘述。通常下筆客觀的《巴西探勘之旅》一談到牠們，就成為冒險小說的前驅，甚至成為有些廉價小說作者的素材，但我們必須考量，因為徐畢克斯與馬萩仕的見聞均為首次，只得聽從當地人誇張的描述，而旅途也確實充滿高度風險，例如底下的一段插曲：

> 我們的一頭驢子……，因口渴急忙的跑到溪邊；一隻巨大凱曼鱷攻擊牠的口鼻部位，若非驢夫即時趕到營救，或許這頭驢子就可能喪命，在有水的地方四處可見這種可怕動物，靠草叢的陰暗處就在錨索上盤桓著好幾隻蛇，我們只有不斷的靠大聲叫喊跨過河岸，並成為慣例，因為類似的地方總是有一大堆這類動物，由領隊帶頭，一路不斷敲打及嘶喊通過。（旅記第二冊五六九頁）。

因靠近三藩西斯科河水塘區對動物學研究頗重要，因此徐畢克斯停留較長時間，而馬萩仕則前往薩卡多（Salgado）為地方長官塞饒（Capitão Serrao）的夫人看病，在旅記之第二冊中只記錄此次兩人分處兩地，曾分開一段時間，否則均一起旅行。很有趣的這也是馬萩仕唯一記錄對徐畢克斯個人觀感的地方「我向好友道別不無感傷，他已成為摯友，我在八月十六日日出前上路，朝北方出發」（見旅記第二冊五三三頁及七一〇頁）。

兩人一路上不斷遇好運，尤其是能到鑽石區，能前往巴西很特別的地區均屬偶然機緣，因為這兩個地區原本是「禁止外國人進入」，奧地利動物學家納特爾為了取得旅行許可證，拜訪南里約格蘭德州（Rio Grande do Sul）的地方長官，但遭拒絕，當時他聽聞徐畢克斯與馬萩仕造訪過此地區，巴西內政部秘書處也通知他：「先前所發旅行證件純屬失誤……未加註說明這些地區禁止造訪」[24]，納特爾多年後仍惱怒徐畢克斯搶先造訪此地區，而在該地發現許多新物種，但即使徐畢克斯與馬萩仕旅行也不能全隨己願，必須嚴守原先規劃路線，比如雖然他們有意從薩卡多繼續前往北方省份，但未獲許可（旅記第二冊五七一頁）。

乾渴的旅程

兩位博物學者沿途所蒐集的標本均盡可能存放在木箱內，並用牛皮裹住，他們所蒐集的標本越來越多，所以所需驢子多達二十頭，經當地人告知，他們將有一段達一百英里艱辛的路途，需穿越半沙漠地帶，他們也明瞭驢子可能會因缺乏水及飼料半途死亡。儘管如此，九月底他們仍從三藩西

[24] 一八一八年八月二十二日納特爾寫給許萊柏（Schreibers），引用Riedel-Dorn（二〇〇〇，四三頁）。

斯科河的馬拉達（Malhada）啟程前往靠海岸的萬聖灣（Bahia de todos os santos），亦即今日之巴伊亞薩爾瓦多（Salvador da Bahia）。

徐畢克斯及馬萩仕經過多山而又林木稀疏的地區，路上遇到一位強壯的黑白混血兒，但模樣令人心生畏懼。他突然冒出來，還來不及打招呼，就趕緊為他治療，因為他全身都是外傷及刀傷，幾乎一言不發，治療後迅即失去蹤影，連個招呼都不打即策馬疾馳而去。據稱此地區常有鋌而走險的人出沒，多半是被剝奪公民權或被通緝，在此人口稀少的地區討生活。一週後他們終於抵達最乾燥地區，有很長一段路找不到任何飲水與食物。

摘自《巴西探勘之旅》第二冊六一〇頁：

事實上我們的處境令人絕望，接近危險邊緣，我們衰弱到需將行李留在荒地，更令我們大為震驚的是，我們在康塔斯河農莊（Villa do Rio de Contas）所僱用的嚮導失蹤了，遍尋不著後我們相信他因害怕無法帶領我們走出這片荒野，而開小差溜了。也由於嚮導的過錯，大多數因馱鞍未確實綁好的驢子，拒絕再馱運物品，有二隻甚至體力已不濟，只得棄置路旁。我們的玉米存量已將告用罄，不可能向此地稀少且貧窮的住民取得補給。距離水源處至少還有二十英里，只有三或四個地方可以提供我們含鹽份的汙臭水窪使用。四週伴隨我們的盡是無生機荒脊的樹林，死亡的景象正逐漸趨近我們。面臨此困境，我們只好決定拋掉蒐藏，保命要緊。我們將木箱拖到樹林內一處雜草密生的山谷放置，並標示出地點，將生病與衰竭的驢子放生，然後帶著剩餘的驢子儘快上路；但就在此性命交關時刻，救援卻也降臨，突然我們聽到一隻領頭驢子的鈴鐺聲，並見到一支組織完善的商旅隊伍，由身體硬朗的驢夫帶領的四十隻強健驢子，行經同樣道路，這支商隊的領袖為葛梅思（Senhor Augustinho Gomes），一位來自卡依特特（Caytete）地區的勇敢農夫。他對我們身陷絕境深表同情，很慷慨的提供我們數隻驢子……，並分給我們玉米，再安然的離去，我後來也再無緣碰到這位勇敢的人，願上蒼能嘉獎他的無私善行。

儘管獲得可貴的援助，接下來的路程仍極艱辛與危險。為了減輕重量，兩位生物學家只得被迫拋棄數箱標本，包括礦石與骨頭（一副貘的骨架與多隻鱷魚的骨頭）。有些休息地點的水太少，不足驢子飲用，只得用碗杓限量分配飲水，原本預計有水的另一條溪，「完全乾枯了，眼見我們將被迫喝發綠水窪裏的噁心東西，雨季溪流水量充沛時，據稱待在這條溪流及周邊小潭地區會感染熱病，……」（旅記第二冊，六二一頁）口渴已難耐至迫使兩人飲用會致病的污水，馬萩仕繼續紀錄這段危險及艱辛的旅程：

「徐畢克斯經常感到疼痛，而我的右耳則嚴重發炎，我們拖著病痛繼續從雅卡雷（Jacare）出發走了五天，路途上找不到像樣的休息地方或醫藥，也無流動清水……，在此乾旱荒野中能否活命全繫於一個關鍵問題：今天能否找到水，而我們已愈覺慌惴不安，病痛讓我們感到遲鈍，尤其是對所有與保命無直接關係的事。我們躁急的扣除已克服的危險與艱辛，並預估眼前尚須面臨的挑戰，雖然第一天終究從雅卡雷趕到了阿拉雅馬拉卡斯（Arrayal de Maracäs）這個蕞爾之地……，我們卻高興不起來，因為此處連個盥洗地方都找不到，總之這地方極為貧困，居民多半已離開……，每晚我們的要務為分配驢子飲水，一路上只能找到變綠或發黑的水窪，用量亦需極節省，水中含有許多分解的腐植質，我們只好配甜麵包來沖淡水的苦澀味，當發現鳳梨葉中有殘餘的積水時，我們會彼此分享，這些水很清澈，但很快會遭鳥糞汙染，或變成青蛙的棲息處，因此我們會先潔淨後再喝，有幾次是用絲巾過濾」。

報告中顯示，兩人在渴死的邊緣檢回一命，靠著超凡的意志力堅定的繼續旅途，也未放棄蒐藏品。

巴伊亞聖薩爾瓦多

一八一八年四月十一日徐畢克斯與馬萩仕終於抵達小鎮里歐佩如阿寡恕（Rio Peruaguaçú），受到熱情接待。在繼續前往巴伊亞薩爾瓦多前，至少休息了一整天，對馬不停蹄的兩人而言，每個休息日均為了不得的例外，因此都會在旅記中記錄下來。徐畢克斯在巴西第三大城巴依亞停留四週，在《巴西探勘之旅》中他們詳盡的記錄了巴伊亞經濟狀況與人口，以及任何歐洲可能感興趣的議題，但在字裏行間卻也讓讀者感覺到，兩人對城市的熙來嚷往，穿梭在不同族群間覺得「不自在與又累又擠」，而在大自

圖四七：拉戈佩羅瑞尼紐（Largo de Pelourinho）為巴伊亞薩爾瓦多上城區以前的奴隸市場，現今為歷史與觀光中心區。徐畢克斯及馬萩仕在「巴西探勘之旅」中對奴隸市場記述甚詳。

然中反感到比較安適。他們發現書店裏書籍有限，但珠寶店內卻各種貨色應有盡有，但這並非他們所關注的。可察覺到徐畢克斯及馬萩仕對該城市的描述，多半義務大過興趣，他們真正的興趣在於描述多樣的景觀與難以捉摸的大自然。

奴隸

徐畢克斯與馬萩仕在巴依亞再度見到黑人奴工，下列引述的片段可見其流露的矜憫之情：「在城市有水的地方有許多黑奴聚集，不乏有人道之士關注這些來自另一遙遠世界的不幸子民，他們認為新大陸成為沃土，實仰仗黑奴的汗水，這是人類世界多麼特別的演變！歐洲及非洲的子民共處在這第三大洲，並成為其祖國」（旅記第二冊六五一頁）。馬萩仕也詳細記述不同族裔的黑奴的特性與優點，有些族裔如來自莫三鼻克的馬庫阿斯族（Macuas），被派去從事農事，而來自剛果及安哥拉的部族則「運用」於處理家務。

摘自《巴西探勘之旅》第二冊六五二頁：

奴隸的處境並不像我們在歐洲所認為的那麼悲慘，他們衣食無虞，工作不致過於勞累，除了週日以及三十五天節日，目前政府又宣佈增加十八天年假，放假時不需要工作，週日

▌圖四八：「一名被拍賣的黑奴」，恩德一八一七－一八年間的水彩與鉛筆繪圖。

及全年之三十五天節日，黑奴被容許從事自行營生工作，但不包括新增年假。製糖廠及甘蔗園工作特別辛苦，但相對的工時較短，鄉間的黑奴享有某種程度自由，通常與家人同住在草屋內，不礙任何人；居住城市的黑人則處境最慘，每日必須交給主子定額現金，被視為搖錢樹，因為他們的主子希望在一段時間內就收回墊款及利息，所以最不被善待。讓人難過的是得知黑奴若上年紀不能勞動時，雖可擁有自由，但也形同被遺棄，對有榮譽感的巴西人，這種情形仍屬少見。黑奴無憂無慮的享受工作與娛樂，雖然很多人認為他們遭到不法對待，處於恐懼與貧窮。他們在祖國巴西所承受之非人道生活，是居心不良的歐洲人所造成的。這裏的黑奴喜歡他們的生活，整體而言這並非奴隸制度，而是運送過程的非人待遇及骨肉乖離，讓他們靈魂飽受煎熬，造成眾多不幸的受害者。如果有機會在黃昏時分到巴依亞街上，可觀看不同黑人團體愉悅、熱情奔放的歌舞演出，會覺得某些捍衛人道作家筆下所描述，過於誇大他們遭奴隸主剝削，生活比牲畜不如。如對美洲黑奴的情況有所認知，即會體認到，縱使運送黑奴到美洲過程血腥，但黑奴經過智識的提升，也漸入佳境，因基督教帶來教化曙光，許多黑奴體認道德精進的價值，常可從他們憶及其祖地對偶像崇拜所表現真摯的嫌棄神情，獲得明確且感人之實證；即使法律上所能提供的有限，他們仍感謝在受相當保護下，生活得以安全無憂。由於有這種信念[25]讓我能從諸多的造訪中確信，我過去所要做的……以獲知有關農業文化的系統訊息。

儘管有上述的內容，但並無明確的理由可證明當時巴西黑奴的生活條件優於其他國家。

從巴伊亞往南再折返

一八一八年十二月徐畢克斯與馬萩仕挪出數日時間，從巴伊亞往南至伊累歐思（Ilheos），調查數年前威特王子曾來過的地區。因此馬萩仕在撰寫此段旅記時，經常引用威特王子的紀錄，徐畢

25 這段敘述經過馬萩仕的整理，勿庸置疑，在附錄中馬萩仕詳細的描述對奴隸交易的觀察與瞭解，包括許多對奴隸的非人對待，例如跨洋的運送過程。馬萩仕也指出奴隸交易對皇室的巨額利益。

克斯則觀察研究及調查一種「具特別美與光亮」的螢火蟲，以及會不停歇的發出鳴聲的一種大體形的蟬，「其音調足與紐倫堡的兒童鳴號比擬」。

返回巴伊亞後，兩人收到不少經里約熱內盧轉來的家鄉信函，其中包括其申請前往北方展延旅程的許可以及所需的推薦函。他們也收到「展延旅途所需的經費……然而多次去函請求派遣巴伐利亞的繪圖師前來計畫卻一直未見回覆」（旅記第二冊七〇八頁），自從奧地利的兩位畫師恩德與布赫柏格打道回府後，徐畢克斯與馬萩仕多次函請派遣繪圖師隨行，就連慕尼黑的科學院亦多次向官署商請，甚至都已預定年輕又有才氣的畫家奧爾（Kaspar Auer）為人選，但最後卻可能因經費不足，而事與願違。（Buchmann, 1966）。

儘管如此，當時有兩位與徐畢克斯同時代的畫家，以巴西為題創作的插畫聞名。兩人分別為德國奧格斯堡的畫家魯根達茲（Johann Moritz Rugendas 一八〇二－一八五八），以及法國畫家德別特（Jean-Baptiste Debret 一七六七－一八四八），他們在一九世紀上半葉勾勒出巴西景觀與生活百態，上至宮廷下至奴隸生活，兩人創作範圍廣而傑出。

徐畢克斯與馬萩仕在巴伊亞將「截至目前所蒐集的標本交給莫依隆（Meuron）及徐呂特（Schlueter）先生，經仔細包裝後裝在多個木箱內寄往漢堡」（旅記第二冊七〇八頁）。最終亦完好無瑕抵達，在慕尼黑負責處理兩人從巴西寄回採集品的許朗克，很快即面臨無處適當安置的窘境。

好批評的翁肯報導稱（一八一九）：存放空間狹小，許多珍貴標本像柴火般堆積在一起，「標本室臭氣沖天，沒有任何人受得了」，報導刊出後許朗克雖然「勤奮」的處理昆蟲及植物標本，但只處理一付「動物骨骼，但從解剖學角度對其一無所知，只是將之拼裝起來，……但縱使一隻樹懶被裝上烏龜頭顱，食蟻獸被裝上美洲豹腦袋，我們不應責怪他，……一張水豚的皮毛被誤為西貒豬，被棄置一旁，因為已有兩張被製成剝製標本[26]」，或許我們因此可理解徐畢克斯後來在描述巴西爬蟲類時為何出錯，此外還包括描述三種蛇、一種蚯蚓及一種歐洲烏龜的令人倍感汗顏的錯誤（Vazilini 1981）。但翁肯仍讚嘆及尊崇徐畢克斯及馬萩仕的偉大成就，並列出在慕尼黑展出之動物骨骼及毛皮之物種名錄。

徐畢克斯及馬萩仕之巴西探勘在慕尼黑不無爭議，因為科學院需不斷支應新的花費，院內有些人認為，兩人在巴西所採的標本，若用花錢買還比較划算。科學院的主任秘書史利希特葛羅（Friedrich Schlichtgeroll）在一八一九年十月十六日的會議中發言相挺，他稱：「花錢買只能買到我們已知的物種，派人去則可找到未知的物種」（Stoermer, 2008），今日觀之，他實在所言極是。

兩人繼續旅程前，徐畢克斯曾在一八一九年一月二十八日寫了一段回顧文字：「這趟旅程讓我們覺得像烈士，沒有人協助打雜，而即將進入內陸，驢夫已開小差不見，經常無飲水，經常除了

26 請亦見Bachmann（一九六六第二三五－二三六頁）。

木薯粉與肉乾外沒有其他東西可吃。我們兩人目前患了一種痙攣性咳嗽或百日咳，事實上，我們的健康狀況已甚不堪，更別提一路上還會遇到蛇、美洲豹以及其他有毒的動植物的威脅，一陣快速的降溫或不注意間喝下甚麼，都足以讓處身酷熱的我們致死或神經發炎，……若一不留神染上寒熱病，會造成比我們原有的病更多痙攣症狀」（EOS第29號, 1819），但更糟的還在後頭。

再次幾乎渴死

在巴伊亞休息過後，兩位巴伐利亞博物學家於一八一九年二月十八日再度踏上旅途，它們計畫北上經過所謂塞沼歐（Sertão）之乾旱地帶，從巴依亞前往三藩西斯科河旁的秀阿塞依歐（Joazeiro）。由於是乾季，組成運輸驢隊甚為不易，既缺驢子又缺驢夫，因為在乾季基本上無通行的商隊，此外，氣候因素導致本地的驢子負重量甚低，因此需要更多的驢子。

但兩人運氣甚佳，遇到一位叫米蓋的的本地可靠商隊領隊，他將擔任接下來具危險性路程的嚮導。兩人曾被多次警告勿穿越被稱為卡欽卡（Caatinga）的乾燥地區，但是他們還是堅持按計畫進行。當地民眾難以相信徐畢克斯與馬萩仕為博物學調查而前往該地區，都認為可能是為尋找銀礦，「這個貧困的小地方的民眾的反應，顯已全然反應塞迢歐地區居民的想法，對我們旅行的目的，咸表難以置信，當地意見領袖還費唇舌說動群眾，證明我們前往探勘背後另有企圖，他聲稱：「你們難道相信，有人只是為甲蟲及野草，寧願冒著渴死的危險」（旅記第二冊七二〇頁）。

此地區卻實越來越乾燥，剛開始他們尚能從番荸薺樹（Imbu）的根部或野鳳梨葉片上取得水份，甚至有一次為了買一大杯水，花掉一金盾的錢，在當時是極昂貴價格，「大家分飲後，反覺得越渴得難耐」（旅記第二冊七二〇頁），領隊米蓋及其助手均得熱病。

摘自《巴西探勘之旅》第二冊第七二一頁

有人安慰我們，我們已渡過最艱困時刻，因為六英里外的科依德（Coite）這個小地方，岩石上會流出大量泉水。晚間……當我們抵達這個希望地點，一看卻驚駭不已，一處花崗岩裂縫被挖成一道十二呎寬可通行的坑，裏面站著一個人用葫蘆壺（Cuja）去接涓滴流下的水滴，約有三十個人圍繞在這個沙漠之泉四週，為了照顧婦女與小女孩權益，按照當地執法官規定，大家要按順序取水，但有持著火石槍的男性想搶先；若想替精疲力竭的馱獸取得充分飲水是絕無可能，當我想為夥伴要一口水解渴時，卻遭到斥拒：『這些水是給我們用的，不是給路過此地的英國人』，一名退伍軍人賣給我們數品脫的水，建議我們今晚繼續行程，部分原因為他不能保證我們安全，另外則是據說科依德的西北方，靠近道路附近，最近降過暴雨，於是我們決定依照他的建議行事，因為除了有幾隻驢子已不肯走，還有兩人發高燒，所依情勢看來，逗留越久，對我們越不利，在絕望的急躁感下我們隊伍繼續前進，最後終於在午夜一時抵達距科依德四英里外的西斯提納（Cisterna），不管人或馱驢均因不斷的行進而耗盡體力，此外我們的領隊已因體力衰竭而不能工作，讓我們又不安又憐惜。當太陽升起後，我們對當下處境感到一愁莫展，多數的馱驢憂心的立在我們身旁，有些則分散在遠處樹叢中，難耐口渴煎熬而來回踱步，儲水箱內已無半滴水，我們舔光禿花崗岩片上的露水解渴，用糖麵包補充驢子的體力，有兩隻驢已無法同行，其他的花了很大氣力才繼續上路，當我們困境似達最高點時，終於遭逢好運，解決了燃眉之急，距離西斯提納數英里的英布塞依羅（Imbuzeiro）曾下過大雨，當地居民將天賜甘霖儲存在臨時挖掘的水坑內，在此我們有了飲水補給，所以……能安抵這個可怕地區的邊界。

接下來的幾天很濕熱，但飲水僅能在水窪中找得到，喝起來很鹹且讓人不舒服，隊伍中所有成員的健康都出了問題，不斷腹瀉。米蓋與他的助理仍高燒不退，原本打算在某農莊附近逗留幾天，但卻有人開槍驅趕他們。

接下來抵達的地區已三年未下過雨，所有農田因此乾涸荒棄，買不到玉米或任何食物，所以除了渴現在還得忍受飢餓，「我們見到大棵的作物如豆子、玉米與木薯，……但全被烈陽曬乾枯了；其他的農作地均因大旱而乾涸，已多年未耕種」（旅記第二冊第七三〇頁）。

儘管險阻橫亙，兩人仍興致勃勃觀察所有對自然科學而言重要的事物。徐畢克斯及馬萩仕將所有的驢子及行李託給當地執法官看管，在當地唯一嚮導的陪同下，騎乘租來的馬匹前往聖山附近的芬恩德苟（Bemdegô，目前稱之為Bendegô）。儘管缺水，兩人還在當地逗留數天，並忙著打算敲下隕石碎塊，以攜回慕尼黑，但卻足足升了二十四小時的火去燒炙隕石，才如願以償（旅記第二冊七三九－七四〇頁），他們記錄與描繪了這顆巨大隕石，並攜回敲下的碎片標本，以利日後進行化學及物理分析，慕尼黑的礦石蒐藏館即保存一枚，應是徐畢克斯與馬萩仕所攜回的隕石碎片[27]。

兩人克服萬難，花了十天盡快完成使命，對成功的探究這個自然奇觀感到愉悅，兩人也探詢當初發現隕石經過。當年發現者是個孩童，一七八四年他在家附近的樹林中尋找第四頭牛時無意中找到，這顆鐵質隕石重達五．五公噸，一八八七至一八八八年間被運往里約熱內盧（Sears 1963）。

當徐畢克斯與馬萩仕返回探勘隊伍時，馱驢的惡劣健康狀況讓他們大感震驚，期間有幾隻已死亡，其他的病得很重，必須將牠們留下交給忠實的米蓋照料，最後兩人在抵達秀阿塞依歐附近的三藩西斯科河後，終於有豐富的水與食物，能享受在房舍內過夜休息。

但三藩西斯科河卻勾起兩人的鄉愁，讓他們憶起：「祖國的萊茵河，因為該河從重山疊嶺的山

27 可惜大部分邦立礦物學蒐藏的隕石在第二次世界大戰時損毀，因此無法百分百證明為徐畢克斯與馬萩仕所攜回，但被認為應是兩人採集品。

脈中出現，從波昂（Bonn）綿延下去的富饒的平原……，我們經常在河中戲水，因為河裏不如米納斯（Minas）恐怖，鱷魚及食人魚很罕見，只有一次我們遇到一隻凱曼鱷魚，牠躺在我們旁邊的沙灘上，而我們則把牠當成了一根老樹幹」（旅記第二冊七五四－七五五頁）

兩人著手探勘這個位於三藩西斯科河畔的小村落週遭環境，紀錄當地一個製鹽場情形，一如往常進行採集，靠近河畔的乾燥疏林地，稱之為卡欽卡，為巴西東北內陸景觀，「大部分為稀疏的灌木地」，只有在相當潮濕的低窪地，才見到高大的「森林」，「森林看來頗有特色但還不夠精彩」（旅記第二冊，七八一頁）。徐畢克斯在喬阿賽伊羅（Joazeiro）當地觀察並捕獲一隻小型甚稀有的淡藍色鸚鵡，後來以徐畢克斯金剛鸚鵡（Spix-Ara）[28]而揚名（詳見一九二頁）。

兩人在經歷疲憊的長途旅程後，終能在此小村子落腳休息，因為他們將驢隊留在前一站休養，必需等其前來會合，「人煙稀少地方的寂寞感，令人安適的寧靜，很適合我們這些投身蠻荒的旅行者，也是我們旅途少有的情形。在這種愉悅的氣氛下，在長夜中我們常眺望南半球的星空，星斗在浩瀚無雲的夜空中閃耀著奇異的亮光，圍繞著週遭的寂寥，引領我們仰望南方蒼穹的星光世界，讓我們墜入深刻的思考中……，而就在某天我們靜夜長思時，突然聽到驢隊的鈴鐺聲，驢隊領班米蓋

28 喬阿賽伊羅（Joazeiro=Juazeiro）為徐畢克斯金剛鸚鵡（Six-Ara, *Cyanopsitta spixii*）的模式標本發現地。

帶著剩餘的驢子前來……，我們收起多朗德望遠鏡（Dollondsches Fernrohr），忙著準備上路」（旅記第二冊七六四－七六五頁）。多朗德望遠鏡為一種用於觀測星象的天文望遠鏡，對徐畢克斯及馬萩仕而言，能有機會使用是種奢侈的享受，只因他們必須停留等待隊員的會合。

能在靠河畔的歇腳處養足精力，對兩人是件好事，因為旅途的險惡旋及接踵而至。剛開始他們仍經過被稱為「巴西的瑞士」物產富饒地區，這裡飼養很多產奶的牛羊，所以即使荒僻的農莊也能提供一頓豐富的餐飲。馬萩仕特地在報告中提到他們甚少享受到的美食。

旅途滿佈的危險，從以下例子我們即可窺知：「……因未找到能讓我們留宿的人家，我們在一棵巨大枝葉茂密的闊葉木下紮營。當我們正安然入眠之際，突然被遠處雷聲驚醒，我們才驚覺星斗滿佈，伴我們入眠的的夜空已消失，天空頓時烏雲密佈，一片漆黑，不斷的閃電讓我看到天空的風雲驟變，因為閃電不時照亮狂野奔馳的雲朵，剎時間狂風驟然吹襲週遭的森林……，我們可聽聞到附近美洲豹的吼叫聲、以及樹幹被撕裂及樹木被連根拔起的聲音、狂風在闊葉樹間咆哮肆虐、讓猴子不停哀鳴與鳥群紛而振羽求生，大雨滂沱如潮水般的的吵雜聲，讓所有人心生恐懼，一陣大風將鄰近屋舍的屋頂吹走，落到一個充作廚房的矮棚上，爐火尚未滅，不一會兒引起熊熊大火，照亮此一可怖場景。我們想到要保護行李，本來應付這種突如其來風暴所造成的混亂會讓人束手無策，但這回巧合卻幫了個大忙，因為我們將行李全放在紮營處的闊葉木下，這棵樹樹幹也被強風折斷，行李被厚密的樹冠所覆蓋，翌日完好如初被我們拉出來，我們的工人因大雨嚴重受寒健康不佳，又有

圖五十：卡欽卡乾燥區的植物。

圖五一：一種徐畢克斯在巴西東北部「卡欽卡」乾燥植被區所發現及發表的新種壁虎 *Pyllopezus pollicaris*，體型相對較大，夜行性、也出沒人類聚落附近。

圖四九：芬恩德苟的隕石塊，蒐藏於慕尼黑礦石博物館，可能為徐畢克斯與馬萩仕所採回。

些人因此感冒發燒」（旅記第二冊七七三頁）。數天後，忠實能幹的領班米蓋在高草堆中遭毒蛇咬而身亡，這個事件又再度凸顯整個探勘行動的危險性，而兩人則與危險不時擦身而過。

發燒與鉛中毒

兩人於一八一九年五月初抵達此區下一個較大的鄉鎮歐埃依拉斯（Oeiras）。兩人在當地再度有機會施展醫術，該地週遭物產豐富，風景優美，此地飼養牛群，擁有開闊放牧用草原森林與湖泊。

兩人罹患每日輕度發燒症狀，但一直未能痊癒，又急忙準備上路。在《巴西探勘之旅》報告中經常有提到疾病，例如前面所提的發燒症狀，但我們很難從中辨認出何種病，當然徐畢克斯與馬萩仕曾罹患一串熱帶疾病，其中一定包括瘧疾及不同的寄生蟲病症。過了數天後，馬萩仕在路途中嚴重發燒，甚至失去意識，他僅能勉強騎在馬上，有時必須在地上躺平，有一位雜役也得到同樣的熱病，四天後病逝，但事情並未告結束。

接下來徐畢克斯也病倒，全身遍佈疼痛的紅腫，兩人都太衰弱無法坐在馬鞍上，「附近的農莊提供我們黑奴，用擔架抬我們前進，難以形容的是路途上精神的痛苦，兩人無助亦無力的相互扶持，不論對未來、對彼此與對此探勘之行的結果皆感到無比恐慌」。兩人接受當地一位擁有農莊的指揮官的款待，他提供徐畢克斯一種藥膏，以減輕疼痛。但翌日當兩人在數英里外的一間草棚過夜時，暴雨降臨，四處泥濘，徐畢克斯癱倒在地上幾乎喪命；馬萩仕也發燒，他診斷徐畢克斯因過量使用含鉛的藥膏而中毒，故請僕役到距離尚不遠的農莊搬來一個浴缸，讓徐畢克斯泡澡，水中摻入硫磺粉與大量鴉片藥酒，此外並用營火熱毛巾，為徐畢克斯搓揉全身，徐畢克斯雖撿回一命，但身體仍極為虛弱。

馬萩仕本身也生病，但仍打起精神騎馬到下一個村莊凱西亞斯（Cachias，目前稱為Caxias）求援，他穿過棕櫚樹林及山丘，沿途不敢下馬休息，擔心一旦下馬，就再無體力爬上馬鞍。夜幕中他在森林迷路，所幸遇到一個人為他指點前往莊園的路，也因而救他一命，馬萩仕拖著虛弱的身體勉力抵達目的地，並找到當地執法官的家，執法官推薦他處方，但馬萩仕身體不支昏倒，執法官不但照顧他還把病倒的徐畢克斯接過來，所幸在凱西亞斯有位醫生可治療兩人（旅記第二冊八一一—八一二頁）。兩人旅經此區紛紛病倒之原因，可能是由於剛從乾燥地區來到濕熱的亞馬遜氣候區，所以原本虛弱的身體難以適應氣候的變化所致。

初次的河上航行

凱西亞斯也是陸路的終點站，因為從此地到下一個大城鎮曼仁裊（Manranha），今日稱為聖路依斯（São Luiz）只能走水路，也就是沿著捷它匹庫如河（Jtapicurú）繼續往上航行。因為凱西亞斯附近種植棉花，所以可搭乘運棉的三桅帆船前往，他們賣掉馱驢，在一八一九年六月三日搭乘運送棉花的貨船出發，有十三天時間可在船上休息，但他們馬上就覺得無聊，尤其是花那麼多時間經過農業開發區。

他們感興趣的是在河岸樹林觀察到的動物，例如吉普賽雞（Zigeunerhühner）以及巨大的綠鬣蜥（第二冊第八二九頁）；吉普賽雞經常棲在河岸樹枝上，不太怕人驚擾，因為牠們身上有一股臭味，所不被獵殺食用，後來兩人在亞馬遜地區仍經常見到吉普賽雞。河中也有電鰻，他們曾抓到一隻小的，但被牠發出的強大電流嚇到時，電鰻又乘隙逃回水中，後來徐畢克斯靠著印地安人捕捉，對亞馬遜地區電鰻進行較透徹的研究（旅記第三冊，一〇九一頁）。

在聖路易斯（São Luiz）兩人遇到一位特別熱心接待他們的友善英國人賀斯克嗣（（Robert Hesketh），「感念他由衷熱忱讓我們健康與生命得以重生」（旅記第二冊八三四頁）兩人也不斷強調巴西人的好客，並表示若非如此，則旅程無以為繼。時至今日，至少在鄉間，巴西人的好客仍是有目共睹。

兩人在聖路易斯收到官方核發之進入亞馬遜探勘的許可及所需的推薦信。兩人都明白在亞馬遜區將可發現許多新的動植物，「拜赤道之賜，展現在我們面前為廣袤無盡且最豐富的大自然，為我們整個旅程所冀望的，旅行許可才剛收到，我們失去的體力似完全被召回，以完成最後的探勘使命」，徐畢克斯與馬萩仕不願浪費時間，尤其是八、九月間經常吹東風，對溯亞馬遜河而上比較容易。因為他們剛好有機會搭乘葡萄牙軍艦前往貝稜，所以趕緊向好客的賀斯克嗣先生辭別，於一八一九年七月二〇日搭乘這艘葡國軍艦前往莞帕拉（Gran Para）的首府聖瑪麗亞貝稜（Santa Maria de Belém）。

▌**圖五二**：在河岸上的吉普賽雞，亞馬遜河上游。

▌**圖五三**：黃昏時亞馬遜河之河景。

第三章——亞馬遜

PIRARARA bicolor.

Tab.VI.

聖瑪麗亞貝稜

《巴西探勘之旅》報告第三冊是從停留在貝稜的期間開始紀錄（以前也被稱為Santa Maria do Grao Para），此冊係由馬萩仕在一八三一年，亦即旅伴徐畢克斯過世五年後所出版，這一冊為唯一無前言，直接紀錄兩人如何在經過旅程疲憊及疾病後，在貝稜休養生息，以及即將面臨全新的挑戰與體驗。時至今日，在貝稜的埃米利歐・葛第植物學博物館（Emilio Goeldi）仍豎立一塊紀念這兩位巴伐利亞博物學家的紀念碑，他們在貝稜共待三個月，在週遭地區探勘[1]，並將他們的採集品提前打包，此紀念碑為一九〇七年巴伐利亞科學院委託慕尼黑雕刻家啟福爾（Karl Kiefer）所完成作品，採用的質材為妥依希特林大理石（Treuchtlinger Marmor），碑石上一面紀念徐畢克斯，另一面紀念馬萩仕，每一面都以桂冠紋為緣飾，並刻有拉丁文，說明馬萩仕對巴西植物界；徐畢克斯對巴西動物界貢獻厥偉。

[1] 一八一九年七月二十五日至八月二十一日前往亞馬遜河域前，一八二〇年四月十六日至六月十三日返回歐洲前，有關紀念碑請見Riepl（一九一四）。

前往亞馬遜河下游

兩人在貝稜附近觀察了生機盎然的雨林、瞭解船隻對行動的重要、目睹失根的印第安原住民，也看到亞馬遜河強大的潮浪，加緊準備動身前往亞馬遜河域。船的載重為九百阿羅巴（Arrobas），亦即約十三噸重，比一般貨船小，但卻有船艙，裏面可掛吊床，駕駛也有可遮蔽的屋頂。

兩人為探勘隊員打包麵粉、烤餅及蘭姆酒，也為自己準備火腿、香腸、咖啡與茶及彈藥，重要的還包括與印地安人交換的物品，如斧頭、刀子、紐倫堡鏡子、棉花、印花棉布、玻璃珠等。總督還派士兵隨行，提供保護，讓他們很感謝，總督尚命令派來的三名士兵，要盡量協助兩人找足新的划槳工人（旅記第三冊九三六頁）。

馬萩仕有次還提及，除了一八一七年出版的《埃羅史密斯的巴西全圖》（*Generalkarte von Arrowsmith*）外，他們並無其他地圖[2]，因此必須一路仰賴當地的嚮導與地方人士協助。當然今日我們實難想像，當時的探勘之旅居然無可用之地圖。

---

2 埃羅史密斯（Arrowsmith Aaron, 1750-1823）「通用世界新地圖」（A New General Atlas. Constructed by latest Authorities）Edinburgh/London，一八一七，第LIII：南美洲II，九八七；請亦見Schmutzer（二〇〇七，七二頁）。

兩人行前並致函巴伐利亞國王麥西米連一世，信中提及預計於四個月後返回貝稜。一八一九年八月二十一日他們利用潮漲所產生的巨大逆向水流以及風向，朝亞馬遜河流上游啟帆，途中遇到頻繁的強烈熱帶風暴，還觀察到多隻抹香鯨在水中嬉戲。

印地安人使用不同方法所捕獲的魚，成為菜單上重要的食材，印地安人多樣的捕魚技巧，讓對印地安人頗有批評的馬萩仕也頗感訝異，除了漁網及釣具外，印地安人尚使用弓箭（旅記第三冊一〇二三頁），另一種捕魚方法是用某種植物的乳狀毒液在水中下毒，被毒死的魚會敞開鰓蓋浮到水面，但吃了對身體無害。

如果印地安人抓的魚夠多，徐畢克斯會將剩餘的浸泡在烈酒中當標本送回慕尼黑，其中有件趣事：他們的「大肚子嚮導似乎越抓越順，而欲罷不能，因為天色已暗，當所有人都蹲踞在營火四週，用飢餓的眼神，盯著尚未煮好的晚餐，他悄然的執著火把，隨河流而下，不到一刻鐘時間帶回一條巨大食人魚，以凱旋之姿將魚扔到我們面前的沙地，這條十二磅重的魚被火把吸引到岸邊，被他徒手捕捉」（旅記第三冊一〇二六頁）

這種魚後來被徐畢克斯以標本帶回慕尼黑，並被瑞士動物學家阿格西茲（Agassiz）命名為新種，學名為紅尾鯰魚（*Phractocephalus bicolor*）（見五七圖）。另一種被當作重要盤中飧的動物為烏龜，有些農莊飼養很多，河中的島洲上也可捕捉到。這些烏龜也被徐畢克斯發表為新種，命名為南美河龜（*Emys amazonica*），有時他們也在河上水鳥築巢的沙洲搜集到好幾籃的鳥蛋充作食物，有些島洲上也可採到烏龜所埋的蛋，味道非常可口，尤其是用來取代牛奶攪攪在咖啡中飲用。

徐畢克斯與馬萩仕在貝稜附近已領教過草蝨的厲害，而現在則開始不斷為黑蠅所苦，這種可怕的昆蟲對行旅者的折磨實非言語足以形容（旅記第三冊一〇五六頁），還有許多會螫人的昆蟲也經常擾人，還有一種會造成疼痛的昆蟲為前面曾提過的沙蚤。

船往上遊行駛，為克服逆流，印地安人還必須常到河岸用繩子拉牽，十月二十二日終於抵達巴拉里奧內格羅（Barra do Rio Negro），也就是今日之瑪瑙斯（Manaos）[3]，當地總督已為他們準備房舍住宿。

製作動物標本

將不同動物製作成標本運回慕尼黑絕非易事，徐畢克斯可以將小型的動物浸泡在酒精或烈酒加以固著；但要買到合適的廣口瓶來固著標本並不容易，甚至買到足夠酒精含量的烈酒也很困難。此外，徐畢克斯還剝鳥皮來做標本，並熬煮骨頭，另一種重要的製作標本方法為用火燻烤乾燥標本，

[3] 因為此處通常以瑪瑙斯（Manaos）知名，故接下來我們皆用現在之稱呼。

圖五四：在貝稜之埃米利歐．葛第植物園內的徐畢克斯紀念碑。

剝下的鳥皮會掛在小火上燻烤，加以乾燥後，用棉花包裹裝在鉛筒內，用這種方式製成的蝙蝠標本，時至今日，出人意料仍狀況甚佳，傳統製革所使用的明礬，亦為標本製作的重要輔助藥品。[4]

特別麻煩與耗時的為製作大型哺乳類動物標本，目前「慕尼黑邦立動物學博物館」仍保存一具徐畢克斯製作的亞馬遜海牛（*Trichechus inuguis*）標本。依今天標準即使製作不夠精美，但仍為一件經得起時間考驗，具歷史價值的標本。此外，徐畢克斯也採集了這種在水中生活的大型特有植食性動物的頭骨。

徐畢克斯幾乎未曾留下任何製作標本的

4 這種製作方法主要是學威特王子（一八二一），見第二冊附錄「有關巴西自然史探勘之旅的物種」第二九六頁。

圖五五：印地安人在亞馬遜河以弓箭捕魚，取自徐畢克斯／阿格西茲一八二九論文插圖。根據何畢希（Helbig, 1998）的說法，本圖為畫家魯根達茲（Johann Moritz Rugendas）所繪。

紀錄，但顯然他必需自己動手，他能找到合適的當地人擔任獵人及製作標本的機會極少，奧地利動物學家納特爾在一八二九年的一封信函中曾提到一段製作海牛標本的經過，可推測徐畢克斯使用的亦不外此法：「海牛狀況已很糟，我在海牛體內塞的蕨類植物吸收太多水份，以至於海牛背部拇指厚的皮撐不住開始萎縮……，連續八天的降雨無法讓它乾燥，當我想到用煙燻時已太遲，第二件樣本我花了六天六夜不停煙燻，將厚皮刨掉一半，儘管如此仍無法防止表皮層多處脫落，雖然我花了三天二夜試圖修補，但海牛皮膚太厚，明礬滲不進去，天氣太熱；第三件樣本的皮從腹面量約為七英尺八英吋長，中間最厚的地方為五英尺二英吋，軟化後表皮層可能脫落，木屑為最好的填充物，尾巴則塞木頭，灰棕色、邊緣暗灰

圖五六：大黑斑笛鯛採自徐畢克斯／阿格西茲一八二九論文插圖，今日通行之學名為*Lutjanus synagris* L.。

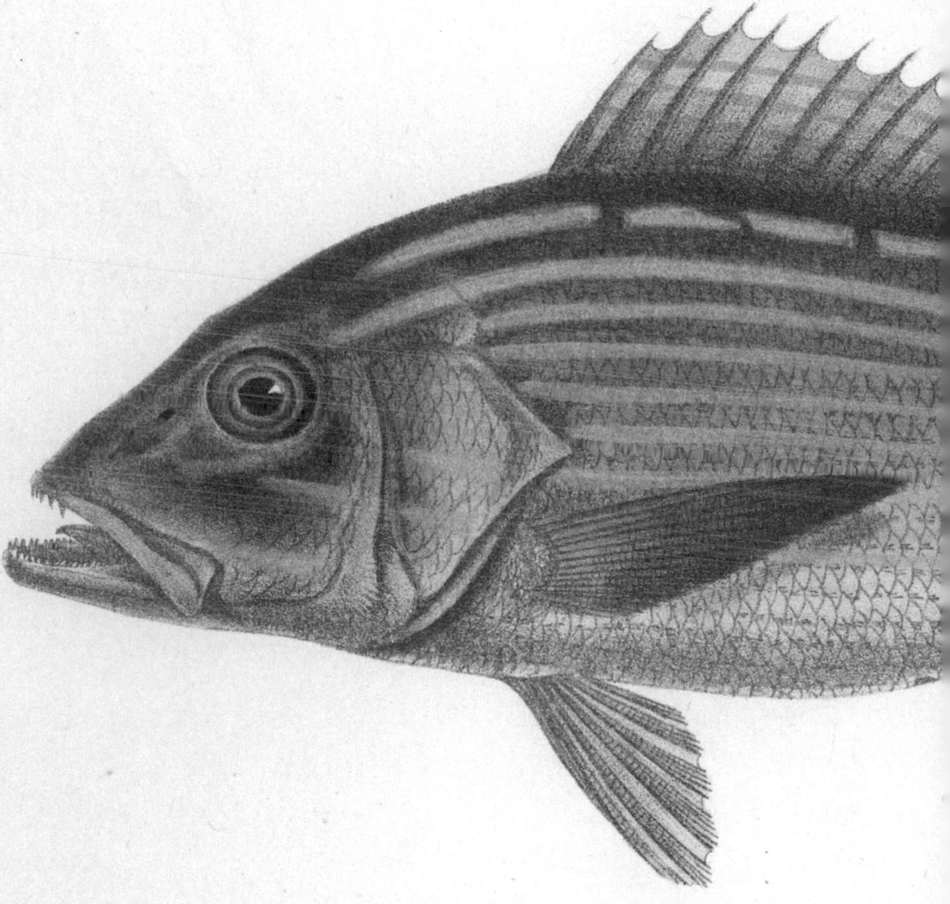

MESOPRION uninotatus.

Tab.LXV.

圖五七：紅鰭鯰魚。採自徐畢克斯／阿格西茲一八二九論文插圖，當時發表之名稱為 *Phractocephalus bicolor*，目前有效學名為 *Phractocephalus hemioliopterus*（Bloch/Schneider, 1801）。

PIRARARA bicolor.

Tab. VI.

色，上半身體色灰黑，下半身暗灰色，第三件樣本有些若干皮膚色班（像歐洲人膚色），現在轉為暗棕色，簡而言之，將這麼龐大動物製成標本，這種工作真是讓人苦不堪言」[5]。動物專家必需要將眼睛及其他身體部位的顏色，比如臉部紀錄下來，以利國內標本師據以修飾及補充標本顏色。

瑪瑙斯

兩人於一八一九年十月底以數天時間探勘瑪瑙斯地區。如同在貝稜的情況，搭小船沿河岸航行，因為小船為此地區平常交通的工具，他們見到大量的天蠟蟬。女探險家瑪莉安（（Maria Sybilla Merian）在南美的蘇利南已曾經生動的描繪這

[5] 摘自Schmutzer（二〇〇七第二〇〇頁）以及Riedel-Dorn（二〇〇〇，第五二頁）。

圖五八：亞馬遜海牛，採自巴西女藝術家萊特（Angela Leite）木雕作品。

種昆蟲，印地人稱這種提燈蠟蟬為「鱷魚蛇」，特別點出這種蠟蟬頭部特大的特徵，印地安人很懼怕這種昆蟲，徐畢克斯則在他們「驚恐」的反應下，捉了數隻當慕尼黑蒐藏標本（旅記第三冊一一一五頁）。徐畢克斯觀察到這種昆蟲不會發光，當時對這種昆蟲行為尚不清楚，但他描述了不少會發光的甲蟲。

同樣的徐畢克斯與馬萩仕還描述了江豚、巨鱷與海牛。捕捉巨鱷尤其刺激，以提供慕尼黑蒐藏鱷魚骨架，可惜慕尼黑現僅保存了碩大無比的頭骨。

捕捉鱷魚的過程被生動的記載下來：「我們在充氣的烏龜胃中置入大鉤，鉤子綁縛在用漁船骨架製成的鐵鍊上，一旦鱷魚開始爭奪，即放下鐵鍊至鱷魚群之間，爭奪時牠們會遊過來咬餌，最後張大口牢牢咬住了餌，準備吞下肚。當鱷魚發現嘴被鉤住後，為了阻止牠逃向水深處花很大的力氣。鱷魚發出恐怖的咕嚕聲及拍打著尾巴，被拖上岸綁在一棵樹旁，我們將牠放置了一天，直到一位大膽的村民，在牠下半身割出一道裂口，最後死於內臟受傷，通常鱷魚都使用棍棒打死，我們

圖五九：提燈蠟蟬，頭部甚大，形狀讓人聯想到鱷魚頭，受驚擾時會展現後翅的眼狀斑紋以嚇阻敵人（二二三頁）。

▍**圖六十**：沼澤凱曼鱷，採自徐畢克斯一八二五年發表本種之著作。

圖六一：徐畢克斯之後的第八任繼任者費特考教授（Dr. Ernst Josef Fittkau）手持徐畢克斯所採集的沼澤凱曼鱷頭骨，以及與許多徐畢克斯所採集珍貴標本合影。

為了保存其骨架避免用此法」（旅記第三冊一一二一頁）。這種南美洲最大的陸上掠食性動物，後來在一八二五年被徐畢克斯命名為新種沼澤凱曼鱷（*Caiman niger*），學名至今有效[6]。

鱷魚不僅身體巨大且經常有危險性，底下有一則相關插曲，徐畢克斯與馬萩仕勸阻槳夫勿在太靠水邊處紮營，起初印地安槳夫都當耳邊風，直到有一晚睡夢中被驚叫聲驚醒，來不及穿上衣服即拿著槍往河岸方向衝過去，我們見到印地安人面露極為驚恐神情，因為有隻鱷魚登岸，侵入印地安人宿營處，攻擊雞籠，牠咬走幾隻雞後快速的返回河裏，我們只見牠拍打水面的尾巴，游往水深處」（旅記第三冊一一三六頁），自此印地安人再也不敢太靠河邊紮營。

[6] 目前有效學名為*Melanosuchus niger*（Spix, 1825），德文名稱為沼澤凱曼鱷（Mohrenkaiman）。

圖六二：在亞馬遜河採集龜卵與製作龜油（徐畢克斯與馬萩仕《巴西探勘之旅》插圖）。

圖六三：亞馬遜河岸的植被（馬萩仕之「巴西植物相」Tabulae Physioognomicae，一八四〇）。

溯索利莫斯河前往埃嘎

兩人在平坦的島洲上觀察當地人採集烏龜蛋，並從龜蛋中煉製龜油。提煉龜蛋油為獲利甚豐的行業，因為龜蛋油可充當機油，官方對龜蛋油的行業規範嚴謹，獲利的十分之一必需上繳。龜蛋先是大量集中，接著龜蛋被放在一個大容器搗碎，置於炙熱的陽光下，再將浮至表面的龜油撈起來熬煮，濾去雜質後，將龜油裝進陶質容器內運走。

當時人們已瞭解這種粗糙的採製方式，遲早會讓烏龜滅絕，但卻未實際保護這些烏龜，而是禁止「像游牧民族四處為家的印地安人」採集龜蛋，刻意封殺掉不討喜的競爭對手（旅記第三冊一一四三頁），此地腐爛的龜蛋臭味讓兩人在此逗留覺得很不舒服。

亞馬遜河的此一河段仍非常的寬，從此岸到彼岸常需要一個半至兩小時，雖然探勘隊已距離亞馬遜河口百餘公里，此時又有兩艘小船及六名槳夫加入隊伍。探勘隊由原籍義大利的桑尼船長（Kapitän Francisco Ricardo Zany）陪同，他已在內格羅河附近居住多年，對該地區瞭若指掌，馬萩仕與他特別友好。

難以捉摸的急流、險灘、蚊群、與每日固定的風暴成為兩位博物學者一路需克服的艱苦，兩人已遠離文明社會，希望能遇到未曾與白人接觸過的印地安部族，並獲得他們第一手資料。徐畢克斯長期罹患熱病，但他覺得身體仍夠強壯，可獨自溯索利莫斯河（Solimõs）前往祕魯邊境勘察；所以他們決定兵分兩路，在約定期限內盡量探勘。兩人也在分手前相互交換書面遺囑，並從埃嘎（Ega，今日稱為Tefé）展開各自不同的探勘路線。

徐畢克斯行抵巴西邊界

徐畢克斯帶著二艘船單獨從索利莫斯前往巴西與祕魯邊界。再折返瑪瑙斯（一八一九年十二月七日至一八二〇年二月三日），接著從內格羅河前往巴賽羅斯（Bacellos）。根據《巴西探勘之旅》的報告，兩段旅程各記錄於兩個篇章，此部分由徐畢克斯親自撰寫，馬萩仕僅略為修改，讀者很快可發現徐畢克斯用詞精簡，文體上顯得言簡意賅，因為他可能未料到會照原文刊登，內容部分包括日記與徐畢克斯回程中在葡國里斯本寫給國王的臨時報告。

馬萩仕對這一段非出於其手筆的文字，如同全集中的注釋，皆以小號字體印刷，以「顯示這篇文字為手稿」，但也可能是這個原因，反被讀者忽略掉。底下我們將直接引用若干段落，因為毫無疑問的，此乃出自徐畢克斯的手筆，我們也大力推薦閱讀全文，拜現代網路科技之賜，每個人都可上網閱讀（旅記第三冊一一八一－一一九〇頁，一二九一－一二九五頁）。

徐畢克斯搭乘「一艘有八位矮小的印第安槳大的船，還有一位更矮小擔任獵人的士兵陪同，另外還搭配僕役與三名印地安人」（旅記第三冊一一八一頁），沒幾天徐畢克斯即遇到不明的印地安部族，並記錄下其習俗：

我有機會調查烏艾鴦眉斯（Jainumäis）與穿鼻洞與耳洞的虞蒲瑞（Yupurä）印地安人，以及蒐集尤曼納特（Jumanat）的語言資料，後者在嘴部有橢圓狀刺青，男性的較寬，女性的較窄，從嘴角到耳部還有一條刺青線相連，他們信仰中有一善靈及一惡靈，他們稱之為烏奧瑜羅阿（Uauüla）與羅珂賜（Locozy），兩者皆生活於地面上，面對著太陽方向。他們害怕惡靈，信仰善靈，在死後現身，與亡者共同食果，並將亡者靈魂帶回其住宅。屍體四肢內彎，臉部朝向日出的太陽，還會放置打碎的武器，若干的裝有水果的陶土盆則置於下半身，屍體在舞蹈與叫喊聲中被置入墓穴中。死者所著衣物數日後會被取走，留給小孩穿或燒掉，接著飲酒慶祝結束喪葬儀式，墳墓外觀經處理後無法辨識，可能是擔心敵人來盜墓，女子出嫁時父母必須準備嫁妝，特別是食物。頭目擁有新娘的初夜權，婚禮安排歌舞歡慶，如果已有小孩在側，則會將某種植物葉煮成湯液，噴灑在身上，並以祖先命名，名字分男性與女性，比如麥卡玉（Maicayue）為女孩名，阿帕依拉卡瑞（Apailacare）、歐依哈普亞（Euxapuya）、巴楊（Bayan）為男孩名。

徐畢克斯的描述甚為客觀，不含價值判斷的詞藻，在馬萩仕的記述中則相對少見，這是我們第一次聽聞印地安人的宗教觀（善靈與惡靈，與往生後的情形），紀錄中不含負面價值判斷[7]。

摘自《巴西探勘之旅》第三冊一一八五—一一八九頁：

我繼續穿梭在湖泊與小河流中，並沿著水流靠岸，三天過後我抵達猶他悉（Jutahy）河口，河寬約十五分鐘航行時間，這條大河的水呈黑色，河口附近住有牧拉（Mura）、馬拉烏特（Marauhd）、馬薩拉瑞（Massarari）等印地安人部族。深入內陸後則更完全是未知世界，馬拉烏特族耳垂與嘴部均有木製飾物，但未刺青，男性用樹皮裹身，小腿肚及腳踝則飾以棉質布條流蘇，從不取下來，女性則全裸，婚姻需經新娘父母同意，舞蹈歡慶有無皆可。男性如果有其他兄弟僅能娶一妻，分娩後婦女以熱水淨身，並在吊床上躺臥三週，享受如男人的

7 在此列舉數處與馬萩士對印地安人習俗的敘述以茲比較：「……在殘酷無情的夜晚，我們見到的都是墮落的印地安人」（旅記第三冊一〇〇三頁），或者「印第人的相貌的表情粗野、古怪與下賤」（旅記第三冊一〇七一頁），「他們野性十足，展現出暴烈脾氣與毒癮」（第三冊一〇七四頁），或者：「……美洲粗野原始人的昏暗的想像力」（旅記第三冊一一一〇頁），在馬萩仕眼中印地安人為「人類發展不良的一支種族」（旅記第三冊九三五頁以及馬萩仕一八三一第六〇頁；亦可見Schulze 二〇〇八第一二七頁），相反的在馬萩仕一八三一年的小說「佛萊伊・阿波隆尼歐」（Frey Apolonio）對印地安人的表述則有差異，該小說內陳述許多有關印地安人的想法與對話，亦可參考Keutzer（二〇〇三）、Lisboa（二〇〇七）、Guth（二〇〇九）以為比較。

待遇，吃的不外是木薯粉所熬的粥以及某些種鳥類與魚。當婦女從床中起身後，由最年長的親戚在一間暗室中為嬰兒取家族通用名字，日後小孩嘴唇穿洞時會舉行慶祝活動，如十至十二歲大時，父親會在其嘴部刻四條紋線，接著他們必須禁食五天，年紀稍長的青少年則以枝條鞭打自己，這是被視為測試個性的方法。節慶多半在新月時舉行，族人亡故後他們相信善者會與善靈在一起，惡者會歸惡靈，屍體會埋在部落的公共茅舍內……。

十二月二十四日我抵達伊波特（Ipd）河畔的軍哨站，這條注入索利莫斯河北側的黑色河流是安地斯山脈西北方所分出的一條支河，當地稱為普杜馬佑（Putumayo）。我們抵達時印地安人以燈火慶祝，將龜油脂塗在橙皮上燃燒，二百名全裸的帕塞族（Passe）印地安人盛裝打伴遊行，臉上有刺青，有些手執棍仗，有些手拿管狀煙斗，列對前進，婦女及小孩跟在後面，一下子圍成一圈，過一會兒圍成兩圈，中間穿插人數較少的尤瑞族（Juri），依薩河下游（Rio Içá）最主要的住民均來自這兩個部族。帕塞族的巫師社會地位甚崇高，我們安頓下來後，即見其為小孩命名；母親為小孩穿耳洞，小孩是否有氣力與是否不怕痛要以拍打來測試；邁向性發育期的處女，要在茅舍內吊一個月，並通過禁食考驗；分娩後的婦女要在暗室內待一個月，只能吃木薯；而男性於這段時間要將臉塗黑，留在屋內；一般人只有一妻，頭目娶多名妻子，但並無新娘初夜權。族裏常舉行戴面具節慶，亡者埋葬在圓形墓穴……。

雨一直下不停，因此患病率增加，逗留兩天後，許多隨行的印第安病倒，包括嚮導也全身發冷；但他們吃了催吐藥後又恢復健康，我也感覺受到感染，也服了同樣藥劑後立即動身……。

此地也有同樣可怕的熱病，但印地安人有因應的方法，倘族人接二連三病倒，會用各種當地藥草來醫治……。我的健康狀況也日漸惡劣，三週來持續為黏膜炎所苦，氣喘情況愈來愈嚴重，身體越來越虛弱，只有靠泡熱水澡才能稍維持健康，這裏獵獲的動物標本甚多，每天可裝一箱動物的剝皮，這是我離開莊園五天後，預先派小船進入森林獵狩，與紀錄民族學誌的成果。

從此地……我於一八二〇年一月二十日抵達了塔巴亭卡（Tabatinga）。這裏是葡萄牙的邊哨，面對索利莫斯盆地的祕魯所屬區域，也是巴西境內之索利莫斯河段的最西據點，距離帕拉州約五百法里。共有一位民兵指揮官與一二名士兵駐紮，往常此間與西邊祕魯的貿易往來比現在更熱絡，我們見到一棟成為廢墟的美麗建築……，碉堡內有幾尊生銹的大砲，已不甚堪用；天候狀況不佳，雨一直下不停，第二天有三十名迯庫納族（Tikuna）印地安人帶鳥來兜售，鳥羽色彩斑斕，美得另人難忘。由於這種華麗的鳥在此地與歐利文薩（Olivenza）

圖六四：依照徐畢克斯草圖所繪之亞馬遜河區聚落。上圖聖保羅歐利文薩（São Paolo de Olivenza），下圖塔巴亭卡（Tabatinga）（取材自徐畢克斯／馬萩仕，《巴西探勘之旅圖輯》）

很普遍，所以遡庫納族印地安人不僅善於獵捕這種鳥，剝鳥皮技術同樣老練，而且所使用的工具僅為一小木片，僅四天採集品已裝滿數個箱子……。

我本來打算朝西方向安第斯山脈繼續前進，但我們的通行證規定只能在巴西境內旅行；因此必須由此地折返。因此我決定從邊境將原來西向的旅程再改為東向，前往歐利文薩往上游方向需航行四天，朝下游方向行駛僅需二十四小時，一路順著水流而行，但路上船撞到藏在水面下樹幹，突然間船身一半進水，差點沉沒，所幸樹幹突然斷裂，船又再度浮起來，解除了危機。

塔巴亭卡為靠近祕魯邊界的聚落，但在當時僅有數間茅舍（見圖六四），目前此地為巴西、祕魯、哥倫比亞邊界交接的三角地帶，稱之為三界區（tres fronteras）。當時此地距離新格瑞納達亦即今日之哥倫比亞不遠。現在此地區建有三個城市：巴西之「塔巴亭卡」、緊臨的祕魯「聖羅莎亞瓦瑞」（Santa Rosa de Yavari）及哥倫比亞的「雷緹西亞」（Leticia），此城位於河對岸的一座島嶼上。塔巴亭卡與聖羅莎亞瓦瑞僅有一街之隔，這個共同經濟區共有十萬名居民，事實上國與國之間無邊境管制可言。據稱此地毒品交易為重要經濟來源[8]，索利莫斯河的上游，進入祕魯之河段，又被稱為「亞馬遜」。

折返路上徐畢克斯一行可全程順水流而下，所以行進速度非常快，僅七天就回到瑪瑙斯。

逖庫納族的舞蹈面具

由於徐畢克斯以短而用語精確的文字紀錄馬佑儒納（Mayoruna）、歐納古阿（Omagua）、逖庫納（Tikuna）、德昆那（Tecuna）、土庫那（Tukuna）與該族自稱之馬莒塔（Magüta）等族印地安人之文化；因此對民族學研究頗有貢獻。他從塔巴亭卡所帶回之逖庫納族、尤瑞（Juri）與塔波卡（Taboca）族的面具尤其特別，就連維也納所蒐藏的納特爾採集品也未見到（Zerries, 1980, 1983）。尤瑞族可能在十九世紀中期已滅絕，而逖庫納族文化則遭強烈同化，他們目前仍居住在索

[8] 比如可見Kauder（二〇〇一第六八－六九頁），Oliveria（二〇〇六）。

利莫斯河域的二十五個保留區，如今溦庫納族所製作之面具已比不上徐畢克斯所蒐集的精美。不久前，「慕尼黑民族學博物館」才修復其中幾個具特別價值的面具，並詳加研究與記錄（Adelfinger/Meissner 2008 a, b），徐畢克斯曾記錄一段溦庫納族的舞蹈儀式：

摘自《巴西探勘之旅》第三冊一一八八頁：

當我們抵達塔巴亭卡時，看到許多小舟划向陸地，船上坐滿印地安人，赤裸著身體，披肩飾，手臂及膝蓋有袱條，頭帶上插飾羽，腰上還繫著有彩飾的樹皮腰帶。我還未上岸就聽到駭人的音樂聲，並見證這一場來自森林印地安人的節慶。慶祝活動是為了在音樂舞蹈祝興下，將一位兩個月大嬰兒的頭髮拔掉，因此印地安人使力吹響一種長管狀的樂器邀請鄰居參加，以發酒瘋式的舞蹈慶祝這種殘忍的儀式。他們所喝的發酵飲料是由一種木薯的甜根釀製而成，使得儀式氣氛越發熱烈，並舉行正式遊行，帶巨大猴面具者裝扮魔鬼，由他起頭帶隊，兩位印第安孩童提著樹皮製的衣服下擺，其他的面具跟在後面，其中一位扮成小鹿，另一位裝扮魚，還有一位裝扮成老樹幹等等，隊伍最後有一位老醜婦人，全身塗成黑色，以同樣節奏敲打一張乾掉的龜殼，遊行中印地安人像山羊般舞蹈跳動，相信這樣可見到鬼魅與瘋狂異相。

圖六五：逖庫納族的舞蹈（採自徐畢克斯／馬萩仕《巴西探勘之旅圖輯》）。

馬萩仕委託畫家在《巴西探勘之旅圖輯》中所繪的這場戴面具舞蹈儀式（見第六五圖），顯然是參考了徐畢克斯所攜回的面具及文字記錄，甚至他的草圖，此外馬萩仕也記載了類似的面具舞蹈（旅記第三冊一二二七－一二二八頁），並說明這種舞蹈為不同族群的共同習俗，拔頭髮風俗出現不同的儀式，例如出生、性成熟、結婚或死亡等。根據蔡瑞思（Zerries，一九八〇，第一三〇－一三一頁）的說法，印地安人認為頭髮為生命力的依託之所，所有儀式與此有關，象徵某種再生現象。

動物面具可能象徵自然環境所具之威力與危險性以及透過鬼魅魍魎對人類所構成的威脅。當然，這些面具的動物為原住民根據其經驗接觸之產物，但今日若要解釋相關象徵細節，常困難重重。有一件面具曾數度在文獻

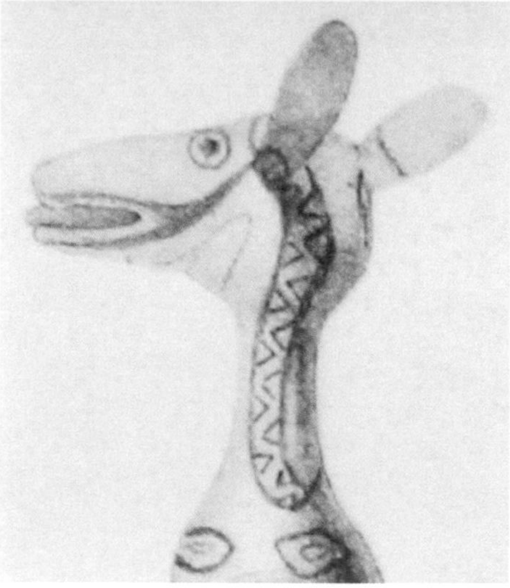

① **圖六六**
② **圖六七**
③ **圖六八**

① **圖六六**：犬首森蚺。

② **圖六七**：徐畢克斯在亞馬遜地區採集的「亞馬遜紅松鼠」（*Sciurus spadiceus*）。保存良好之立姿標本，本種特具尖牙，可咬碎非常堅硬的核果。

③ **圖六八**：遜庫納族的大犰狳面具。

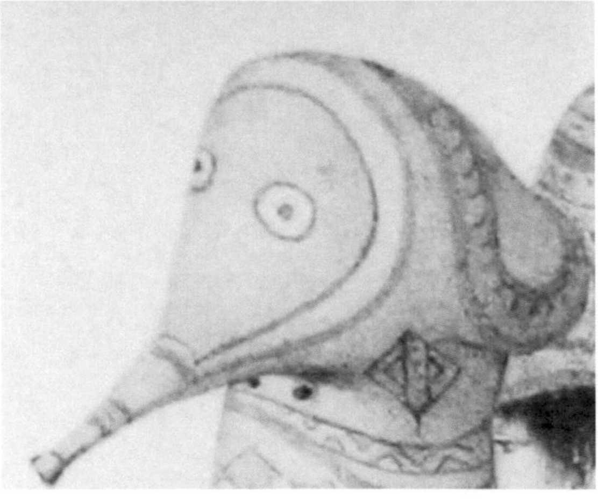

① **圖六九**

② **圖七十**

③ **圖七一**

① **圖六九**：大犰狳

② **圖七十**：亞馬遜江豚

③ **圖七一**：遜庫納族的江豚舞蹈面具

中[9]被解釋為松鼠，但根據「慕尼黑邦立動物學蒐藏館」哺乳類動物專家卡夫特博士（Dr. Richard Kraft）的看法，應是大犰狳（*Priodontes maximus*），這種出沒在亞馬遜地區的動物具有強壯的挖掘前足與巨大銳爪，可挖開白蟻窩捕食白蟻。背甲由許多護片組成，因此看起來模樣與一般熟知的九帶犰狳不同。雕刻的面具與真正大犰狳相較，耳朵太大且前足太長，基本上，這個動物的面具姿勢比較像大犰狳而非松鼠，前足的長爪亦符合特徵。當然亞馬遜地區並無常見之歐亞松鼠，而是其他松鼠種類，比如徐畢克斯所攜回之亞馬遜紅松鼠（見圖六七）。

另一件所謂大蟎蜱的面具，也可能被文獻錯誤解釋，這件面具[10]不確定是來自遜庫納族或尤瑞族，雖然亞馬遜地區常見蟎蜱，但根據阿德芬格與邁森納（Adelfiner及Meissner 2008a）研究發現，遜庫納族神話故事中並未出現蟎蜱，很有可能為某種哺乳動物的造型，因為其他面具上的動物主要為鳥類與哺乳類動物，並未有昆蟲或蜘蛛等動物，解釋為蟎蜱主要是根據面具上的尖「鳥喙」，雖然被某些專家認為是蟎蜱的刺狀口部，但面具看起來還是較像某種哺乳動物的頭部，眼睛看起來也

9 慕尼黑邦立民族學博物館庫存號三八二號；Zerries（一九八〇，第一〇五頁，第四二圖版）；Helbig（一九九四第二五一頁），第三〇圖版，Adelfinger/Meissner（2008 a, b）。

10 慕尼黑邦立民族學博物館庫存號三七四號；最初解釋插圖所示之面具為馬萩仕委託人所繪，並紀錄屬遜庫納族，但馬萩仕當初所登錄蒐藏資料卻為源自尤瑞族（慕尼黑邦立民族學博物館馬萩仕手寫登錄資料），變成好像是馬萩仕所採集，請參見前數註釋引述。

較像，比蟎蜱的眼睛小甚多，特別是蟎蜱的頭部並無頸子。

因此一般猜測[11]這個面具可能是表現一種亞馬遜江豚（*Inia geoffrensis*），動物面具的小眼睛亦與河豚類似；此外這種江豚有細長的吻部，有一伸展出的頭，有時在後腦有一皮膚皺摺，與面具呈現的特徵相同。

許多部族均視江豚為神聖與神話中的動物，有許多由人幻化成江豚或江豚變人的傳說，傳說中溺死的人會化身為江豚，江豚還常顯示人性與神性。流傳甚廣傳的說稱，江豚晚上會變成年輕男子引誘少女使之受孕，因此幾乎可確定，徐畢克斯與馬萩仕所攜回之面具即是江豚；此外徐畢克斯亦帶回亞馬遜江豚的剝製標本，目前尚存放慕尼黑動物學蒐藏館。

亞馬遜江豚為所有江豚種類中體型最大者[12]，目前仍尚普遍，牠們多半單獨出現在亞馬遜河灣的靜水區，以魚類、甲殼類或水龜為食。以回音定位，故聽覺敏銳，眼睛甚小，因在混濁的河水中無用武之地。年幼的亞馬遜河江豚呈銀灰色，年長者則轉為粉紅色，體色粉紅或許能解釋為何人類與亞馬遜江豚間會存在如此多的傳說，此外亞馬遜河還有另一種海豚，類似我們熟悉的寬吻海豚，

11 對此解釋特別感謝我的同事克瓦夫特（Dr. Richard Kraft）。

12 江豚共有三種，除了亞馬遜江豚（*Inia geoffrensis*）還有拉普拉塔河豚（La-Plata-Delpin, *Pontoporia blainvillei*）以及可能已滅絕的白鰭豚（*Lipotes vexillifer*），其他亦在河流活動的兩種江豚與這些種類親緣關係差距較大，牠們為恆河豚（*Platanista gangetica*），以及印度河豚（*Platanista minor*）。

稱為南美長吻海豚（*Sotalia fluvitalis*）。[13]

徐畢克斯探勘內格羅河域

由於馬萩仕未依約定時間在瑪瑙斯會合，徐畢克斯利用此空擋繼續其他的探勘旅程，他前往內格羅河的上游，並轉到布蘭柯河（Rio Branco）下游。內格羅河就如其名稱的字義，河水為黑色，如同上次旅程般，徐畢克斯也紀錄了此地不同印地安部族的語彙，馬萩仕後來在一八六三年亦即徐畢克斯逝世後多年，將徐畢克斯與兩人共同蒐集的印地安人語彙出版，《巴西探勘之旅》中有關這段旅程亦為徐畢克斯直接撰述，部分地方可能被刪減。

> 採自《巴西探勘之旅》第三冊一二九一，一二九四—一二九五頁：
>
> ……內格羅河河岸為沙質，乾燥且純淨，特別靠南邊處地勢高，佈滿岩石，經常

13 南美長吻海豚（*Sotalia fluviatilis*），出現在亞馬遜河以及巴西的海岸地區；但亞馬遜河江豚喜好泥濘的亞馬遜河支流，南美長吻海豚則喜歡水清的寬河，比亞馬遜江豚活躍，游得更快與喜歡跳躍，但比較不具好奇心。

二百步至三百步距離即露出明顯的沙灘，上面長著矮樹與稀疏灌木，形成一塊平坦地面（Campo），與較高的密集的樹林接連，林相通常是這樣：樹木高度中等，覆蓋著月桂狀濃密葉片，具一樣的蠟質光澤，因此森林甚似一片延綿不絕的闊葉林，如果在林中散步會讓人感覺舒適，只是很可惜……看似幽雅森林中卻不見鳥類，連猴子也很少，因為索利莫斯河岸較肥沃，林相較密集與豐饒，因此似乎所有的動物都跑到那邊，當航行在亞馬遜河或索利莫斯河時，每次撒網都撈捕五十至一百隻大小不等的魚，但內格羅河卻完全不同，無論森林或河水中動物均甚少，甚至整天都釣不上一條魚，加上森林寂靜缺乏生機與林相單調，河水漆黑，讓人旅途心生憂鬱，一路上心情沈悶，索利莫斯河也比較冷，也較無惡疾傳佈……。

這個區域如同更西北的阿依拉歐（Airão）附近，河面上有許多小島，有時可達三至四英里寬，阿依拉歐的居民主要為阿若阿奇族（Aroaqui），部分仍自由居住在河的北岸，住在不到三十間的簡陋茅屋內，此地過去曾遭野蠻的印地安部族襲擊與統治，我發現此地的房舍多半緊閉，同日我們繼續前往位於河口的亞霏塢（Jafiu），此地環境與亞馬遜相對照顯得非常特別，河岸乾燥沙灘上的植物與前一條河顯然完全不同，有一種開白色筒狀花的含羞草，以及一種開著紅花的野牡丹（Melastoma），一種可用來麻痺魚的油桃樹（Piquiarana）遍佈河岸，目前樹木不是開花即是結果……。

第六天我們抵達牟拉莊園（Villa de Moura），這是目前內格羅河人口最多的地區，居民多為卡瑞阿義斯族（Cariaís）、巴瑞斯族（Barés）及馬納歐斯族（Manáos）的後裔，由於今年在這整個河域喪命的人不少，當地人勸我勿逗留繼續旅程，牟拉莊下方不遠處出現不同地層構造，地表為堅實的花崗岩，河上遍佈凸出的島嶼與巨岩，但在急流處的島嶼較少，岩石上長有鳳梨或鳳梨科相關種類植物以及其他厚葉灌木。牟拉莊園位在幾乎平坦的地面，構築成半圓形，如同所有莊園，設有兩位執法官（一位處理白人事務、一位負責印地安人事務），還有一位神職人員與指揮官，溯河往上游一日的行程可到達路葛卡沃埃依若（Lugar de Carvoeiro），也位於南岸，河面變窄只有半英里，在其相對一側，也就是此地幾乎正對面，有三個布蘭柯河下游河口，數個瑪瑙歐斯、卡瑞亞斯以及柯瑞土斯族（Coretús）的印地安家庭居住在卡沃埃依若，該地上方已不見花崗岩地形，只見到細土所形成之地層，河上島洲數目又增多；從此地到巴塞約斯（Barcellos）需三天，我在前一天經過波伊阿瑞斯（Lugar de Poyares）這個小地方，二月二十一日抵達巴塞約斯，這個莊園原先是里約內格羅省的繁華地方，但目前公家建築均已頹傾，全部居民不過數百人，不斷發生的各種疫癘讓此地走向衰頹，甚至目前仍尚有疾病橫行，當地指揮官願提供自宅讓我住宿，但他補了一句話：他的妻子就在今天因罹疫病過世，我自然無法接受這種嚇人邀請，逗留的第二天。我的頭部及四肢即倍覺沉重，心情也異常低落，經人勸說，當晚即返航，回程不到一天時間呼吸了河上新鮮空氣，頓覺身心狀況轉佳，能夠拜訪南岸的多座農莊……

> 經過牟拉我又回到阿依拉歐，當地的獵人昆逖立蘭諾（Quintiliano）來找我，因為我派遣他去河岸北邊獵狩，為我帶回不少珍稀動物與短尾猴，發現雖然數量稀少，在內格羅河也有索利莫斯河的猴子種類與美麗的鳳冠雉與其他像雞的鳥類……，二月二十六日我們又會到巴拉（Barra do Rio Negro）。

這段文字顯示徐畢克斯有時雇用獵人，也可想見這些獵物經相當的標本處理，因此經常必要事先教當地人處理方法。

可惜在《巴西探勘之旅》中未再記載其他有趣的事情，但在一八二四年瓦格勒以法文撰寫的一種有關徐畢克斯所採集的蛇類報告，提到一件經縮短的軼事，亦見於動物百科「布萊恩的動物生活」（Brehms Tierleben）的引言中，在描述犬首森蚺（Hundkopfboa, *Corallus caninus*, 徐畢克斯稱之 *Xiphosoma aramboya*）提到這種蛇受到刺激時會狂咬，「後來徐畢克斯在內格羅河游泳時遇到，好奇的想抓住牠，划著船跟在後面，其中有位印地安槳夫用槳敲牠的頭，使其昏眩，當牠使蠻力纏繞在他手臂上，徐畢克斯幾乎控制不住牠，無法移開牠，還好他抓住其頭部，旁邊也有一塊木頭，因為蛇在船上做出激烈咬噬動作，隨行的印地安人害怕不敢靠近，擔心蛇會離開這名白人，朝他們撲來，直到發現此蛇未對他們造成甚麼傷害，才幫忙把纏繞住他的蛇鬆開，蛇被制伏後，放進烈酒內殺死。當在慕尼黑從浸液罐內取出這件標本時，還見到這塊木頭被蛇緊咬在口裏，研究顯示，蛇的利牙將木頭兩邊均咬穿」[14]，徐畢克斯共帶回七件這種蛇的標本，但目前僅有一件保留下來，也就是所謂的模式標本，也許就是前述所提的這隻大森蚺，因為這件保存至今的標本正好是張著大口的模樣。

馬萩仕抵達優普拉的瀑布區

馬萩仕大費周章的準備前往優普拉（Yupurá）（即為Jupurá）的瀑布區，他於一八一九年十二月十二日出發，共有八艘船五十六個人，其中有多位士兵，還有獵人與漁夫，但人數最多的為划槳之工人。經驗老到的桑尼船長（Francisco Ricardo Zany）陪同馬萩仕前往，他會說印地安人溝通的「通用語」（lingua geral），熟悉此地區的危險與問題，他是馬萩仕「有經驗與勇氣十足的朋友」（旅記第三冊一二一三－一二一四頁）。

馬萩仕尚促成一位名為葛高瑞歐（Gregorio）的柯埃魯納族（Coëruna）的年長頭目加入探勘隊，這位頭目當時剛好人在埃嘎，因而得以瞭解這個印地安人部族的許多事，所以馬萩仕也記錄許

14 「布萊恩動物生活」第四冊「兩棲動物與爬蟲動物」，一八九二第五三五頁。

多柯埃魯納族的宗教觀念（旅記第三冊一二一三－一二一四頁）。透過葛高瑞歐的引介，顯然與這個族的印地安人交往能更坦然，他的表現與以前的旅途不同。

在這段旅程馬萩仕接觸到馬瑞哈族（Marinha）與尤瑞族（Juri）兩個印地安部族，並詳細報導他們的種種與生活習俗。路途上馬萩仕克服了多處急流（Katarake），凡是遇到急流處，必須將行李與船扛到岸邊，有些馬萩仕所提到的急流地點，就連當今熟悉這條河的動物學者萬佐里尼（Vanzolini 1981）亦無法標明位置。

桑尼船長染上嚴重的寒熱病，與部分隊員留在米蘭哈族人的聚落（Porto dos Miranhas）休養，但就連馬萩仕自己也感染嚴重瘧疾，但他並沒有因此打消繼續探勘的念頭，最後他終於在一八二〇年一月二十八日抵達目前位於哥倫比亞境內優普拉的瀑布區，並到達認為無法克服的阿拉臘－科阿拉（Arara-Coara）瀑布群，馬萩仕因瘧疾體力耗弱，心理健康也出現危機，所以三天後即折返，回程中發生一件重要事。

米蘭哈族與尤瑞族

患病的桑尼船長在米蘭哈族的聚落已告病危，數位參與後段旅行的同伴亦病倒，可能是遭到瘧疾或寄生蟲感染，馬萩仕盡可能照顧他們，但他自己的健康狀況亦極糟，同時他必需再造一艘返程新船。

此時一位米蘭哈斯的頭目帶著戰士與戰利品回來，並狂野的大肆慶祝。戰士帶回了一群俘虜，多數為婦女與孩童。這位被馬萩仕稱為「野獸」的頭目，打算將俘虜當奴隸賣給他，遭馬萩仕拒絕；然而頭目卻很驚訝馬萩仕居然提供物品與他交換羽飾、武器及一種蕨類植物，因此他贈送馬萩仕五名俘虜，其中包括一位後來他帶回慕尼黑的女孩，有兩位很快就死了，其他兩位可能留在埃嘎或帕拉，這些孩子實際下落一直不明，此外馬萩仕認為，這些不幸淪為米蘭哈族的頭目的俘虜，「在無照顧情況下，準死無疑」（旅記第三冊，一二六四－一二六五頁）。

馬萩仕紀述了印地安人以不人道方式對待俘虜，還對印地安人多日慶祝的粗野舞蹈、格鬥遊戲與歌唱深為反感：「這群印地安人野蠻及粗野的尋歡，讓我們徹夜焦慮難眠……我一想到這群半人類的可怕墮落行徑，就心情沉重」（旅記第三冊一二六七頁）。在這篇報告結尾馬萩仕，補了一長篇大論，除了負面陳述外，還對印地安人說三道四，例如：「靈魂不朽不存在於這種墮落的原始人身上，他們的靈魂只作用於存在的意識，而未能體現思想……」。還有「……原始人就是生活的這麼野蠻！為人類最原始水準」（旅記第三冊一二六八頁）。我們可確信[15]，他特別指米蘭哈族的原

15 摘錄：「我深信『這些』野蠻人對上帝慈祥的天父及萬物的創造者毫無概念……」（原文特意將「這些」字眼標誌出來），一八二一年《EOS》期刊第五號第一九頁所刊呈給國王報告，馬萩仕稱米蘭哈族為「食人族」（Antropophagen）。馬萩仕對米蘭哈族印地安人的負面陳述可能亦與他為辯解帶印第安女童回國有關，亦可參考

始行徑，讓他覺得甚負面，馬萩仕所有關於印地安人發展較低階的說法，都可從當年的時代背景去瞭解[16]。

馬萩仕返回瑪瑙斯前最後中途站是與徐畢克斯會合的地點，亦即曼納卡蒲如（Manacapuru），他簡短的紀述：「在這裏有位來來自口瑪——塔普育亞部落（Coma-Tapuhja）的尤瑞族的少年人加入，隨著我們回慕尼黑，可惜與他的伴侶米蘭哈族少女一樣，均因水土不服往生」（旅記第三冊一二七七頁）。

進一步資料則是出自一八六二年馬萩仕的一份手寫報告，「當我從優普拉回到曼納卡蒲如後，……有位僕侍奉主人之命前來，讓我挑選一名印地安人，帶回歐洲展示與接受歐洲文明教育，我當時的想法實在荒謬。第二天出發前，在我住處前面庭院，有男性的印地安人排成一列任我挑選，我挑了一位可愛的尤瑞族男童，這位僕侍帶他出列，孩子的父親未跟隨，但一直緊盯著我，是感疑惑？亦或憤怒？他的目光一直讓我難以忘懷，一年後這孩童在慕尼黑死於肺炎，令我傷心不

---

16 例如當時的德國動物學及人類學者布魯門巴赫（Johann Friedrich Blumenbach 一七五二—一八四〇），研究波多庫多印地安人的頭蓋骨，認為印地安人為介於紅毛猩猩與人類之間的一員。請見Lisboa（二〇〇七）以及Schulze（二〇〇八）。Kreutzer（二〇〇二）。

己」[17]。有關這兩位印地安青少年的命運稍後仍會談及（第一五〇頁）。

順亞馬遜河流下行

一八二〇年三月十一日馬萩仕終於抵達瑪瑙斯與徐畢克斯會合，前一天剛好來函，通知巴西方面即將護送他們啟航回里斯本，為了不浪費時間，兩人趕忙將採集品打包，最大的難題為如何處理手邊活的植物與動物，尤其是猴類、鸚鵡與鳳冠雉。

徐畢克斯的健康狀況又再度惡化，與探勘隊多數人一路直接順河而下，而馬萩仕則搭乘小獨木舟拐到上游的馬黛拉（Madeira），從該處他經過一條天然河道阜若卡努馬（Furo do Canumã）後，來到有位神父傳道的村落。神父負責照料當地牧督茹庫族印地安人（Munduruku），馬萩仕詳細紀錄當地習俗，並採集印地安人弓箭與特別華麗的羽飾，提供慕尼黑蒐藏。

兩人在亞馬遜河的卡諾瑪（Cancmá）再度會合，徐畢克斯身體非常虛弱，可能留在比較緩速的大船上，而馬萩仕則再次輕舟前行，探勘其他的地方，他遇見一位散發著智慧與尊榮的年老傳教士，「在馬阿埃斯（Maahes）的教區……，有位熱忱歡迎我們的傳教士阿費茲神父（Fr. Joze

17 巴伐利亞邦立圖書館，馬萩仕擋卷，IIA, 二.四.；亦可參考Leonhardt（一九八七），Tiefenbacher（一九九七）。

Alvez），他在當地不同教區對抗美洲錐蟲病已多達四十年，雖然已白髮蒼蒼，但對救贖外邦人的熱情未減，這位長者所作所為，帶給人信任與尊榮，任何接近他的人，心靈均受感召提升，因自己對印地安人宿懷負面觀感，益加深覺羞恥」（旅記第三冊一三一七頁）。馬萩仕似乎因此反思其對印地安人的負面態度，他在一八三一年所完成的小說「弗萊依・阿波隆尼歐」（Frey Apollonio）中，對印地安人負面觀感也相對減少很多，小說可能是在完成旅行報告後執筆。

途經山塔潤（Santarem）時，徐畢克斯與馬萩仕又差點喪命，身陷當地經常發生的熱帶暴風雨中，「從歐比多斯（Obydos）到山塔潤，我們花了一天時間，旅程很短但卻一路驚險萬狀，不知情的領航者讓我們身陷風暴的湍流，處在驚濤駭浪與濃霧中，因連日降雨，整個河岸籠罩在霧中，我們驚險的抵達一個淺灘圍繞的小島南岸……由該處得以幸運前往當地的莊園」（旅記第三冊一三一七頁）。從這段文字看不出這場風暴有多危險，但馬萩仕顯然恐懼到曾向上帝禱告求助。多年後他捐贈山塔潤教堂一個大十字架[18]以示感恩，該十字架至今仍存放於教堂內，馬萩仕本人也曾寫道「只有靠神蹟才從亞馬遜河獲救」（Fonseca, 1994），儘管有小耽擱，徐畢克斯與馬萩仕終於在一八二〇年四月一六日帶著所有的「寶藏」安抵貝稜。

當時兩人被當局視為失蹤，因為在亞馬遜後段河域無郵遞往來，兩位博物學者已很久無法寄

[18] 十字架的大小：高三・二〇公尺，寬二・二公尺，座身一・七二公尺，請見Fonseca（一九九四）。

信，慕尼黑王室國務與外交大臣芮西柏格男爵（Baron Rechberg）於一八二〇年三月二九日去函巴伐利亞駐維也納大使史坦萊（von Steinlein）：「……由於兩人均音訊茫然，因此大使……收到指令，要找機會向奧地利皇家國務院探詢，透過奧地利駐里約熱內盧大使，瞭解……此正在進行中的成功探勘之旅情況，萬一兩人遇到險阻或遭意外，所蒐集的採集品以及他們所屬的物品，盼大使能協助處理」。另外，巴伐利亞派駐英國大使普佛（Hubert von Pfeffel）也努力想透過外交管道，瞭解兩位慕尼黑博物學家的下落[19]。

返程

在貝稜所有的採集品都已為返航打包，當地人成群圍觀，「為了一睹自己未曾見過的本國奇珍」（第三冊一三七六頁），在返航前兩人尚須履行許多社交上禮尚往來工作，一八二〇年六月十三日終於登上一艘名為「新亞馬遜」號（Nova Amazona）的新三桅帆船，這艘船為船隊四艘商船中

---

[19] 巴伐利亞總檔案館二八四五檔號，轉載於《徐畢克斯增刊，動物學雜誌》（*Spixiana Supplemente, Zeitschrift für Zoologie*），慕尼黑邦立動物學蒐藏館出版，一九八二年第九卷，第一一四－一一五頁，亦可參考Tiefenbacher（二〇〇〇），Bachmann（一九六六）。

之一艘，巴西政府派一艘武裝多桅帆船隨行保護。

雖然航程一路順風與天候佳，航行完全順利，但乘客卻受到「船長暴君般的對待，他的所為吝嗇、自私，似蓄意想破壞一切規矩」（旅記第三冊一三八一頁），徐畢克斯與馬萩仕所帶上船的活體植物及動物，缺水缺糧，因為船長不准兩位博物學家餵養這些動植物，雖然兩人還特別花錢買了水與飼料帶上船。

但船上還有件不能不聞不問的事情發生，因馬萩仕曾提到有兩位陪同印地安人「因遭這種對待」而過世，但除此紀錄外，實際詳情並無跡可循。總之，馬萩仕認為這位暴君般的船長，要為兩位印地安人的死負責（旅記第三冊一三八一頁）。兩人的健康不佳，而且為思鄉所苦，在途中也患「肝部疾病」，徐畢克斯與馬萩仕終於在八月二十三日抵達里斯本，兩人身軀疲弱的但心情愉快。

原本希望能在此短暫休養，卻因政治事件被打消，因為到達後當日葡萄牙發生革命，許多官員與幾乎所有的科學家均逃離里斯本，所有機關全都關閉，兩人想盡辦法才從海關把他們的船貨取出，搭乘一艘奧地利船前往義大利的第里亞斯特，直到抵達後，兩人才有時間撰寫一份在亞馬遜河域的探勘經歷的報告給國王。

徐畢克斯才到里斯本即聽到謠言，慕尼黑同仁未費心照顧已運回的標本，據稱所採集的珍貴昆蟲標本甚至被賣掉，同事妒忌他所造成之紛擾，已先讓心頭蒙上陰影，但成功的探勘之旅也為兩人帶來榮耀，當十月十九日徐畢克斯與馬萩仕從里斯本前往馬德里的路途中，芮西柏格伯爵寫一封信給徐畢克斯：「國王陛下授予至高騎士功勳獎章……，……感謝你為祖國的貢獻」[20]，我們不清楚徐畢克斯何時得知這個好消息，總之徐畢克斯的名字自此不僅只是代表平民身分的約翰・巴布提斯，還冠上貴族與騎士的頭銜。

徐畢克斯與馬萩仕及兩名印地安孩童儘快循陸路經馬德里、巴塞隆納、里昂以及史特拉斯堡，於一八二〇年十二月十日安抵睽違四年的慕尼黑。

處理兩人從巴西帶回的活體動植物是大問題，連同其他採集品，它們全數循海路被送往第里亞斯特，部分植物在抵達里斯本時已枯萎。十二月二十九日一名園丁及科學院的標本師從慕尼黑動身前往義大利的第里亞斯特，前往照顧這些動植物，他們覺得讓其在南歐過冬有利存活，待第二年春天再帶回慕尼黑（Bachmann 1966）。

20 巴伐利亞總檔案館，轉載於《徐畢克斯增刊，動物學雜誌》，慕尼黑邦立動物學蒐藏館出版，一九八三年第九卷，第一九八－一九九頁，亦可參考Tiefenbacher（二〇〇〇）。

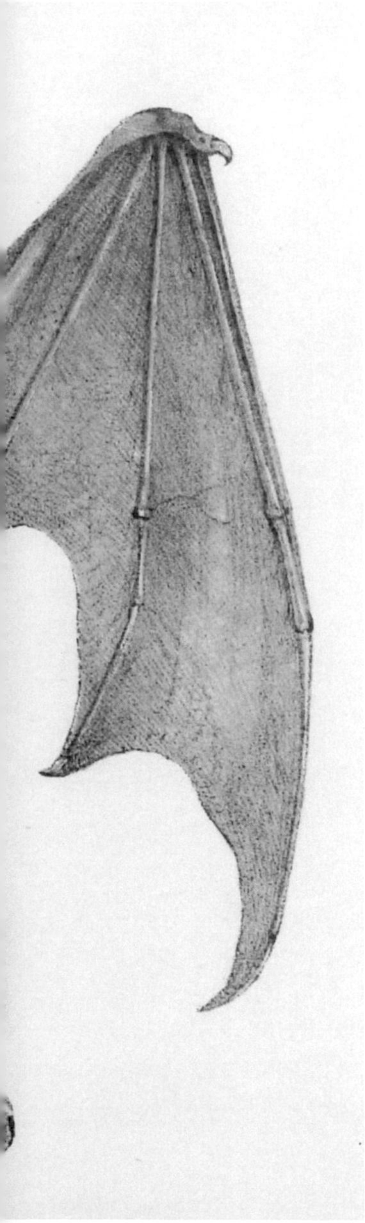

第四章——返回慕尼黑

rufus

1.

venter

回到慕尼黑

當徐畢克斯與馬萩仕在一八二〇年底抵達慕尼黑時，巴伐利亞正處於和平與整合時期，蒙特哥拉斯伯爵的改革計畫獲推動並已顯現效果，此時巴伐利亞亦有一個於一八一八年頒布的憲法，公民的自由權利獲保障，還成立國民議會。第一屆代表大會在一八一九年二月一日由國王召開，王儲路德維希的影響力日增。路德維希密集購入許多藝術作品，目前我們在慕尼黑藝術博物館內可欣賞到。一八一八年十月慕尼黑國家劇院開幕，這是一棟古典建築，由王儲路德維希於一八一一年主持破土，雖然麥西米連一世仍為國王，但已可察覺他兒子路德維希已逐漸掌權。

徐畢克斯與馬萩仕連同兩名印地安孩童回來後，獲准免費居住在慕尼黑的馬克斯堡（Maxburg）[1]，住處有「十間氣派的房間……附帶家具及床」[2]，除了他們四人外，還住著馬廷尼教授的遺孀，徐畢克斯去巴西前她即擔任管家，此外尚有一名「僕人」與三名侍女。馬萩仕並不樂意住在這裏，從寫給母親的信中得知，他應較希望有自己的房子[3]。

1 馬克斯堡在二次大戰時摧毀，僅有文藝復興塔尚存（位於蓮巴赫廣場）。

2 巴伐利亞總檔案館MF五三，七一六，複本存於賀悉城市府檔案。

3 馬萩仕母親信函，一八二一年一月十一日艾爾朗根，巴伐利亞邦立圖書館，馬萩仕檔案I.C, I.一九.六七，Leonhardt

巴伐利亞的寒冬不僅讓隨行的印第安孩童不適應，也讓兩位習慣熱帶氣候的「歸鄉者」不習慣，一八二一年五月徐畢克斯寫道：「……我們對較寒冷的氣候還不習慣，我們都病了，幾乎整個冬天都病臥在床，……旅行歷經千辛萬苦，身體健康因此變差，不適應嚴酷的氣候，我們一切努力均枉然，唯有回憶起巴西絢爛與豐饒的人自然，以及研究我們的蒐藏時，才能緩解歐洲寒冬與貧瘠土地所造成的憂鬱心境。另外，敬愛的國王陛下對我們人員與蒐藏之不吝支援，讓我們感到欣慰，老天賜與我們生命雖短暫，但仍能長時享受，將之用於見證更有利科學研究的世界地區……」[4]，徐畢克斯是否當時已預感可能不久於人世？

目前慕尼黑邦立總檔案館有若干檔案多次提到冬天柴火供應事宜，當兩人回來九個月，搬離馬克斯堡後，兩人必須致函國王請求王室柴火倉庫撥付九十英呎的櫸木，「……我們佈置新住處，若非冬天過冷，我們不會習慣性燒那麼多柴火取暖，導致柴火開支過高」[5]。

徐畢克斯搬離馬克斯堡後，住在約瑟（Joseh-）及仟德臨城門（Sendlingertor）之間「一棟最美華邸之一的二樓，屋內擺著著巴西的植物、動物標本與圖畫裝飾……」（史梅樂一八二一・〇八・

（一九八七）抄本。

4 徐畢克斯信函，一八二一年五月二十一日，可能是寫給von Schreibers，奧地利國家圖書圖書館，巴特考夫斯基抄本（一九九八第三三九－三四〇頁）。

5 巴伐利亞總檔案館MF五七三，亦可參考Fittkau（一九九四）。

二十一），他繼續聘請馬廷尼教授的遺孀擔任管家，是否有其他僕役則不得知，根據胡伯（Berta/Huber Walter, 1993）稱徐畢克斯病故前住在融樂街（Sonnestr.），根據匿名人士的講法（一八三九），這時他的經濟情況寬裕。

兩人在慕尼黑講述的旅行經過讓大眾為之驚訝，比如他們聲稱巴西有些樹木如同聖母教堂的雙塔一般粗與高大，有些慕尼黑人認為兩人的腦袋可能被熱帶的酷熱燒壞。最大的問題為徐畢克斯與馬萩仕要求科學院給與空間存放其採集品，因此排擠了若干科學院同仁的空間。但這兩人與同仁的應對亦可能缺乏外交手腕，在科學院院長史利西特葛羅致歡迎詞後，兩人的答話並不得體，被同仁解讀成「自負」（Bachmann, 1966）。

徐畢克斯與馬萩仕成功返鄉後獲得許多殊榮，比如徐畢克斯被任命為科學院委員，兩人均被邀請加入多個科學社團與研究機構，在《巴西探勘之旅》報告中列名的即有：利奧菩婷納博物學者學院（Die Akademie der Naturforscher Leopoldina）以及愛丁堡、莫斯科、馬堡、法蘭克福、下萊茵區博物學研究學會等。

徐畢克斯在慕尼黑健康狀況似有時好轉，因為史梅樂在一八二六年五月十三日寫道：「前往巴西使他身心狀況又重新恢復，我不瞭解過去他如何安渡如此多的險阻」，徐畢克斯甚至又打算再度前往巴西（Martius, 1866）。

經歷過這段非凡旅程後，徐畢克斯手邊想做的事很多，所以並不熱衷社交。依史梅樂的記載，他喜歡單獨散步，「徐畢克斯返回慕尼黑後，我太部分都在葛瑞斯蘭[6]及泰瑞莎綠地上欣然的與他不期而遇，除了聊天也抱怨時代的變革速度太慢，我也認為要解決一些社會病態現象仍遙遙無期」（一八二六・○五・十三），從史梅樂日記上也看出徐畢克斯不太喜社交，因為日記經常記錄他在社交場合與馬萩仕碰面，但卻無徐畢克斯[7]。

徐畢克斯完成其巴西探勘之旅後，心態上仍嚮往無拘無束生活，不願受到規範，但卻引發爭議，比如史梅樂在一八二六年五月十三日寫道：「當懷勒（Weiller）剛領導科學院時，或許一開始還不脫學校校長習性，有次對倒霉的徐畢克斯發脾氣，因為他不太重視科學院工作上的繁文縟節與例行事務，這對兩人都沒好處，本來衝突是可以避免」，懷勒（Cajetan von Weiller）在一八二三年擔任科學院書記，他的領導作風不僅被徐畢克斯認為是迂腐及老學究式，其他科學院成員亦有同感（Bachmann, 1966, p. 141）。

徐畢克斯從巴西歸來後也曾拜訪家鄉賀悉城，我們從一八二一年六月十九日的「法蘭肯傳訊報」（Fraenkische Merkur）的報導可知，徐畢克斯已變成知名人物，受到光榮的返鄉接待，「晚間有安排穿著制服的民兵合唱團歡迎他」，他主要拜訪七十二歲高齡但健康狀況仍佳的母親、兄弟姊

---

6 依莎河畔當時一處仍空曠的地區，目前普林茲磊根騰街（Prinzregenten - Straße）的北邊，街名為安葛瑞斯（Am Gries）目前仍是此街名。

7 亦可對照Moisy（一九九四）。

妹與少時玩伴及友人，根據報導，徐畢克斯也拜訪了學校及教區，因為「這些地方指望他扮演高尚的捐獻施主」，「不少人喜歡他隨和沒架子與平易近人」，雖然徐畢克斯的動機不無出自愛護鄉里，但至少觸及了一點他的個性，否則我們實在無法從他處多瞭解。

而這時巴西的採集品也經過義大利第里亞斯特抵達慕尼黑，讓各方均感驚嘆，就連國王對這批標本也很著迷，並透過科學院發給兩人終身年金一千金盾，「……為了獎賞他們的冒險患難與減緩因健康的耗弱所需更多的生活開銷」，國王要他們將旅途的種種全寫出來，「完整記述旅途種種，科學院要全力支持」，國王也允諾未來給予支持，「只要再將你們旅途經歷源源本本的公諸於世，經費隨時支應」，但不僅兩人的終身年金受到同事忌妒，經費也常遭節儉的大臣一再刪減[8]，所以《巴西探勘之旅》的出版精緻程度未如原計畫，也可能未如國王所期，儘管經費不寬裕，但這部受矚目作品仍順利出版，時至今日仍甚具學術價值（見文獻目錄）。

8 巴赫曼（一九六六第二三六頁），一八二一年六月十四日史利希特葛羅寫給雅寇柏斯信函，雅寇柏斯檔案II，巴伐利亞總檔案館；亦可參考Tiefenbacher（二〇〇〇）。

巴西博物館

我們知道徐畢克斯與馬萩仕不僅帶回標本與其他採集品，也帶回活體動植物，不但運送困難亦所費不貲，這些動植物在慕尼黑除了科學院及宮廷人士得以一睹外，也對一般民眾展示，這時科學院的對外關係承受極大壓力，因研究工作耗費大量經費飽受批評。兩人在旅途的每當靠泊港口，只要有機會就將採集品寄往慕尼黑，其中包括種子及活體植物，對慕尼黑植物園提供可貴貢獻（Bachmann, 1966, p. 157），麥西米連國王晚年對植物園的珍藏興趣濃厚。

徐畢克斯與馬萩仕的蒐藏令人印象深刻，一八二一年當藍斯朵夫男爵（Baron Langsdroff）來慕尼黑時對之印象甚深，並將他的蒐藏轉送給國王麥西米連一世，其中最具價值的為人類學蒐藏品，此乃藍斯朵夫男爵參加庫森斯登船長（Kapitän Krusentern）的俄羅斯環球航海計畫（一八〇三－一八〇六）所蒐集的[9]。

標本在「威廉米倫」大廈展出造成空間不足問題，需花時間取得同事諒解，活體動物則被安置

9 庫森斯登船長（Kapitän Adam Johann von Krusenstern 一七七〇－一八六四），請參考Appl et all.（二〇〇九），Helbig（一九九八）。

在紐芬堡的獸苑內，也計畫興建一永久的巴西博物館，以長久保存巴西來的珍寶並供公開展示，國王麥西米連一世過世後此計畫即未再推動，因為繼位的國王路德維希一世政策上另有規畫。

麥西米連一世辭世後情勢如何改變，從當時一份以姓名字母開頭署名TH.E的剪報，即見端倪，內容如下：

擔任首位巴伐利亞君主的麥西米連國王，熱衷獎掖科學研究，同時亦為慕尼黑藝術學院的創辦者，他的兒子路德維希王子只喜歡藝術，他一開始就對國庫挹注大筆資金到其他用途感到心疼，對父親花錢支助由徐畢克斯與馬萩仕教授[10]赴巴西從事自然科學大型探勘活動，深表不滿。探勘計畫的費用本應分期付清（約三萬金盾），路德維希一世在父親過世執政後，尚欠大筆款項，他完全無意支付掉，但因有人對國庫提告，結果對徐畢克斯及馬萩仕教授有利，從此國王對兩人沒好臉色，每次遇到這兩個倒霉教授其中一人，就開惡意玩笑，故意認錯人，讓兩人知道他的不滿。比如國王遇到馬萩仕，他會說：「你好嗎？親愛的徐畢克斯先生，馬萩仕這個笨傢伙，花我大筆銀子跑去巴西幹啥，這些錢我本來可以用來蓋教堂」，同樣的如遇到徐畢克斯，他則說：「你好嗎？親愛的馬萩仕先生，那個笨蛋徐畢克斯在搞什

10 徐畢克斯曾被各方以教授頭銜稱之，但事實上他從未擔任教授，一八二三年起他有義務授課。

麼，還在裝模作樣當博物學者」？國王一說完便大步離開，從不等對方回答。後來某天傑出的徐畢克斯教授過世，不久國王遇到喪友心情難過的馬萩仕，他馬上又說：早安親愛的徐畢克斯先生，你有聽聞馬萩仕已過世了？祝上天保佑他，他花了我大筆錢去巴西搞他的玩意，馬萩仕搶答：陛下我沒死，死的是我的朋友徐畢克斯，國王回答：很高興，早安！（Huber, 1998, p. 34）。

當紀念品帶回的印第安孩童

前面我們提到過徐畢克斯及馬萩仕帶兩名印地安孩童回慕尼黑，兩名孩童各一男一女，男的叫「尤瑞」或者叫「約翰尼斯」，女的叫「米蘭哈」或叫「伊莎貝拉」，兩人因屬不同族所以無法溝通，「尤瑞」及「米蘭哈」均為其各自部族名稱，基督教名應該是徐畢克斯或馬萩仕所取的，但並無資料佐證，兩人原本的名字並不清楚，他們的出現讓好奇的慕尼黑市民想一睹為快。

馬萩仕在亞馬遜與徐畢克斯分開探險時帶回這兩名孩童，或者說被當成禮物送給他，即使徐畢克斯沒涉入，但他至少也同意馬萩仕的作為，畢竟他擔任探勘隊的領導。

尤瑞與米蘭哈剛抵慕尼黑時由徐畢克斯與馬萩仕共同照顧，因為兩人當時同住馬克斯堡。

至少史梅樂在日記中提到他曾拜訪徐畢克斯與馬萩仕，並以他個人觀點他所形容見到的這兩位印地安孩童情形：「依莎貝拉坐在一個籃子內，縫著手帕的緣邊，同時還玩一個洋娃娃。我問：會冷嗎？以及說了幾個猜想她會懂的字，並稱讚她的手工，她很開心的微笑，但她講的話我聽不懂，好像只是嘗試重複我講過的話，男童則不舒服的躺著，對周遭之事漠不關心，除了鼻子下的黑色刺青外，亦即他所屬之科卡德部族（Cocarde）的識別標誌，在他討人喜歡的臉龐上，未再發現令人驚愕的圖案」（一八二〇年十二月二十七日）。

根據史梅樂的另一段日記記錄顯示，徐畢克斯似乎比較照顧兩位孩童[11]，史梅樂在一八二一年五月一日拜訪徐畢克斯及馬萩仕：兩名徐畢克斯取名為尤瑞及依莎貝拉的孩童就寢前，來道晚安，並把伸手過來，徐畢克斯將手交叉成十字形，並告訴他們一些神的事，徐畢克斯似乎努力要教育孩童基督教信仰。接著我們又看到：「徐畢克斯今天帶他們到瑪麗亞埃西（Maria Aich）的朝聖教堂[12]，尤瑞頭上戴一頂帽子，大刺刺的朝祭壇走，可能讓這座小教堂內的朝拜者覺得不敬，直到徐畢克斯偷偷的向他示意，要他注意教堂為神聖場所，並把帽子摘下」。

後來兩名孩童被安置在不同地方，米蘭哈被送往宮廷麵包師的遺孀雅柯比（Kreszenz Jacobi）的

---

11 馬萩仕母親於一八二一年一月十一日一封信中也為此事抱怨，因為馬萩仕從未提照顧印地安孩童的事，巴伐利亞邦立圖書館，馬萩仕檔案I, C, I. 一九. 六七, Leonhardt（一九八七）抄本。

12 當然是靠近慕尼黑的瑪麗亞埃西教堂（Maria Eich bei Plegg）。

住處，也就是在琶納街十六號（Pranner str.16），尤瑞則託給馬克斯公爵照顧，兩人不住在一起，並不會造成不適應，因為照史賓格勒（Sprengler 1966）的說法，他們兩人平時就彼此排斥且毫無感情，不同的來源也指出，曾失去多名孩子的卡洛琳王后，也曾親自照料這兩位巴西小孩。

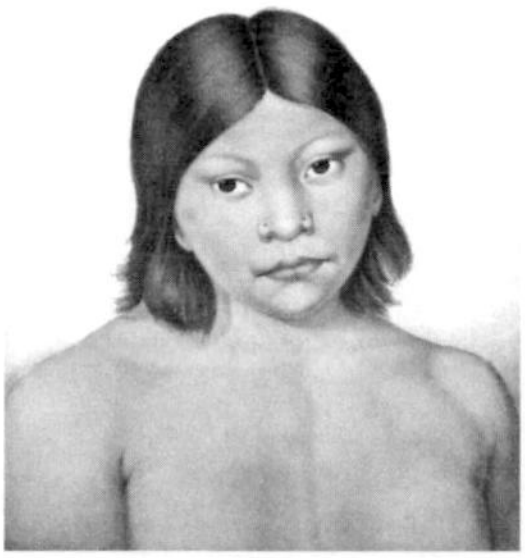

圖七二：米蘭哈或稱為依莎貝拉（採自徐畢克斯／馬萩仕之巴西探勘之旅圖輯）

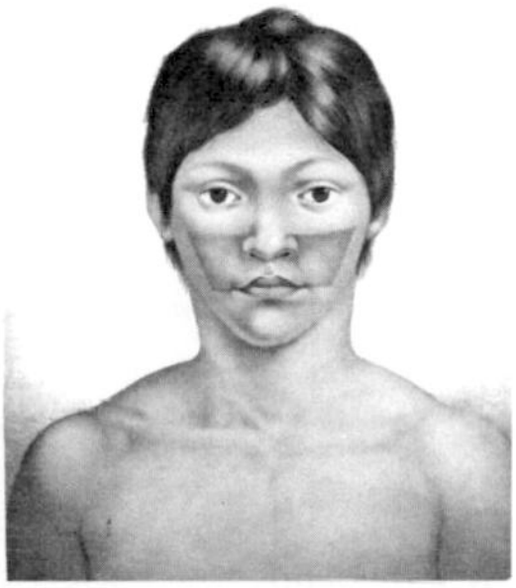

圖七三：尤瑞或稱為約翰尼斯（採自徐畢克斯／馬萩什巴之西探勘之旅圖輯）

Reise
in
Brasilien
auf Befehl Sr. Majestät
MAXIMILIAN JOSEPH I.
Königs von Baiern
in den Jahren 1817 bis 1820 gemacht und beschrieben
von
Dr. Joh. Bapt. von Spix,
Ritter des k. baier. Civil-Verdienstordens, ord. wirkl. Mitgliede d. k. b. Akademie d. W., Conservator der zool. zoot. Sammlungen, der Car. Leop. Akad. d. Naturforsch., der Edinb., Mosk., Marb., Frankf., Niederrhein. naturf. Gesellschaft Mitgliede,
und
Dr. Carl Friedr. Phil. von Martius,
Ritter des k. baier. Civil-Verdienstordens, ord. wirkl. Mitgliede d. k. b. Akademie d. W., Mitvorstand u. zweit. Conservator d. k. bot. Gartens, d. Car. Leop. Akad. d. Naturforsch., der Frankf., Nürnb., Niederrhein., Erl., Regensb. naturf., d. London. Hort. Ges. Mitgliede.
Erster Theil.
München, 1823.
Gedruckt bei M. Lindauer.

圖七四：巴西探勘之旅第一冊封面（徐畢克斯／馬萩仕一八二三）。

當時有可能打算將兩人教育成傳道士，以便日後送他們回家鄉宣揚基督教，並將歐洲文明傳播給印地安人，同樣的情形也發生在一位來自火地島的印地安少年身上，這名孩童被稱為傑羅米波頓（Jeromy Button），他被達爾文所搭乘的小獵犬號船長費茲羅伊（Fitzroy）帶到英國，然後再遣返，這個例子亦為心存希望，將基督教價值與歐洲文明傳佈至文明落後的民族，但結果澈底失敗，其經過也被達爾文記錄下來。

尤瑞與米蘭哈在慕尼黑僅活數個月，儘管有良好的生活及醫療照顧，很快的即死亡；尤瑞在一八二一年六月十一日過世，米蘭哈在一八二二年五月二十二日過世，據稱他們無法適應「嚴酷的氣候」，兩名孩童早夭的原因可能死於傳染病，因為他們沒有歐洲人的抗體。

尤瑞與米蘭哈後來與徐畢克斯及馬萩仕均葬在慕尼黑的南郊墓園，巴伐利亞王后卡洛琳（Karoline von Johann Baptist Stiglmaier）下令請新成立之王室金屬鑄造廠的主管，製作一幅銅質浮雕，以紀念兩人悲哀的命運，這尊幅雕像至今仍保存在慕尼黑市立博物館，並公開展示，墓碑上的碑文寫著：「離鄉背井，在世界的另一方找到關懷與愛，但卻無法通過嚴酷氣候的考驗」[13]。

以今日觀念，像似紀念品般將兩位印地安孩童當成博物學蒐藏品帶回慕尼黑，為不可思議且在道德上難以接受的事。當然我們可以從歷史的時代背景去瞭解，當時的巴伐利亞社會依然存在奴

13 Tiefenbacher（一九九七，第四五頁）；墓碑圖：//www.stadtmuseumonline.de/typisch/typisch21.html.

婢。雷翁哈特（Henrike Leonhardt）曾以小說體的故事撰寫兩位印地安孩童的悲哀命運（一九八七見文獻目錄），為他們樹立一個文學之紀念碑。

此外亦為「納特爾探勘計畫」的成員的奧地利的植物學家鮑爾（Johann Baptist Emanuel Phol），不僅於一八二一年從巴西帶回活體棕櫚樹，還有其他自然採集品與兩名印地安人（來自波多庫多族的一男一女），甚至受過人文教育後來成為巴西皇后的公主利奧菩婷妮，也贈他的兄長卡爾（Franz Karl）一名巴西黑奴（Riedl-Dorn, 2000），如前所述，奴隸制度一直到她的孫女依莎貝拉公主於一八八八年頒布「黃金律令」（Goldene Gesetz, Lei Áurea）才告終結[14]。

旅記與地圖

一八二一年秋天，徐畢克斯於麥西米渾日（十月十二日為麥西米連登基稱王的紀念日），在科學院演講頗受矚目，演講內容經出版後更加受到注意，洪堡德在一封信函中稱讚「慕尼黑科學院首

14 十九世紀後半葉至二〇世紀，為了迎合德國對非歐洲人好奇心，許多非歐洲的異國原始民族被帶到歐洲展示，商人經常唯利是圖並泯滅人性，可參見Dreesbach（二〇〇五）。

次內容精采的演講」[15]，徐畢克斯非常詳盡的探討當時對巴西的整體知識，他以豐富的見聞介紹了巴西的歷史、人口、地理與經濟。

對「下令」他演講更是資助他巴西之旅的國王，徐畢克斯利用這個機會凸顯他的貢獻：「對新世界深入的探索比發現本身影響更深遠，為了達成這個目標，兩位巴伐利亞探勘者勇赴巴西，窮盡微薄之力。但科學界及吾國仍欠敬愛的國王一份感謝，若無他大力鼓勵與支持，不可能成就此行。今天在他登基紀念日，我們齊聚一堂，即行勝於空言：麥西米連國王永誌忠實巴伐利亞子民心中，並將留芳永世」（Spix, 1821, p. 44）。費特考（1995）稱其講詞為「文學的瑰寶」，而賀悉城的「徐畢克斯協會」最近甚至再度印行這篇演講稿。

從慕尼黑以迄全歐洲都持續關注此探勘之旅，《EOS》期刊定期出版徐畢克斯及馬萩仕的報告與信件，本書收列在文獻目次的第二段，這段真實連載的故事透過期刊的傳播，效果像似現代的肥皂劇式的紀錄片，讓讀者能分享兩位博物學家的冒險故事，因此也造成期刊銷售量增加，《伊西斯》雜誌也多次引用《巴西探勘之旅》報告（Oken, 1818-1824），雷根斯堡的《花卉或植物學報紙》（*Flora oder Botanische Zeitung*）則刊登了徐畢克斯與馬萩仕寫給許朗克的信件摘要（Schrank

---

15 一八二四年九月五日洪堡德寫給徐畢克斯信函，巴伐利亞國家博物館馬萩仕檔案，I.C, I, 五；Helbig一九九四年抄本第一七三頁，巴特考夫斯基（一九九八第三四八頁）。

1819/1820，匿名信件1828）。

兩位歸鄉的科學家亦即著手撰寫詳細的旅記，本書已詳實引用從這三大冊旅行報告的內容，有關撰寫者問題將會在後段章節討論（一五六頁），大眾對旅記的反應均甚正面，不管是歌德或洪堡德對兩人的巴西之旅均甚感興趣，並與徐畢克斯有書信往來[16]，自然也都讀過旅記內容並加以讚揚。

選自歌德書信一八二四，一六〇頁[17]：

徐畢克斯及馬萩仕兩位受敬重學者之久已馳名的旅記，一八二三年慕尼黑出版，對巴西廣大國度的實地觀察極受歡迎，窮盡旅途記憶與心思去紀錄，對宏偉大自然各種景觀的生動描寫，特別引人入勝，讓人備感溫馨與至深的虔敬體驗，內容清晰，讀之欣喜。

選自洪堡德寫給徐畢克斯的某封信[18]，一八二四年九月五日：

---

16 歌德對巴西非常有興趣，史奈德介紹得非常詳盡（二〇〇八），他提到（第二〇頁）歌德也與徐畢克斯通信談巴西，可惜無更詳盡資料。

17 歌德（一八二四，第一六〇頁），亦見麥德福奧（Mägdefrau一九八〇），有關《巴西探勘之旅》再版介紹。麥德福奧指此段文字為馬萩仕所撰，可能因與一篇評論馬萩仕之棕櫚樹作品有關，歌德則明確指出為引自旅記第一冊，這是兩人所共同撰述的；第二冊則於一八二八年才出版，亦可參考Schneider（二〇〇八，第一二三至一二四頁）。

18 巴伐利亞邦立圖書館，馬萩仕檔案I.C, I, 五；Helbig之抄本（一九九四第一七三頁）。

有幸藉此良機向我敬愛的友人與其勇毅的旅伴馬萩仕先生，表達我內心的嚮往，所有曾前往美洲探察者均具某種患難與共之兄弟情誼，促使時代連貫更為緊密，探勘行動勾起之喜悅與快樂成就感，彼此的皆同，均為德國之榮耀，為各知識領域帶來豐盛的成果……。

……對美洲最重要的部分，所有的工作均增益我們的理解，你們的地圖，我亟盼一閱……。內心時而掛念，倘能儘早獲知將出版的消息……。對美洲的視野，透過你們的探勘而更形擴大，實感欣悅，南美洲整體外貌亦因此有更新的認識。

兩人所撰寫的旅行報告，除了根據猶新的記憶，尚以忠實記錄的日記與筆記為本，彼此間亦相互補充旅程中種種見聞，但問題出在插圖，兩人的探勘之旅並無繪圖師隨行，讓其深感遺憾，雖然他們在第一段旅程有奧地利畫家恩德同行，但他的畫全保留給奧地利科學家的出版品運用。徐畢克斯與馬萩仕雖然旅途中也有臨時的速寫，但兩人並非優秀的繪圖員，他們盡可能根據速寫與記憶完成圖版與地圖，並為每冊出版的《巴西探勘之旅》添加活頁全版插圖，本書中亦引用了該旅記中一系列插圖[19]。

[19] 圖版二至一六與旅記第一冊同於一八二三出版，與旅記第二冊同年（一八二八）年出版封面圖與一七至三七圖

資料顯示，麥西米連國王打算讓奧格斯堡的畫家魯根達茲（Johann Moritz Rugendaz）加入繪圖工作，但未成功（Helbig, 1998），然而至少有七張描述魚種的補充插圖（Spix/Agassiz, 1829），靠馬萩仕央請魯根達茲協助完成，著名的三潘西斯科河的鳥類聚集水池插圖，很可能亦為馬萩仕說動魯根達茲合作的成果（見圖四六），此外尚有挖烏龜蛋與提煉龜油的插圖（圖六二），兩張插圖均見於巴西探勘旅第二冊。但雙方合作關係顯然因外交因素無法持續，因為藍斯朵夫男爵聲稱擁有魯根達茲有關巴西繪圖的所有權，男爵於一八二二至一八二五年主持俄羅斯巴西探勘計畫，魯根達茲曾為他製作許多插畫，但後來兩人鬧翻，巴伐利亞國王不敢得罪藍斯朵夫，因為他是俄羅斯外交官，亦為巴伐利亞科學院成員（詳細資料請見Helbig, 1998）。

兩位巴伐利亞的科學家之巴西探勘成就不只受到本地重視，在國際上也動見觀瞻，旅記第一冊出版一年後就有洛伊德（Hannibal Evan Lloyd）的英文翻譯本問世（分成上下卷出版）[20]，譯本特附一前言，褒揚《巴西探勘之旅》的重要性，因此達爾文書房內藏有《巴西探勘之旅》這部旅記，即

版，一九六七年之再版圖版編號有變更，部分重新編排過，還有註釋並非全部照原始版本（第一冊，第XI - XIV頁，第二冊，第IX - XVIII頁，並非每本皆有），請詳參Helbig（一九九四註解九以及一九九八第三八頁），目前插圖已上網供各界參考。

20 英國各界對徐畢克斯與馬秋仕的巴西探勘之旅亦有廣泛討論，比如自然史雜誌（The Magazine of Natural History）一八二三年第五號，第一八一－一八六頁）。

不讓人意外。

徐畢克斯與馬菽仕旅途中的礦物學與地質學觀察亦引發各界高度興趣，一八二五年出版的《山嶽與丘陵學年鑑》即收錄了兩人的觀察，並予以出版，其中盡可能引用《巴西探勘之旅》原文及作者用詞。此外，針對兩人旅記中有關地質學與礦物學所提及的大部分觀察內容，一八二三年經艾西維格男爵特別摘取後並彙集成專書，並增補個人觀察。洪堡德亦也致函徐畢克斯提到：「……旅記……對山嶽學及統計學與地理學格外重要……」。青少年版的旅記刪節本不久於一八三一即問世，一八四六年內容更詳細給「年紀較長的青少年」閱讀的版本問世，頗受歡迎。在這些刪節過的旅記版本中，「主要與科學、語言及專業研究有關，凡是與原始民族性關係有關陳述」一概刪除，這兩個受歡迎版本均發行兩版，顯示此題材在當時受到民眾歡迎。

徐畢克斯與馬菽仕起先只想製作亞馬遜河域的新地圖，但旋即發現依據他們旅途紀錄與經驗來改善巴西全圖亦甚重要，並深具意義，他們可運用沿途所能抄錄到的許多手繪地圖，但很可惜他們在旅途中無法精準定位，如果能辦到則價值不斐，因此讓他們深感懊悔（徐畢克斯及馬菽仕一八三一，地理學附錄第三六頁）。但兩人也獲得數學教授德斯伯格（Franz Eduard Desberger 1786-1843）以及地理學家懷斯（J. F. Weiss）之協助，出版了一張南美洲地圖〈徐畢克斯／馬菽仕1825e以及旅記地理學附錄，第三冊〉，其他的詳細附圖則在圖輯的插圖中補充。

題外話：探討三冊《巴西探勘之旅》作者問題

基於三大冊旅記的重要性，似宜更精確檢視這部作品之實際作者，《巴西探勘之旅》第一冊由徐畢克斯與馬萩仕共同完成付梓，筆者認為該冊內容多處大部分由徐畢克斯執筆，比如前面章節引用之穿過赤道的情節（見六三頁）。萬佐里尼（Varzolini 1981）雖然認為風格上較似馬萩仕，但卻無法舉出更明確的理由，甚至巴赫曼（Bachmann, 1966, p. 14）亦表示……，徐畢克斯似無法花太多時間親筆撰述……，但徐畢克斯絕對有本事如馬萩仕一般，將巴西的經歷寫得文謅謅，從引述他的「麥西米連國王登基紀念日」的演講詞中，即可見一般：

當遠離市鎮的通衢，我們即失去對歐洲的懷念，處在自由壯麗的自然美景中，棕櫚與香蕉隨風搖曳，山丘上長著野牡丹、錦葵與變葉木，山坡上可見蘆薈及仙人掌，平地上則遍佈著含羞草、紫荊、馬纓丹、九重葛、蘿摩、侏儒樹的矮灌叢，以及其他可愛的桃金娘，嗡嗡聲不絕的彩色斑斕蜂鳥，穿梭其間更行增色。花朵上還圍繞著外型及色彩千變萬化的蝴蝶，隨著山脈往上延伸至清涼的原始森林，終年常綠並散佈著野性美，樹幹高聳，枝椏及葉片在樹冠舒展開來。花期降臨時樹上綴滿繁花，包括蘇木、洋椿木、月桂、無花果樹等等，從高處枝

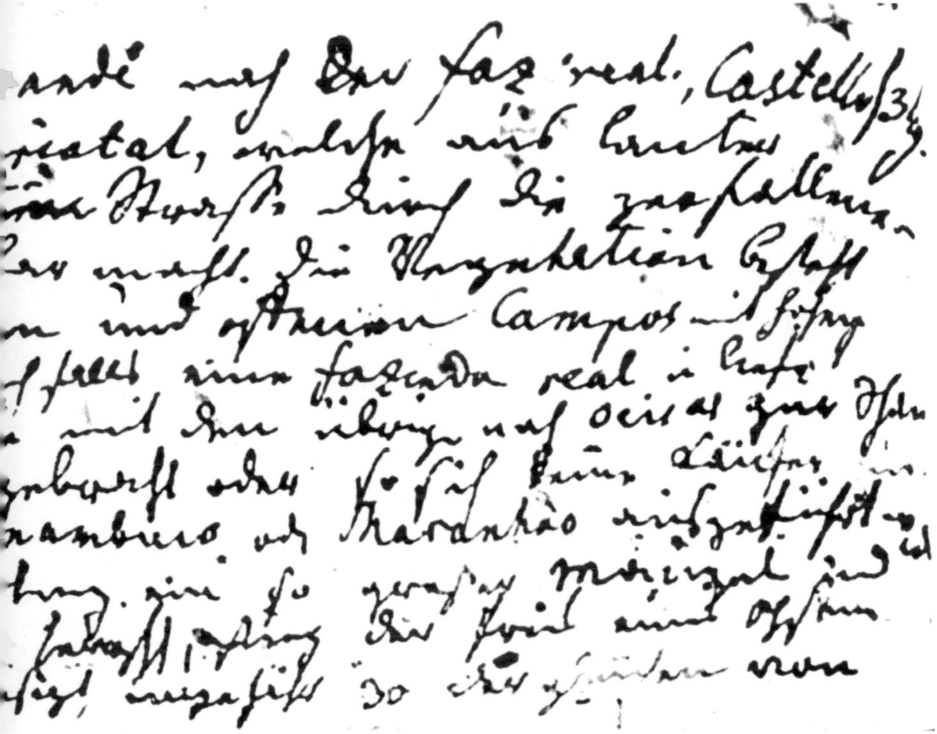

椏垂下糾纏的藤本植物，附著西番蓮、紫葳、金絲桃等白、黃、紅、藍色的花朵，連同多種天南星與帶香氣的香草，形成最美麗的花環妝點著樹幹，赫蕉及高大如樹木的蕨類與壯觀的棕櫚像草一樣將地面覆蓋住；成群各種類的鳥類、蝴蝶等其色彩與光澤足與陽光爭艷，鳥類特殊的鳴聲讓人聞之驚嘆不已。動植物的整體歧異性如此大，令人目不暇給，讓我們覺得我們處身的新世界比歐洲更豐饒，大自然更加美麗。

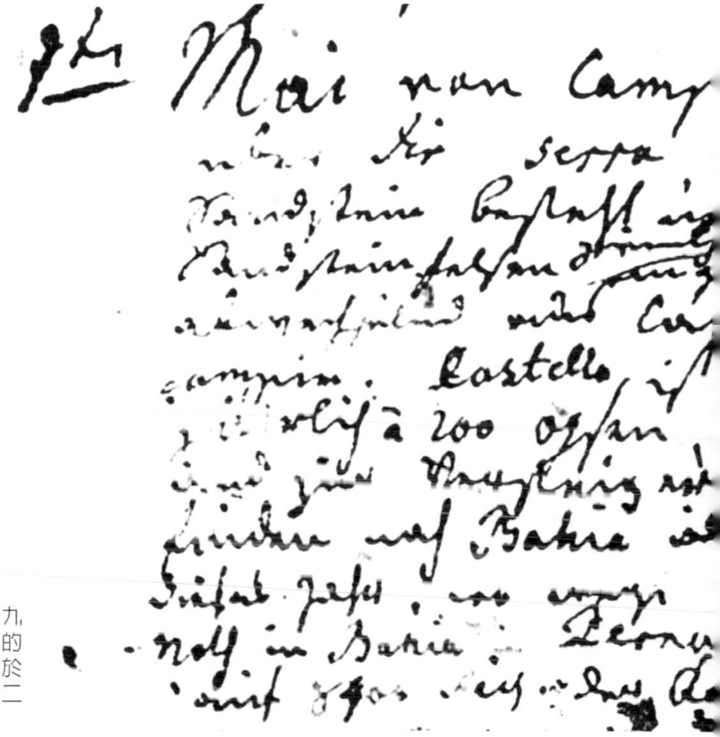

圖七五．採自一八一九年五月一日徐畢克斯的日記，相關內容見於「巴西探勘之旅」第二冊，第七八〇頁。

我們可確信這一段文字出自徐畢克斯之手，因為這是他的演講稿，這段文字用了大量的植物名稱（野牡丹、錦葵、變葉木、含羞草、紫荊、馬纓丹、九重葛、蘿藦等），據猜想，這是徐畢克斯對熱帶雨林特徵的描述，因為熱帶雨林中動物現身情形並不如植物明顯。若進入雨林，第一個印象為植物驚人的多樣與繁茂，具有不同的葉子與生長形態，動物並非立即可見，必須花時間去尋找，動物經常生性膽怯，會隱藏或偽裝起來，要見到牠們必須尋找。

一八二五年八月十五日或十六

日徐畢克斯與馬萩仕[21]發函給法蘭克福書商，宣告第二冊《巴西探勘之旅》出版日期擬定於一八二六年的復活節，但實際上這本著作直到一八二八年才問世。在旅記第二冊的前言中，馬萩仕提到徐畢克斯的早逝對整個著作的完成造成延擱，徐畢克斯很可能曾積極參與該書的編製，使得出版時間落後於預期。

在第二冊的導言中，馬萩仕又稱該書的前七頁印張內容，為他與徐畢克斯共同完成，也就是該書前兩章之四一五至四六八頁。從第二十一印張開始，亦即該書第五章起（自五七七頁），係馬萩仕運用徐畢克斯的資料所完成，因此依照馬萩仕的說法，該冊書有一部分（四六九至五七七頁）由馬萩仕獨自撰述，未運用徐畢克斯的資料。但即使這些章節，亦不乏許多動物學的內容，源頭應該是來自徐畢克斯，比如五四一至五四二頁所列的哺乳動物與蜜蜂種類的名單。

《巴西探勘之旅》第三冊則遲滯至一八三一年方由馬萩仕獨自編纂完成付梓，馬萩仕在該冊第一章即引用一段很長並富詩意的日記內容，「以觀照我們內在生命」（旅記第三冊八八九頁），我們可認出這種不斷在字裏行間出現的風格，因馬萩仕斯撰述富文學情調文體技巧更勝過徐畢克斯，他當時也創作詩歌與小說[22]，在第三冊旅記中經常使用第一人稱的敘述方式，以與旅行同伴有所區

21 Horch（一九九四，第一四五頁），徐畢克斯與馬萩仕信函，筆跡為馬萩仕。

22 馬萩仕小說《弗萊伊・阿波隆尼歐：來自巴西的小說，哈托曼的經歷與見聞》（*Frey Apoloni: ein Roman aus Brasilien, erlebt und erzählt von Hartoman*），一八三一年完成，但直至一九九二年才出版（出版商Erwin Theodor Rosenthal）；詩

隔，這樣做亦不無道理。馬萩仕就曾談到他一個人在棕櫚林沼澤迷路時，被徐畢克斯救出的經歷（第三冊九四八與五八頁）。

讓人頗感意外的，馬萩仕紀錄了對鳴冠雞生態的詳細觀察，據稱是引自其日記資料（旅記第三冊一〇八三頁）；但若細看可發現，馬萩仕所引用相當多的動物學名，其命名者標示為Sp，亦即徐畢克斯（Spix）名字的縮寫，表示是由徐畢克斯所描述發表的種類。相對的徐畢克斯在旅記第一冊中，許多動物種類名稱之命名者則用拉丁文簡寫《nob》（= nobis，意思是我們）標示，似乎曾計畫將這些動物種類與馬萩仕聯名發表（例如旅記第一冊一六三至一六五頁），當然旅記第三冊有關植物的記載超過動物，顯然與馬萩仕擔任作者有關。

徐畢克斯與馬萩仕在亞馬遜河域時曾各自探勘，分開過一段時間，均載於旅記第三冊中，其中有關敘述徐畢克斯單獨旅行部分，資料來源必定是他的紀錄，馬萩仕僅做了少許更動，絕對可以分辨出那些文字並非出自馬萩仕之手，因徐畢克斯的用字遣詞顯得較客觀，與該冊其他部分不同。而綜觀之，似仍有足夠資料可供進一步研究，並透過語言專家分析，以查明文字的原作者。

《EOS》期刊所刊載的探勘旅行故事之作者名始終為徐畢克斯與馬萩仕，因此並不清楚誰寫

歌則於一九六四年在許若特（Schrott）出版，有關馬萩仕對告別歐洲航向巴西的詩情敘述值得一閱（Schrott一九六四），亦可對照《巴西探勘之旅》內容（第二冊五六－五七頁）。

那一段，僅有少數信件以其中一人具名發表，比如《EOS》第二十八期所刊登的徐畢克斯於一八一九年一月二十八日在巴伊亞寫給許朗克的信。因職級的因素，徐畢克斯依慣例被列為第一作者，但只要健康情況許可，他可能亦常擔任實際的主要作者。

馬菻仕與徐畢克斯

徐畢克斯與馬菻仕在巴西歷經許多艱險，雙方均能發揮同舟共濟的精神，兩人在旅途中曾多次靠互救而履險如夷，所以馬菻仕在旅記第二冊與第三冊中，不斷以「可貴的同伴」稱呼徐畢克斯，然而根據柯依特徹（Kreutzer, 2002）的說法，在馬菻仕的信函中「，……種種跡象顯示，兩人之間存在衝突或不和」。

費特考（一九九五）也曾表示：「巴西探勘之旅讓徐畢克斯與馬菻仕的名字緊連一起，成就非凡，貢獻屬於兩人，我們可想見，徐畢克斯此行所負之重任，他一方面年紀較長，另方面在學術上職務較高，因此擔任探勘之旅的領隊，同時我們也必需認知，徐畢克斯與馬菻仕均為相當具學術天份與性格堅強的人物，兩人本於友誼與共同價值不畏一切加諸身心的壓力，具同樣高度的熱忱，共同認真的執行國王的委託，前往巴西探勘多年」，或許我們還可補充，兩人皆具有堅定的基督教信仰。

兩人在亞馬遜河上游分道揚鑣，雙方應都贊同，向不同地區進行探索，彼此皆找到合適的同伴，馬萩仕的新旅伴為桑尼船長，他先前已與兩人旅行數月，並支持探勘活動，徐畢克斯選了「……一位擔任治安的民兵、我們一路伴隨法國僕役，從不面露難色，並挑了多位最佳的印地安人隨行」（旅記第三冊一一七四頁）；馬萩仕所籌組的隊伍則更龐大，我們可解讀為馬萩仕已接手探勘隊的領導權，因為徐畢克斯身體已非常衰弱，在探勘的尾聲，馬萩仕似仍想盡量四處探索，但徐畢克斯則因患病而體力不支，隨著載運行李的船隻順流回到貝稜。

徐畢克斯逝世後，馬萩仕不僅完成《巴西探勘之旅》第一冊及第三冊的出版，而且還在徐畢克斯的後繼者舒伯特（Gotthif von Schubert）[23]、加上年輕動物學者阿格西茲（Agassiz）、華格勒（Wagler）、以及佩帝（Perty））的協助下，研究徐畢克斯的蒐藏並加以發表。麥西米連一世國王在世時，一直是徐畢克斯重要的贊助者，對出版著作大力支持，縱使行政官僚對出版叢書經費並非如數支付。馬萩仕展現他驚人的組織天份，從後來他所出版的植物學著作，多冊有關棕櫚樹與「巴西的植物」即可見一般。

---

23 舒伯特（Gotthilf Heinrich von Schubert），一七八〇年四月二十六日生於薩克森之霍恩斯坦（Hohenstein），一八六〇年六月三十日卒於慕尼黑附近之勞弗充（Laufzorn），為醫師，博物學家，浪漫主義自然哲學家，徐畢克斯職務的繼任人，擔任首席動物及動物解剖學蒐藏研究員。

從少數的資料中，我們也明顯發現馬萩仕對徐畢克斯的批評，相對的，徐畢克斯對馬萩仕的批評卻未見諸後世，因此若憑馬萩仕的單面之詞，不足以為兩人的關係下定論。一八二九年所出版的徐畢克斯阿格西茲描述魚類的專書中，馬萩仕用拉丁文寫了一篇追悼詞，這篇悼詞因語言因素，讀的人很少，也幾乎沒有人引用[24]，此外，所用的拉丁文字艱深難懂，馬萩仕不算恭維的談及其旅伴，稱徐畢克斯從事研究工作帶著「活潑的想像力」，不無有嘲弄徐畢克斯所師承的薛林哲學派別之意味。

為了紀念科學院的成員，而於一八六六年所出版的厚達六百頁的《科學院紀念性演講詞》中，馬萩仕討論徐畢克斯部分也佔兩頁半篇幅，他對其旅伴的動物學著作有簡短且相當明確的批評，他寫道：徐畢克斯「……受到自然哲學的影響根深蒂固」，直到前往巴西探勘後「傾向臆測的精神……回到了正確的自然研究」，徐畢克斯赴巴西前所完成的動物學著作，毫無疑問的對動物學深具貢獻，而且他並非是前往巴西探勘後，而是之前在巴黎居維業門下當學員時，即已學得當時動物學研究方法，並運用得頗有成效。

對徐畢克斯所信服的自然哲學這種負面的影射，可能是因為徐畢克斯為薛林的學生，相反的馬萩仕為卻為科學院院長的雅寇比的門徒，他亦像徐畢克斯一樣敬重其師（Rosenthal, 1992），雅寇

[24] 追悼詞及柯依特徹教授（Professor Winfried Kreutzer）的翻譯，可上網閱讀（見附件，網路資料來源）。

比與薛林兩人同在慕尼黑時為死對頭，互相以言詞或在刊物攻擊對方，在科學院及巴伐利亞知識份子圈內，兩人均深具影響力，但亦為公開的敵人（Janzen 2007, Stoermer, 2009），這兩位哲學的敵對關係，對馬萩仕與徐畢克斯造成影響是極有可能的。

由於這種牽連，馬萩仕於一八三一年出版另一本與《巴西探勘之旅》第三冊同年問世的著作[25]，在內文中絲毫未提及旅伴徐畢克斯，馬萩仕在其中的一個註釋中聲明（三十五頁），只簡述美洲動物世界，並參考威特王子的報告。威特王子在兩人稍早之前往巴西，但馬萩仕絲毫未提及徐畢克斯的著作，實令人訝異，儘管兩人熟識理所當然，而且毫無疑問的，徐畢克斯對巴西的動物研究具重要貢獻，馬萩仕只在他這本著作《自然繪圖》（*Naturgemälde*）中列出若干徐畢克斯所描述的動物之拉丁文學名，按照動物學命名法標示作者名徐畢克斯或以縮寫Sp顯示，讓徐畢克斯的名字能在注釋中起碼出現。由此例顯示，馬萩仕明知徐畢克斯的貢獻，卻刻意忽略，讓人不禁好奇，到底為何？

此外，尚需一提的是馬萩仕在其著作《自然繪圖》中，採用了洪堡德於一八三一年所創的新的寫作形式，並大力仿效，這種新類型在當時曾引起相當多討論，馬萩仕以洪堡德的大典範為依規，不只綜覽自然現像，並道出其中更大的關聯性與旅行研究者的印象。徐畢克斯與馬萩仕在《巴西探

---

25 「熱帶美洲動植物的自然圖像」，儘管封面上的註解稱特別轉載《巴西探勘之旅》第三冊較大型版第一章，但卻與該旅記的章節內容無關，而是摘錄或自撰之摘要。

圖七六：徐畢克斯帶回慕尼黑的巴西錢幣，第一列：約翰六世；四〇〇雷亞爾（巴西幣名稱）（正面）。
一八六一；瑪麗亞一世二〇〇〇雷亞爾，一七八七（背面）；約翰六世九六〇雷亞爾，一八一五（正面），同樣鑄在西班牙披索上；第二列：瑪麗亞一世六四〇雷亞爾，一七九三（背面）；瑪麗亞一世二〇雷亞爾，一七九九（正面）；瑪麗亞一世三二〇雷亞爾一七八一（正面）；九六〇雷亞爾，印在西班牙披索，一八一三（正面）。慕尼黑邦立錢幣博物館。

勘之旅》第一冊已嘗試以此方式去建構「自然繪圖」，忠實履行王室的委託去進行這趟報導之旅，比如其中有一句話：「如果我們嘗試在此建構熱帶原始林化的內在圖像……」（旅記第一冊一六二頁），這句話絕對可能出自徐畢克斯之手。

　　徐畢克斯過世不到半年，路德維希－麥西米連大學（即今日所稱之慕尼黑大學）於一八二六年十一月從蘭斯互特遷往慕尼黑，馬萩仕擔任多年專科大學教師，座下弟子盈庭，他是慕尼黑社交及科學界的聞人，亦實至名歸，他的早逝旅伴徐畢克斯則逐漸被淡忘，比如《巴西探勘之旅》後來再版，詳細介紹馬萩仕，甚至還刊出一幅他的肖像，但只在旅記中附帶提到徐畢克斯為探勘的旅伴（Mädefrau, 1966, 1980），同樣的在許若特（Schrott 1966）以及洛斯（Ross, 1917）的記述中，也只居不重要角色，雖然標題提到他的名字[26]。

儘管對馬萩仕有這些批評，但我們絕不能因此否定他多方面的成就，馬萩仕是傑出的植物學家與大專教師，也是位成功的籌劃者與十九世紀慕尼黑學界重要的人物，「馬萩仕獨享舉世對此旅記的肯定，此外亦接收了製作圖輯與多張地圖的功績……馬萩仕比徐畢克斯多活四十二年，在這些歲月中繼續研究兩人從巴西帶回來的採集品，而有所貢獻」（Fittkau, 1995）。

科學採集品

徐畢克斯在返回慕尼黑後即對巴西採集品熱衷的進行科學性研究，當歐培爾於一八二〇年過世後，華格勒（Georg Wagler）[27]以「助理員」身分被聘為徐畢克斯助手。徐畢克斯與馬萩仕旅途中

26 可參考費特考（一九九四，一九九五）對徐畢克斯與馬萩仕的差別性重視，比如西克（Sick 1983）曾寫道：「相對與馬萩仕，他這位早已更加知名的旅伴徐畢克斯，每個人談到他都會他抱屈，馬萩仕是歷史上知名的博物學家，但有誰知道徐畢克斯？」

27 瓦格勒（Johann Georg Wagler）一八〇〇年三月二十八日生於紐倫堡，一八三二年八月二十三日因槍傷卒於慕尼黑

圖七七：徐畢克斯所採集的一件猿猴標本，慕尼黑動物學蒐藏館收藏，徐畢克斯命名為：*Nyctipithecus felinus*，現今學名為*Aotus trivirgatus*（三條紋夜猴）。

的採集品，迄今部分仍為巴伐利亞邦立蒐藏品（包括植物學蒐藏館、邦立民族學博物館、動物學蒐藏館之奠基蒐藏品中的精華。

馬萩仕稱這些科學採集品中包括「八十五種哺乳類動物、三五〇種鳥類、一三〇種兩棲類[28]，以及二七〇〇種昆蟲，以最新的分類劃分後，計有鞘翅目一八〇〇種、直翅目一二〇種、脈翅目三〇種、膜翅目一二〇種、鱗翅目一二〇種、半翅目二五〇種、雙翅目一〇〇種。此外，蛛形綱動物有八〇種、甲殼動物的種數也與之相當，植物採集品達六五〇〇種」

市郊之莫札赫（Mosach），動物學家，專長為爬蟲類。瓦格勒描述了許多徐畢克斯所採集的標本並加以命名，包括一八三二年所命名之徐畢克斯金剛鸚鵡，他於一八二七年獲選為科學院成員。

28 他所稱之兩棲類，現今天已區分為兩棲類與爬蟲類。

（旅記第三冊一三八七頁），所公佈的數字雖然常被引用，但也非常慎重小心，兩人雖絕對不僅帶回二七〇〇件單隻的昆蟲標本，但卻也少於二七〇〇種（詳見下文）。

徐畢克斯與馬萩仕在寫給史坦因萊恩[29]的一封信中稱：「……昆蟲的採集品非常可觀，數量達十萬件」，在《EOS》期刊的一分增刊中亦有人稱：「植物標本數以千計，昆蟲標本亦然」（未知名人士一八二一）。

巴伐利亞邦立礦石蒐藏館至今仍保存相當珍貴的礦石與岩石標本，賀悉城的的徐畢克斯博物館展示品也相當可觀，徐畢克斯與馬萩仕在前述寫給史坦因萊恩的信中提到：「整個旅途我們都在記錄山嶽與海拔高度，以及描繪山脈輪廓與測量氣壓」，此外徐畢克斯亦攜回巴西的錢幣，目前部分仍保存在巴伐利亞邦立錢幣博物館[30]，還有「二百種在歐洲尚未見過的藥品……，以及數百冊西文及葡文書籍」（未知名人士一八二一）。

除了生物學的採集品，人類學的採集品特別具學術價值（羽飾、武器、日常用品與其他東西），「佔滿一間大廳的人類學採集品，東西琳琅滿目，可從中探知印地安人的生活，更重的是，

29 寫給史坦萊恩的信函，一八二一年二月十九日維也納，巴伐利亞總檔案館，巴伐利亞駐維也納使節檔案二一九九號（抄本存於賀悉城市府檔案）。

30 這些錢幣均來自邦立錢幣蒐藏的「舊藏品」；雖然無明確證據，但據信均為徐畢克斯與馬萩仕所帶回，亦可參考Overbeck（一九八二）。

同樣的物件，存在於不同的印地安人部族」（前述致史坦因萊恩的信函），這段文字顯示徐畢克斯與馬萩仕進行非常系統性的採集，能夠對不同族群進行比較（Guth, 2009），比如先前提過之面具與啟動儀式的面具服飾，即為其中最具價值文物，均為徐畢克斯從亞馬遜河域的遜庫納族取得，兩人所攜回若干文物的部族，甚至先前未接觸過歐洲人，目前部分已消失。

很可惜徐畢克斯對所攜回之動物標本，他本人僅研究了鳥、猴子、蝙蝠、兩棲類與爬蟲類（除了蛇類以外），對魚類與貝殼類也已開始著手研究，不論如何，他完成將近六百篇動物種與亞種的描述[31]。徐畢克斯的採集品屬珍貴的模式標本，目前大部分仍保存於「慕尼黑邦立動物學蒐藏館」。

31　六四種鍋牛、一九貝類、九一魚類、一五八種兩爬類、二二〇種鳥類、一五蝙蝠、三四猴類，這些資料符合不同作者在「徐畢克斯增刊第九號」（Spixiana Supplement 9）一九八三所寫的資料，但與徐畢克斯實際上所描述新種數卻有差異。費特考（一九八三）在同冊期刊中稱有四九八種脊椎動物，儘管徐畢克斯所採集的種類均經其本人或其後繼者（阿格西茲、華格納、瓦格勒）所研究與描述，但確實數字成為科學界多次討論的主題，請參考比較Kottelat（一九八八）、Cowie與其他作者（二〇〇四）。

哺乳動物

徐畢克斯返國後即進行巴西採集動物標本的科學描述，並在兩年後出版首冊作品，這是本大開本（對開）的著作，內容為徐畢克斯所描述猿猴與蝙蝠種類，著作中計有三十八版面的插圖，多半為彩色，其中還有一張人類與十五張猴子的頭蓋骨。徐畢克斯在此著作中接續他一八一五年的《頭源學》研究，但對之並無評判與歧視，頭蓋骨屬一名印地安人，經過仔細測量，然後與一名歐洲人（來自奧地利之提若地區），與一名亞洲人（孟加拉）及一名非洲人（來自安哥拉）的頭骨測量數據以表列方式比較。

在這本著作中徐畢克斯共描述三十四種猴子與十五種蝙蝠，徐畢克斯所採集的標本屬珍貴的模式標本，目前大部分仍保存在慕尼黑的動物學蒐藏館，與馬萩仕合作的《巴西探勘之旅》第一冊也在同一年出版。

翁肯（1824b）很欣賞這本著作寫道：「作品令人耳目一新，敘述優美，引用標本何其豐富，這是表彰巴伐利亞國王雄心之最佳紀念作，儘管探勘行動開銷頗巨，但現在已有成果回饋」，換成今日，大概不會有人用這麼多頌讚之詞，頂多會稱這是一部紀念作，標誌徐畢克斯與委託他任務的國王之成就。

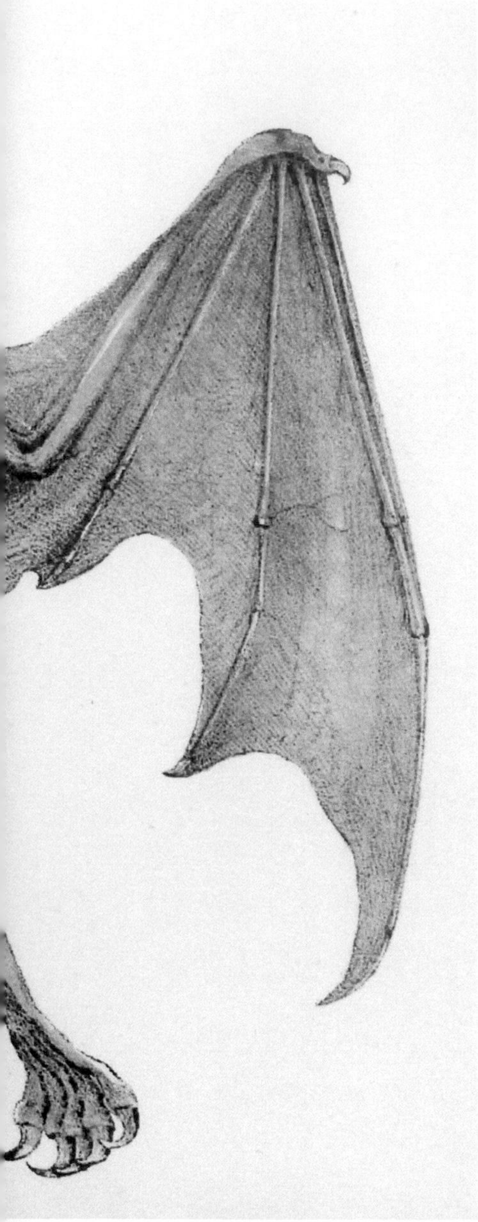

圖七八：兔吻蝙蝠（*Noctilio leporinus*）的背面，爪子頗長，有利於飛行時自水面上捉魚。

圖七九：兔吻蝙蝠（*Noctilio leporinus*）的正面，徐畢克斯一八二三年新物種描述的插圖。

1.

圖八十：哈許普納教授（Professor Gerhard Haszprunar），現任動物學蒐藏館館長，為徐畢克斯第九任接班人，與徐畢克斯所採集的猿猴標本及徐畢克斯著作（書頁上有徐畢克斯金剛鸚鵡插圖）合影。

這本著作係以法文與拉丁文撰寫，翁肯報怨法文部分文字有錯誤，頗出人意料，因為徐畢克斯原本法文甚佳，他的首部著作亦以法文撰寫，是否因長期在巴西與工作上壓力，讓他法文程度退步，或因健康狀態已不佳，或者迫於出版時效，才造成徐畢克斯在文字上犯許多錯誤？

翌年徐畢克斯甚至出版三本書，其中有一本為與瓦格勒共同執筆，顯示徐畢克斯卯足全勁從事對研究之旅的探討，徐畢克斯很清楚只有靠出版著作的成績，才能為其研究之旅成果下定論，因此與威特王子處於一種競爭關係，因為稍早於他之前，威特王子亦曾前往巴西探勘，而王子也急於發表所描述的新種。

史坦伯格（Kasper Maria von Sternberg 1761-1838）於一八二二年九月寫給歌德的一封信中提到：「……由於這個原因，徐畢克斯急著描述他三十七種新種猴子，八種烏龜與九種蝙蝠以求先馳得點」，史坦伯格嘗試將曾前往巴西探勘的徐畢克斯、馬萩仕、威特王子與鮑爾的經歷整合在一起，在寫給歌德的信中他稱：「我已達成這趟旅程主要目地，取得研究巴西的博物學家鮑爾、馬萩仕與徐畢克斯及威特伯爵等同意，將以四開本印行，再加上圖輯與地圖及畫片，每人的專著以對開精裝本發行，其他只勾勒新屬與新種的部分以較小開本印行……」（Schneider 2008, 第106-107頁），根據史坦伯格說法，他原先希望能促使巴伐利亞國王與奧地利皇帝協助，但一如往常，總是遇一些阻礙，再加上有些人因虛榮心對出版方式有不同意見，爭奪排名而告吹。

但命名新種徐畢克斯非常留意同僚的優先權，因此在慕尼黑動物學蒐藏館的蒐藏中，有些哺乳類標本特別掛上標籤，註明此乃原本納特爾所擬描述的新種，比如亞馬遜紅松鼠（見圖六七）。

鳥類

知名的德國與巴西鳥類學家西克（Sick）於一九八三年表示，徐畢克斯於一八二四年及一八二五年所出版有關巴西鳥類著作，迄今對南美的鳥類學仍甚重要。徐畢克斯共描述二二〇種與亞種的鳥類，其中數種為巴西最引人注意與知名的鳥類，但若干種類在徐畢克斯發表前，已有人根據威特王子的採集品加以描述並發表（Lichtenstein 1823，根據西克的引述），所以他發表之新種名稱迄今僅有一半有效，再度顯示當時的科學界已有不少競爭，故徐畢克斯必需儘快發表其研究的採集品。

當然徐畢克斯特別喜歡鸚鵡，他在旅途許多地方觀察及採集，如同前述有時還獵殺來當盤中飱，徐畢克斯發現的一種美麗的藍色鸚鵡，以他的名字命名為徐畢克斯金剛鸚鵡（（*Cyanopsitta spixii*），並成為物種保護的象徵動物，我們後面仍會提及（第一八二頁）。他所發表的新種中，至今仍可獵捕的知名鳥類為徐畢克斯冠雉（Spix-Guan），目前是普遍使用的名稱。該鳥的學名為雅克夸庫冠雉（*Penelope jacquacu*），這是徐畢克斯則根據土僻族（Tupi）族對該鳥之稱呼而加以命名，許多新種的種名命名，他均採用當地印地安人對該物種的稱呼，不僅有助於對印第人語言瞭解，也顯示出對印地安人語言的尊重，至今仍得到巴西專家的正面看待（Sick 1983）。

徐畢克斯所命名的知名鳥類尚包括十種的鳴冠雞，不但包括美麗及常見的裸臉冠雞（*Crax fasiolata*），尚有生存瀕危的紅嘴鳳冠雞（*Crax blumenbachi*）。唯一鵪鶉的代表為亞馬遜河域南方所產的齒鶉科的斑翅木鶉（*Odontophorus capueira*），還有引人注意的奧里諾科河鵝（*Neochen jubata*），也屬於徐畢克斯命名之知名種類。

如欲列出徐畢克斯所描述的有趣及知名的鳥類，尚可列出很長的名單，例如：灰尾雞、喇叭鳥、夜鶯、鶲鴷鳥、噴鴷鳥以及其他科的鳥類，在慕尼黑邦立動物學蒐藏館內，即保存許多徐畢克斯所採集的鳥類標本。

兩棲類與爬蟲類

徐畢克斯共出版三冊有關爬蟲類與兩棲類的著作，我們必需瞭解當時兩棲類與爬蟲類仍未被區分，所以徐畢克斯與馬萩仕稱鱷魚為兩棲類，這三冊著作亦使用法文與拉丁文。有關龜類及蛙類以及一冊關於蛇類的著作於一八二四年問世，隔年於一八二五年，第三冊有關蜥蜴的著作亦出版。

徐畢克斯與瓦格勒（1824a）合作在第一冊中共同描述十六種新種龜類，其中三種名稱仍有效，以及五十三種蛙類，迄今仍有十七種為有效命名。在徐畢克斯的採集品中，最佳的為龜類蒐藏，包括了亞馬遜河域所有種類，止足顯示他採集的澈底與用心。

第三冊有關蛇類著作（Spix/Wagler 1824b）是由助理瓦格勒執筆，但他在標題頁註明使用徐畢克斯的記錄，徐畢克斯列名為出版者。這部著作中共包括四十三種蛇類，其中三十六種為新種，目前仍十八種為有效命名。瓦格勒為重要之兩棲與爬蟲類專家，建立了一系列迄今仍有效之屬名。

此系列最後一冊於翌年一八二五年出版，內容與描述鱷魚種類有關，其中包括沼澤凱曼鱷（*Melanosuchus niger*），這是南美洲最大之掠食性動物，另尚有三十四種新種蜥蜴，迄今仍有十四種為有效命名，這一系列著作之重要性，可從後來多次再版，與巴西動物學者萬佐里尼的推崇（Vanzolini, 1981）得到驗證。

魚類

根據特羅伐（Terrofal）的目錄（一九八一），徐畢克斯共採集了九十三種計一一六件魚類標本，但新的調查顯示，徐畢克斯應帶了更多魚類標本回慕尼黑[32]，他為多數種類製作了精美彩色插圖，並留下科學記錄。徐畢克斯過世後，在馬萩仕建議下，年輕的瑞士動物學者阿格西茲（Louis Agassiz）繼續研究，並因此獲得博士學位。阿格西茲於一八〇七年生於瑞士弗萊堡自治州，後來成為著名但頗具爭議的古生物學者，並移民美國，一八七三年在美國麻州劍橋過世。阿格西茲運用徐畢克斯記錄的筆記完成新種的描述，並增添部分新屬（Spix/ Agassi, 1829），這部有精美插圖的大開本作品係由馬萩仕所出版，書中有一前言，並附上一張徐畢克斯銅版肖像圖以及拉丁文的悼念文，書內除包括八十四張各種魚類彩色石版畫，尚有六張大版面的魚類解剖圖，以及先前提過的描繪印地安人補魚的七張圖版，再添加一張大家熟悉的徐畢克斯圖像（如圖二，但較大幅，酷似本人之圖像）。

可惜徐畢克斯本人所採集的許多魚類標本在第二次世界大戰時被毀，但仍有部分保存下來，因為馬萩仕將部分標本交給阿格西茲，保存在新沙特爾（Kotetelat, 1988），此外有些原先被認為已遺

32 請見「慕尼黑動物學蒐藏館」之網頁，魚類部門：www.zsm.mwn.de/ich/coll_spix.htm。

失的，後來再度發現，尚有部分標籤貼錯或被借走，以及存放慕尼黑大學當教材等，不久前甚至有被認為失蹤的模式標本再次被發現，讓魚類專家頗感欣悅。

昆蟲與其他無脊椎動物

一八二七年出版了另一冊有關貝類與蝸牛的著作（Wagler/Spix, 1827），徐畢克斯初期雖參與撰寫，但種類的描述均由華格納（Johann Andreas Wagner）完成[33]，若要精確瞭解誰訂定種名與進行描述，絕非是輕鬆之事。直到

33 華格納（Johann Andrea Wagner）一七九七年三月二十一日生於紐倫堡，一八六一年十二月十七日卒於慕尼黑，在艾爾朗根受人學教育，一八二六於當地取得博士學位，並在威茲堡從事博士後研究，一八三二年在慕尼黑邦立動物學蒐藏館擔任研究員舒伯特助理，後來擔任副研究員，一八三五年起成為巴伐利亞科學院成員。

圖八一：全世界體形最大的蠅類：米達斯蠅（*Mydas heros*）徐畢克斯採集，裴諦（Perty）所描述。

二〇〇四年才有貝類專家在科學著作中下定論（Cowie et al.2004），大部分的學名係由徐畢克斯所定，而描述主要則出自華格納之手，特徵簡述則可能亦歸徐畢克斯。

這部著作的標題頁作者除了徐畢克斯及華格納外，許朗克及馬菻仕也掛名為發行人，他們並共同撰寫前言，可見徐畢克斯的採集品大家都想掛名沾光，這種作為迄今亦未止歇。這冊的著作標題很容易誤導讀者，因為標題稱為「淡水的腹足類動物」（*Testacea fluviatilia*），書中所描述的水生與陸生蝸牛以及貝類全部約一百種，柯威（Cowie）等人認為兩位發行人許朗克與馬菻仕為植物專家，並不清楚部分所描述的為陸生蝸牛，兩人擔任發行人並非基於學術上的貢獻，而是為了行政上的績效。

從前言中可得知，徐畢克斯共設計了二十九幅石版插圖，在他過世後，某位他的兄弟將石版全數交給擔任發行人的兩人。這是他兄弟首次出現在文獻上，也很有趣的間接得知，徐畢克斯並非將所有學術資料放在科學院，他將石版插圖留置在家鄉賀悉城，莫非是不信賴同事的保管？

徐畢克斯過世後，裴諦（Josef Perty）[34]於一八三〇年至一八三四間以分成四冊方式，出版了六二二種昆蟲之描述（Perty/Spix 1830-1834, Burmeister 1983），在這本著作中，裴諦也描述了第一批南

34 裴諦（Josef Anton Maximilian Perty），一八〇四年九月十七日生於巴伐利亞歐恩鮑（Ornbau），一八八四年八月八日卒於伯恩，昆蟲專家與自然哲學家研究徐畢克斯所蒐藏之昆蟲標本，後來在伯恩任教授。

美洲的蜈蚣，因為當時蜈蚣還被視為昆蟲，從一八二二至一八三四年間的短期內共出版了九部研究徐畢克斯採集品著作（有些還分成數冊）。

很可惜的是，徐畢克斯的昆蟲採集品多年後被用於教學，因此許多都已遺失。此外，當時動物學者也不清楚這些昆蟲標本大部分為模式標本，所以很多被合併在蒐藏當中，第二次世界大戰時幾乎全數毀壞，比如「慕尼黑邦立動物學蒐藏館」內已找不到徐畢克斯所採集的蝴蝶。

徐畢克斯殫精竭慮急於發表巴西之旅的成果，但也描述不少別人已發表的種類（新增異名），部分原因固然基於求快，但也因為受到當時方法學與個人專長的限制，遇此情形時，徐畢克斯所命之學名自屬無效，但是他的描述與採集資料在學術上仍極具價值。

一八二五年徐畢克斯描述一種食蚜蠅的幼蟲（Spix, 1823e），這是許朗克在阿默湖（Ammersee）的老朽木頭中所發現的，徐畢克斯將這種很可能的新種命名為"*Scutelligera Ammerlandia*"，並認為這是某種蛞蝓。吉斯特（Gistel）早在一八三五年在訃文中即猜測此乃與食蚜蠅的食蚜蠅屬（Syrphus）的某種幼蟲有關。儘管分類學上有錯誤，但在研究報告中，徐畢克斯對形態學上的研究非常仔細，他除了對巴西探勘努力求研究成績，對本土的動物研究也抱持著進一步的興趣。

疾病與死亡

早在一八二三年八月徐畢克斯即因健康因素向科學院請假，並從八月中起，花了一個月時間前往義大利梅拉諾與威尼斯休養，但休養時間並持續不久。儘管如此，徐畢克斯仍在高度的壓力下工作，以求即早提出巴西探勘的研究成績。

一八二四年初他身體再度（或一直）不舒服，以至必需親自向國王稟報：「自從巴西返國後久病不癒，加上案牘勞形，如附件所陳證明，醫師令我赴阿亨接受硫磺浴治療，並旅行三個月以杜絕病源，為遵醫師所囑，所請擬祈求國王賜准」，徐畢克斯所附的醫師診斷寫道：「下肢腫脹，尤其肝常有隱匿性發炎，另尚有神經系統的病痛」[35]，但是這種治療無法長期有效，徐畢克斯的健康又趨惡化。

徐畢克斯因此必須請求「免除」講課的義務，我們有必要知道科學院在一八二三年再次進行改革，蒐藏研究員有義務為大學授課，瓦格勒有可能替徐畢克斯履行這項義務，因為後來當大學遷到慕尼黑時，他曾在校教授動物學。

徐畢克斯則可能於一八二五年前往阿亨（Achen）接受硫黃浴治療，然後前往荷蘭購買動物學

35 影本蒐藏於賀悉城市府檔案，亦可參Tiefenbacher（二〇〇〇）。

用品，一八二五年夏天，他的身體狀況似又轉好，因此決定在德國西南方的林禱（Lindau）休養，利用歐洲最大之地湖（Bodensee）的溫和氣候以紓解病痛。史梅樂在一八二六年五月十三日寫道：「嚮往尋找一處雖非巴西但氣候比慕尼黑溫和之處所……他最近在地湖邊的林禱購置一房產」，也就是林禱的阿爾溫特宅院（Schlösschen Alwind），徐畢克斯於一八二五年九月所購得，位在地湖高處風景優美的居所[36]。

根據笛芬巴赫爾的說法（二〇〇〇），徐畢克斯已虛弱到無力遷入，但史梅樂的日記卻記載：「去年夏天他非常高興的遷入新居與在該處生活，今年春天他開始在該處蓋新建築，他真的非常高興能很快住進阿溫特宅院…」。

徐畢克斯直到生命最後一刻仍不斷努力研究其採集品，一八二六年三月二日他死前兩個月，寫了一封信給威特王子，談到他忙於魚類分類並且希望：「倘能完成整個魚類專述，會很欣慰，……」（摘自巴特考夫斯基一九九八，第一四九頁），然而這部著作遲至徐畢克斯過世三年後才由阿格西茲完成。

[36] 有不同揣測說法，有一說所為國王所贈送，住所石版圖的背面亦如此記載，（邦立動物學蒐藏管檔案），從巴伐利亞邦立檔案，笛芬巴赫爾發現一八二五年九月十九日徐畢克斯所簽字的買賣合約（Hofrath u. Academicer v. Spix）（副本藏於賀悉城），目前阿爾溫特宅院於一八五二年建成後文藝復興樣式，目前為德國郵政局員工的休閒活動中心，請見Pfister（二〇〇三）。

一八二六年四月二八日徐畢克斯過世前兩週，參加一場為解散國王麥西米連一世私人獸苑而舉辦的動物拍賣會，徐畢克斯購買了五六隻鳥及一隻「麝香動物」（Huber, 1998）。

徐畢克斯死於一八二六年五月十三日，年僅四十五歲，死因為某種熱帶疾病，死亡登記上稱死因為粟粒熱（Friesel），今日稱之為瘧疾。據曾出任蒐藏館館長的費特考猜測，徐畢克斯可能患南美錐蟲病（Chagas），或罹患雅司病，[37]但這也僅止於猜測。他被葬於慕尼黑耆老南郊墓園（Alte Münchner Südfriedhof）（墓碑號5-I-26），原本較大之墓碑現已不存在，這是由石匠何爾瑞格（Höllriegel）利用巴伐利亞大理石材所刻成。有一段時間甚至連墓址都宣告不明，一九七〇年慕尼黑市政府豎立一塊由法蘭肯貝殼灰岩所製作的徐畢克斯紀念石碑（Huber und Huber 1993），只是上面所刻的過世日期並不正確。

原先的墓碑的碑文為拉丁文寫著：「他窮盡畢生之力研究大自然的形式與規律，對新世界地區的研究無出其右，採集熱帶令人驚嘆的造物並加以分類……，……透過他不朽之著作與巴西動物學

37 南美錐蟲病為透過刺蝽所傳染，刺蝽吸血時傳佈單細胞的錐蟲；雅司病為病菌感染，乃為一種非性病的梅毒螺旋體透過手與物品的接觸感染，目前仍散佈巴西，但可透過抗生素治療。剛發病時會出現膿瘡，如徐畢克斯所描述（見一一四頁），潛伏期經常達數年，無嚴重症狀，後期則出現神經系統受破壞症狀，如醫師的診斷（見一七四頁）；徐畢克斯與馬萩仕除了感染目前仍在巴西各地肆虐之瘧疾（可能是亞馬遜河域的間日瘧），還有寄生蟲感染、腹瀉與其他傳染病。感謝普拉斯曼醫師（Dr. Eberhard Palssmann）提供相關資訊。

博物館之落成，事蹟將永久傳世」（拉丁文全文及德譯文係於一八三九年由不知名人士所撰）。

縱使後來巴西博物館並未能成立，徐畢克斯與馬萩仕的採集品，不論動物學、植物學與民族學方面，至今仍為慕尼黑各博物館重要的奠基蒐藏，包括「慕尼黑邦立動物學蒐藏館」與邦立植物學蒐藏館與民族學博物館。

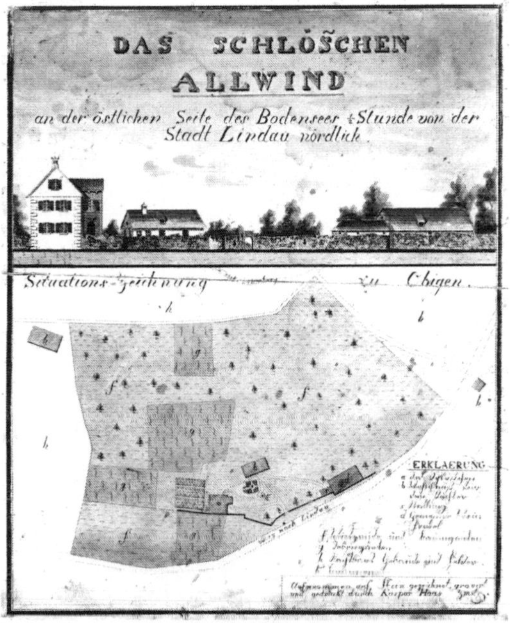

圖八二：徐畢克斯時代的阿溫特宅院（Schlösschen Allwind），當時石版畫插圖。

圖八三：二〇〇六年五月十三日徐畢克斯逝一八〇週年紀念，賀悉城的代表團前來慕尼黑在徐畢克斯墓前留影，由左至右：市長布萊恩（Gerald Brehm）、萊恩哈茲（Karl Dieter Reinartz）、胡柏（Walter Huber）、布利希教授（Roland Bulirsch）（巴伐利亞科學院秘書）、費德林（Herbert Fiederling）。

賀悉城的教區教堂至今仍保存一件價值不斐的祭器，這是根據徐畢克斯遺囑，於一八二七年所製作，如今成為這位本地傑出動物學者的紀念文物[38]，而徐畢克斯位在林禱的阿溫特宅院不久後被其繼承人又賣給原屋主古博家族。

徐畢克斯過世後，動物學蒐藏主管之職由舒伯特（Gotthilf Heinrich von Schubert）接掌，他與馬萩仕合作以達成徐畢克斯未竟之志，以繼續他未完成之研究工作，尤其是貝類、魚類及昆蟲的研究，並將成果發表；因此他間接的對巴西動物區系的動物學分類，發揮重要的持續影響作用，時至今日，在科學上受注目程度超過了他的自然哲學的著作。

[38] 在聖體匣的跟前有一段鐫刻之拉丁文：「本鄉人徐畢克斯的遺澤永傳後世」（柯依特撤教授翻譯）。

結語：傳世貢獻

本章將嘗試以現代觀點來表彰徐畢克斯的學術重要性。相較以前的學術出版品，近二十多年來對徐畢克斯的探討所投入之關注更多（比如費特考一九九四、一九九五，漢茲策勒二〇〇六），因在早期的著作中，馬萩仕過於掩蓋徐畢克斯的光芒，而今動物學者已更明瞭徐畢克斯的重要性，但對馬萩仕亦無任何貶損，他的貢獻是勿庸置疑。徐畢克斯其他貢獻也在本書中述及，值得一閱。前往巴西探勘前，徐畢克斯發表過許多深具價值的專述與動物分類學上的報告，學術上的重要性直至近年才被重新確認與受到肯定。

巴西探勘之旅具極大的挑戰性且處處存在危險，兩位科學家憑仗著運氣、毅力與靈活應變而終能履險如夷。徐畢克斯與馬萩仕為南美洲熱帶地區最重要的探勘研究者，徐畢克斯為首位深入亞馬遜河域探勘的動物學者，對這塊大陸之動物世界奠定現今重要基礎知識。徐畢克斯很快即對採集品進行研究並發表，尤其重要。所以儘管早逝，對他

圖八四：徐畢克斯獎章，由慕尼黑邦立動物學蒐藏館的「蒐藏館之友協會」頒發，目前已有十五位獲頒此獎章，其中包括一位女性伊莉莎白・辛特曼女士（Elisabeth Hintelmann）。

採集品的科學研究仍能持續下去。值得注意的為他對巴西化石與發現地的描述，他所發現的桑塔納（Santana）化石出土地，仍具舉世重要性。

徐畢克斯對巴西地理與地質的研究重要成果（Spix/Matius, 1825d）迄今較不為人知，有部分直到他過世後才有人繼續研究（Eschwege, 1832），值得一提的例如研究芬恩德荀的隕石，顯示徐畢克斯與馬萩仕兩人多方面的興趣與探察。重要的尚包括繪製「巴西全圖」（Spix/Martius, 1825e），以及旅記《巴西探勘之旅》圖輯中的地圖，洪堡德於一八二四年九月五日寫給徐畢克斯的信中特別強調期待他與馬萩仕的新地圖。

在民族學方面，徐畢克斯與馬萩仕的探勘之旅具有指標意義（Zeries 1980, Bujok, 2007），可算民族學上早期具系統性並有良好紀錄之探勘行動。比起同伴馬萩仕，徐畢克斯對印地安人更能持客觀態度面對，馬萩仕的民族學著作（一八六三）很多地方以徐畢克斯的資料為基礎，比如印地安人的語彙表中許多為徐畢克斯所紀錄，古特（Guth）認為徐畢克斯與馬萩仕對印地安人的研究已領先現代的人類學研究方法（二〇〇九）。

徐畢克斯與馬萩仕的成就在十九世紀受到重視的程度，見諸眾多的後續相關出版品與詳盡的評論中，兩人旅記所記錄文字達一三三八頁，對瞭解當時的巴西，迄今仍為最重要的資料來源，李斯波阿（Lisboa 2000, 248頁）稱，徐畢克斯與馬萩仕對自然的描述不啻「科學與詩及藝術」的結合。

徐畢克斯一手建立的系統性動物學蒐藏，為後來「慕尼黑邦立動物學蒐藏館」擴增奠基，並為分類動物學的研究方法提供前導性的貢獻，他具有巴黎學派（居維業）的自然科學研究方法與時代性的世界觀，亦即薛林的浪漫自然哲學以尋求動物學的自然系統（Heinzeller, 2006）。

徐畢克斯所採集的標本目前仍有部分保存在動物學蒐藏館，成為今日所稱之模式標本，科學上甚為重要，即使並非模式標本也甚具價值。目前「慕尼黑邦立動物學蒐藏館」為全球最重要的機構之一，擁有最龐大與最具重要性的動物學蒐藏，也是一個現代化的動物學分類研究機構。

如果徐畢克斯能活更久，會將如何？這種臆測顯然是多餘的，著名的慕尼黑動物學者奧頓（Hansjochen Autrumi）於一九八三年寫道：「徐畢克斯可能成為大學教師，同時能兼顧哲學與具體的科學研究，並在兩者間取得平衡」，柯依特徵（Kreutzer, 2002）補充稱：「薛林似乎早就認知此點，因此他大力提拔徐畢克斯」。

續篇：慕尼黑與巴西

徐畢克斯過世的同年，奧地利之利奧普婷妮公主於十二月在巴西寂寞病終，留下五位未成年的子女，因此理所當然的應有一位稱職「母親」來繼續教育他們。在經過長期、機密與困難的外交斡旋後，巴西皇帝佩鐸（Dom Pedro）與阿梅莉公主（Amélie von Leuchtenberg）的婚姻終於取得協議，阿梅莉公主[1]為拿破崙繼子貝奧內與巴伐利亞奧古斯特公主的女兒，亦即徐畢克斯的贊助者麥西米連一世國王的孫女。阿梅莉公主於一八二九年舉行過所謂的手套婚禮[2]後前往巴西，瞭解巴西的馬萩仕受邀為阿梅莉公主講授巴西國情，為她的婚姻預做準備。

佩鐸皇帝為這場盛大婚禮籌措經費四萬金盾，但新娘的母親奧古斯特公主希望婚禮為精緻的家庭式，加上政治情勢不宜，不同意舉行盛大婚禮。熱衷為雙邊關係搭橋的馬萩仕於是建議將該筆錢成立「嫁妝基金」，王室果然採納（Spreti/Seckendorff, 2008）。

---

1 阿梅莉公主全名及頭銜：Amalie或Amélie Auguste Eugénie Napoléone de Beauharnais, Prinzessin von Leuchtenberg, Herzogin von Bragabza 一八一二年七月三十一日生於米蘭，一八七三年一月二十六日卒於里斯本，一八二九年至一八三一年間為巴西皇后，丈夫過世後居住在巴伐利科伊恩湖畔（Chiemsee）之亞日艾翁（Seeon）。

2 結婚伴侶一方不能出席由代表完成之婚禮。

這筆基金稱為「巴西基金」，專供慕尼黑孤兒院運用，這所孤兒院自一八九九年起設於紐芬堡運河的東端（之前位於城內，亦即現今之佩騰寇弗街）（Pettenkopferstraße），每年共有四位過去曾為孤兒院的院童可從基金獲得五〇〇金盾的嫁妝錢，其中兩位是由王室的行政單位推選，另兩位則由抽籤決定。直到二十世紀，慕尼黑孤兒院的院童都還需學矯飾的感謝頌，歌詠巴西的施主，並在院內不同房間懸掛皇帝夫婦的肖像，以感謝他們的捐贈（Baumann, 1999）。

該基金至今仍存在，只是不再具重要性，目前用於慕尼黑女童的教育補助，靠近慕尼黑孤兒院附近的一處廣場、一條街與一間小學迄今仍以佩鐸命名，以紀念巴伐利亞與巴西這一段歷史淵源。

附錄

以徐畢克斯命名的動植物

科學家描述新種動植物時有權利及義務為新種命名，科學家可以在命名規則的範圍內，按自己期望取名，從林內開始即常以特殊貢獻的同仁命名，或為獎掖科學研究之人士而命名，許多物種名稱以徐畢克斯命名，即因其他動物學者及植物學者肯定他的科學貢獻。

以徐畢克斯命名的物種，本書因刪除已無效與不經常使用學名，所以彙集名單並不完整，但足以彰顯徐畢克斯對動物學的重要性。拉丁文學名後面都附有最初描述新種的作者名，以及發表的年份，如果作者名及年份用括符框住，表示現在分類的屬名已與最初描述者的命名不同，本章亦盡可能列出必要德文名稱，但有很多種只能舉出學名。

鳥類

徐畢克斯金剛鸚鵡（Spix-Ara, *Cyanopsitta spixii* WAGLER, 1832），徐畢克斯金剛鸚鵡為一種體型較

小，具藍色金屬光澤的鸚鵡，由徐畢克斯所發現。剛開始他稱之為*Ara hyacinthus*，但因為這個名字已被使用，所以已無效。瓦格勒在一八三二年將此種鸚鵡以徐畢克斯之名命為種名[1]，徐畢克斯在他書中（一八二四）曾提到這種鸚鵡極為稀少，但總是結群活動，出沒在三藩西斯科河一帶，鳴聲微弱。

自徐畢克斯之後，徐畢克斯金剛鸚鵡數十年未被再發現過，直到一九〇三年才有數隻被奧地利鳥類學家萊瑟爾（Otmar Reiser）觀察到。後來這種鸚鵡被鸚鵡「愛好者」在巴伊亞州的卡欽卡的野外捕獲，以高價賣到黑市，儘管本種自一九七九年起受到嚴格保護，但一九八〇年代初大家已憂心恐已滅絕，直到一九八五年在巴伊亞州北部再度被發現五隻，一九八七年本種在野外最後之一對幼雛被人從育幼洞穴中盜走，用假證明走私到瑞士，到了一九八八年最後五隻野生鸚鵡也消失了，顯然全淪為毫無良知的捕鳥人的犧牲品，一九九〇年有一隻落單的雄鸚鵡被發現，但這隻最後的野生徐畢克斯金剛鸚鵡與一隻雌性藍翅金剛鸚鵡（Marakanã）配對，當然無法再繁殖下一代，另一隻野放的雌鸚鵡則還來不及配對，即不幸因碰觸電纜線身亡，最後這一隻無伴侶的野生鸚鵡死於一九九九年（Juniper, 2002, Albus, 2003）。

[1] 學名*Ara hyacinthus*已在一七九〇年被藍翰（Lanham）用於命名另一種藍色鸚鵡，徐畢克斯顯然並不知情，因此犯兩次錯誤，第一次為他使用既有名稱來稱呼本種，後來才由瓦格勒於一八三二年以他名字為此新種命名，其次他將藍翰已命名的種類用其贊助者麥西米連國王之名命名為新種*maximiliani*，本種正確種名為*hyacinthus*，詳見Hellmayer（一九〇六），Juniper（二〇〇二），Albus（二〇〇五）。

徐畢克斯金剛鸚鵡因此成為自然與物種保護的象徵動物，牠們的自然生活環境在巴西東北部之卡欽卡的乾燥區的森林，需要金黃號角樹（*Tabebuia aurea*）來哺育幼雛。

但仍有若干隻徐畢克斯金剛鸚鵡被人工飼養，最知名與最規模的人工飼養殖鸚鵡群在西班牙的特奈瑞費島的「鸚鵡公園」（Loro Park），以及在卡達的「阿爾瓦布拉野生動物保護中心」（Al Wabra Wildlife Preservation Center《WWPC》）（請見圖八五、八六），德國的「保存瀕臨絕種鸚鵡協會」（ACTP）自二〇〇九年開始亦開始飼養這種鸚鵡，二〇一一年三月又傳出養殖成功的消息，目前全世界共有五個授權機構養殖徐畢克斯金剛鸚鵡，總數共達七三隻（二〇〇〇年八月狀況請見Reinschmidt, 2010）。飼養單位互換鸚鵡，以保持基因多樣性，大家均共懷一願景，即有朝一日能野放鸚鵡，讓牠們回到卡欽卡的棲地。

徐畢克斯針尾雀*Synallaxis spixi*（SCLATER, 1856）– der Spixschlüpfer，英文名稱為Spix's Spinetail，屬於鶲鷚科

圖八五：在卡達「阿爾瓦布拉野生動物保護中心」的未成年徐畢克斯金剛鸚鵡。

圖八六：在卡達的徐畢克斯金剛鸚鵡，成年鸚鵡群。

（Troglotytidae）的小型鳥類。

徐畢克斯鳳冠雉*Ortalis spixi*（HELLMAYER, 1906），一種鳳冠雉，種名現今已被視為異名，亦即為命名規則上無效名稱。

徐畢克斯鋸嘴蜂鳥*Gryphus spixi* Gould，英文名稱為Spix's Saw-bill，這是一種棕色的蜂鳥，屬於蜂鳥科（Trochilidae），古德在他知名的圖版中曾介紹這種蜂鳥。

徐畢克斯白翅比卡雀*Pacyramphus polychoterus spixii*（SWAINSON, 1838），這是一種變異性極大的鳥類，一共有八個亞種，其種一種以徐畢克斯命名，這種鳥英文名稱為White-winged Becard，德文也有人稱之為Weißbindenbekarde，屬於蒂泰雀科（Tityridae），只分布在南美洲低地。

徐畢克斯砍林鳥*Xiphorhynchus spixii*（LESSON, 1830），英文名稱為Spix's Woodcreeper，這是一種只分布在南美森林區的鳥類，屬於砍林鳥（Dendrocolaptinae）亞科。

徐畢克斯白腹灰尾雞*Nothura spixi*（MIRANDA-RIBEIRO, 1938），德文名稱為Weißbauch-Steißhuhn，目前有效學名為*Nothura boraquira*（SPIX, 1825），這種原先已被徐畢克斯所發現的鳥，生活在隱蔽的森林中，樣子頗像珠雞，不善飛翔也很少飛，親緣關係上與雞非近親而與走禽較近。

哺乳類

徐畢克斯夜猴*Aotus spixi*（PUCHERAN, 1857），德文名稱為Spix' Nachtaffe，英文名稱為Spix's Owl

Monkey，這是一種分布在中、南美洲的夜猴，其他以徐畢克斯命名的異名尚有*Nyctipithecus spixi, Aotus trivirgatus spixi, Aotus vociferans* 以及*Nyctipithecus vociferans*。一如名稱，這種猴子在夜間活動，擁有一對大眼，大多數時間都停留樹上，睡眠時會回到樹洞內或隱身枝葉茂密處，通常二至五隻組成小團體一起生活，並一雄一雌配對，居住區域固定，主要食物為果實，但也吃昆蟲及樹葉。

徐畢克斯狨*Oedipomidas spixi*（REICHENBACH, 1862）一種狨科（Callitrichidae）猴子，狨為晝行性小型猴類，大部分時間均逗留樹上，只偶而到地面，主要以昆蟲及果實為食。

徐畢克斯檉柳猴*Midas spixi*（ELLIOT, 1913）一種檉柳猴屬的猴種，屬狨科，本種目前學名為棉冠獠狨（*Saguinus*（*Oedipomidas*）*geoffroyi*），原學名已不再有效。

徐畢克斯黃齒豚鼠*Galea spixii*（WAGLER, 1831），英文名稱為Spix's Yellow-toothed Cavy，屬囓齒類動物，這種動物為夜行性，出沒在巴西及巴拉圭的草地與岩石地區，徐畢克斯所採集的標本，迄今仍保存於「慕尼

圖八七：黃齒豚鼠，巴西藝術家萊特女士（Angela Leite）二〇〇七年的木雕作品。

黑邦立動物學博物館」。

爬蟲類與兩棲類

亞馬遜珊瑚蛇*Micrurus spixii*（WAGLER, 1824），正模標本保存於「慕尼黑邦立動物學蒐藏館」，這是銀環蛇的一種，並有數種亞種，比如有*M. s. spixii*及*M. s. martiusi*，珊瑚蛇屬（*Micrurus*）為最具危險性的毒蛇，分布在北、中、南美，一共有六十五種，具有很明顯的橫向環狀斑紋，本種之種名及屬名均由徐畢克斯的助理瓦格勒於一八二四年發表，學名至今有效。

徐畢克斯桑卡納翼龍*Santanadactylus spixi*（WELLNHOFER, 1958），下白堊紀的一種翼龍，徐畢克斯為桑塔那地質構造的發現者，這是世界上重要的化石發現地，所發現化石均為白堊紀早期，特別是在當地發現甚多保持完好的魚化石及許多不同的翼手龍化石。

徐畢克斯澤龜*Acanthochelys spixi*（DUMÉRIL/BIBRON, 1835），=*Platemys radiolata spixi*, PERACCA, 1895=*Emys depressa* Spix, 1825，僅最前面的學名有效），為一種沼澤龜，屬於側頸龜亞目，分布在巴西、烏拉圭及阿根廷流速緩的溪流中，本種為徐畢克斯發現及描述，但他所命的學名卻無效（異物同名），必須後來再更改。

徐畢克斯遊蛇*Chironius carinatus spixi*（HALLOWELL, 1945），這是一種無毒蛇類，屬遊蛇科的一種，此處學名為亞種名。

徐畢克斯箭蛙*Leptodactylus spixi*（HEYER, 1983），為一種箭蛙（細趾蟾科，Leptodactylidae），只分布於巴西，主要以蝗蟲為食，徐畢克斯於一八二四年將之命名為*Rana mystacea*，後來才改成他的名字，徐畢克斯所命名物種，許多在多年後才經專家解讀，這些物種往往因各種原因（比如異物同名，請見詞彙表）而需改名。

徐畢克斯蚓蜥*Amphisbaena spixi*（SCHMIDT, 1936）（亦可見詞彙表蚓蜥項下）。

徐畢克斯蟾蜍*Bufo spixi*（FITZINGER, 1826）＝*Bufo margaritifer*（LAURENTI, 1768）。

魚類

滿月魚*Selene spixii*（CASTELAU, 1855），一種分布在巴西海岸區的魚，屬於鰺科（Carangidae）

徐畢克斯十字鯰*Cathorops spixii*（AGASSIZ, 1829），一種淡水鯰魚，屬於海鯰科（Ariidae），為阿格西茲從史畢克斯的採集標本命名，英文稱之為Madamango sea Catfisch。

徐畢克斯蜥魚*Saurus spixianus*（POEY, 1860），一種分布在美國至巴西海岸的魚類，英文名為inshore lizardsfisch（多鱗狗母魚），屬於合齒科（Synodontidae），目前有效學名為*Synodus foetens*（L., 1766）。

凹尾鯨鯰*Cetopsis spixii*（SWAINSON, 1893），一種鯨鯰（Cetopsidae），分布在巴西的河流中，有效學名為*Cetopsis candiru*（SPIX/ AGASSITZ, 1829），這表示徐畢克斯為本種魚的發現者，這種魚

的種名為*candiru*（寄生鯰），常與此命名相同的寄生鯰混淆，寄生鯰會侵入在水便溺人的尿道，造成疼痛，有報導稱寄生鯰會寄生在凹尾鯨鯰體內。

徐畢克斯真甲鯰*Loricaria spixii*（STEINDACHNER, 1881）一種分布在亞馬遜盆地的淡水魚，屬於骨甲鯰科（Loricariidae），目前的有效名為*Loricariichthys castaneus*（CASTELNAU, 1855）。

徐畢克斯脂鯉*Characinus spixii*（SWAINSON, 1893）屬脂鯉科（Characinidae），以及徐畢克斯白鯧*Ephippus spixii*（STEINDACHNER, 1839）屬白鯧科（Ephippidae），徐畢克斯於一八二九年所描述知兩種淡水魚，但模式標本已不復存在。

無齒低眼鯰*Hypophthalmus spixi*（VALENCIENES, 1840）屬於長鬚鯰科（Pimelodidae），分布在亞馬遜河及歐里諾科河等半濁色的河流中（Weißwasserflüssen），徐畢克斯早已發現，這種魚目前已成為水族箱的觀賞魚，目前有效學名為*Hypophthalmus edentatus*（SPIX/AGASSIZ, 1829）。

加勒比月魚*Platysomus spixii*（SWAINSON, 1839）屬於鰺科（Carangidae），徐畢克斯早已發現，目前有效學名為*Selene brownii*（Spix/AGASSIZ, 1829）。

蝸牛與貝殼

斑馬紋蘋果螺*Asolene spixi*（D'ORBIGNY, 1837），屬蘋果螺科（Ampullariidae），英文名稱為Spixi sanails，具有漂亮條紋的淡水螺，常被養在水族箱中觀賞，可活二至四年，分布在巴西東南部之河流、湖泊以及運河中。

徐氏塔拉美利拉角菊石*Taramelliceras spixi*（OPPEL, 1866），塔拉美利拉角菊石亞科Taramelliceratinae, Ammonitina。

徐畢克斯大蝸牛*Helix spixiana*（PFEIFFER, 1841），一種陸生蝸牛，只分布在巴西，命名者懷弗（Pfeiffer）以徐畢克斯為種名，但卻未察覺本種已被命名為*Solarium candidum*，後來本種又被劃歸另一屬，目前有效學名為釉亮扭蝸牛*Streptaxis candida*（Spix, 1827）。

徐畢克斯露齒蝸牛*Odontostomus spixii*（D'ORBINGY, 1835）屬於有齒蝸牛科（Odontostomidae），一種陸生蝸牛

徐氏陶瑪圖斯蝸牛*Thaumastus spixii*（WAGNER, 1827），徐畢克斯在巴西所採集（屬於Bulimidae）。

徐氏圓齒蝸牛*Cyclodontina spixii*（D'ORBIGNY, 1835），屬於有齒蝸牛科（Odontostomidae），為一種熱帶雨林的陸生蝸牛。

徐畢克斯扭蝸牛*Rectartemon spixianus*（PFEIFFER, 1841），一種南美肉食性陸生蝸牛，屬於扭蝸牛科（Streptaxidae）。

Spixia spixii，請見屬名項下。

徐氏黑田螺*Melania spixiana*（LEA, 1838），一種淡水貝類（蟹守螺總科Cerithioidea，川蜷科Pleuroceridae），有效學名為鎧石川蜷螺*Lithasia armigera*（Say, 1821）。

徐氏南美蚌*Anodontites spixi*（D'ORBIGNY,1835），一種淡水貝類，屬於南美蚌科（Mycetopodidae）。

昆蟲

徐畢克斯淡鱗鍬螂*Casigenetus spixi*（PERY, 1830）一種鍬形蟲（Lucanidae），Perty命名為*Chalsomom spixii*，只分布在巴西，本屬另外一種*Castigenetus humboldti*係以洪堡德命名。

徐畢克斯亮背象鼻蟲*Lamprocyphus spixi*（BRULLÉ, 1837）鞘翅目，象鼻蟲科，徐畢克斯與馬萩仕從巴西帶回的一種象鼻蟲（譯註：學名Lampro意思為光亮的，cyphus為希臘文Kyphos意思為駝背）。

徐畢克斯亮麗虎甲蟲*Tetracha spixi*（BRULLÉ, 1837）一種具藍綠色金屬光澤的虎甲蟲（鞘翅目，虎甲蟲科），出沒在河岸（見圖八八），本屬還有另外一種以馬萩仕命名*Tetracha martii*（Perty.1890）。

徐畢克斯虎天牛*Megacyllene spixii*（LAPORTE/GORY, 1835），屬鞘翅目天牛科，一種南美天牛種類，暗色並具有黃色斑紋。

徐畢克斯搖蚊*Caladomyia spixi* SÄWEDAL, 1981，屬於搖蚊科（Chironomidae），本種為一位瑞典昆蟲專家根據亞馬遜河域所採集的標本加以描述命名，幼蟲多半在河邊淺灘地區發現，因地方周期性的泛濫所形成，模式標本保存於「慕尼黑邦立動物學博物館」。

徐畢克斯纓蚊*Sabethes spixi*（CEQUEEIRA, 1961），屬於雙翅目蚊科（Culicidae），分布在亞馬遜河域。

徐畢克斯蟻蜂*Mutilla spixi*（DILLER, 1990），一種蟻蜂（屬於膜翅目蟻蜂科），膜翅標本存於「慕尼黑邦立動物學博物館」。

徐氏善啼婆弄蝶*Sarbia xanthippe spixi*（PLÖTZ, 1879），屬鱗翅目弄蝶科，一種巴西的花弄蝶，（譯註：善啼婆xanthippe為蘇格拉底伶牙利齒及嘮叨妻子的名字）。

屬名

分類上屬名自比種名要少很多，但值得注意仍有不少以徐畢克斯命名的屬名，在動物學上一種屬名只能使用一次。

Spixia（PILSBRY/VANATTA, 1898）為陸生蝸牛的屬名，（陸生蝸牛＝Pulmonaten），只分布於南美洲，本屬一共有二十三種，巴西有下列幾種：*Spixia hilaiirii, Spixa paraguayana*以及*Spixia striata*，最後一種為徐畢克斯於一八二七年所描述

圖八八：徐畢克斯亮麗虎甲蟲（*Tetracha spixii*），所採集的標本置於掌上。

圖八九：*Ocotea spxiana*，一種樟科樹木。

之新種，但後來屬名被改為Spixia，有趣的是*Spixia spixii*還有一亞種，稱為*Spixia spixii spixi*，在種名後再加一徐畢克斯名字，其他以徐畢克斯命名的屬尚有：

Spixomya（屬雙翅目寄生蠅科Trachinidae），為*Exorista*屬的有效亞屬名。

Spixosoma（屬雙翅目厚首蠅科Conopidae），此屬名已不再有效，因有人更早發表。

Spiximorpha（屬雙翅目，食蚜蠅科Syrphidae），據猜測最早之命名可能寫成*Sphiximorpha*，再經修正，目前該學名已無效。

Spixoconcha（Mycetopodidae，淡水貝類）

Spixostoma（魚類，魣脂鯉Hechtsamler）

徐畢克斯所命名的動物目前英文及德文普通名使用其名字者

三色吸盤蝙蝠（*Thyroptera tricolor* Spix, 1823）（英文名稱：Spix’s disk winged bat「徐畢克斯盤翅蝠」），德文稱之為Amerikanische Haftscheibenfledermaus「美洲吸盤蝙蝠」），這是一種背部紅棕色的小型蝙蝠，腹面幾為白色，耳多為黑色，這種蝙蝠的腳踝與指根處長有吸盤，能緊附在光滑的表面（比如葉子的背面）。

徐畢克斯夜猴Spix-Nachtaffe（*Aotus vociferans* Spix, 1823），這種徐畢克斯所發現的小型夜猴有人的棕色眼睛，與淡色的眼圈，牠們以一夫一妻的小家庭團體群居在樹上，分布在亞馬遜盆地的西部。

雅克夸庫鳳冠雉Spix- Guan（*Penelope jacquacu* Spix, 1825），屬於鳳冠雉科，雅克夸庫鳳冠雉為鳳冠雉中少數棲息在樹上的種類，而非生活在地面，主要以植物種子為食（比如棕櫚樹的種子），以及鬆軟的水果。

徐畢克斯鞭尾蜥Spix's Whiptail（*Cnemidophorus ocellifer* Spix, 1825），為一種奔蜥，屬於奔蜥（Teiidae）科，這種蜥蜴出沒於巴西乾燥疏林區（Cerrado）的沙質地，主要以白蟻及蜘蛛、蝗蟲與昆蟲幼蟲為食。

植物

有許多植物種類也以徐畢克斯命名，部分為馬萩仕所命名，值得注意的是尚許多其他植物專家也以徐畢克斯名字命名新種，以表彰其貢獻，底下的以徐畢克斯命名植物種類，僅列名稱與所屬分類科別。

Aberemoa spixiana R.E. Fr.（番荔枝科，木蘭目，Annonaceae, Magnoliales）

Bonistera spixiana MART. EX A. JUSS（黃褥花科，豆目，Malphigiaceae, Polygalales）

Cacalia spixiana MART.ex DC）KUNTZE（菊科，Asteraceae）

Calyptromyrgvcia spixiana O. BERG（桃金孃科，Myrtaceae）

Ceradenia spixiana（C. MART. EX METT.）L. E. B（禾葉蕨科，Grammitidaceae，水龍骨目

Polypodiales）

Dyguetia spixiana MART（番荔枝科，木蘭目，Annonaceae, Magnoliales）

Dupatia spixiana KUNTZE（穀精草科，Eriocaulaceae，禾草目，Poales）

Eriocaulon spixianum SEUD（穀精草科，Eriocaulaceae，禾草目，Poales）

Geonoma spixiana MART（棕櫚科，Areaceae，棕櫚目，Areales）

Lepidaploa spixiana（MART. EX DC. H. ROB）（菊科，Asteraceae）

Mimosa spixiana（含羞草，豆科，Leguminosae）

Myrcia spixiana DC.（桃金孃科，Myrtaceae）

Octea spixiana（NEES）Mez.，這是一種開美麗花朵的樟科植物，與肉桂樹為近親（見圖八九）。

Oreodaphne spixiana NESS（樟科，Lauraceae）

Paepalanthus spixianus MART.（穀精草科，Eriocaulaceae，禾草目，Poales）

Peschiera spixiana MIEERS（夾竹桃科，Apocyanaceae，龍膽目，Gentianales）

Phaseolus spixianum BENTH（豆科，Fabaceae）

植物方面許朗克於一八二一年將菊科的一個屬，以徐畢克斯之名命名為*Spixa*，同一年雷安朵用相同名稱命名大戟科（Euphorbiaceae）的一個屬，只有早期植物學所發表的兩個相同屬名能同時有效，（目前另一個已成為異物同名），雖然我們不清楚，何者屬於異物同名，但可知兩位植物專家均為紀念年徐畢克斯而以他名字命名新屬。

字彙

徐畢克斯對使用不同的歐洲動物名稱來形容類似的巴西動物種類，比如歐亞紅松鼠（Eichhörnchen）、狐狸（Fuchs）、西方狍（Reh）及狼（Wolf）等。

Adonis：俊男小灰蝶（*Lycaena adonis*）：小灰蝶科蝶類（Lycaenidae）。

Gouti：刺豚鼠，Aguti：一種新世界的齧齒動物具有細長的身體與瘦長的腿，分布於中、南美洲。

Ameisenfresser：大食蟻獸，*Myrmecophaga tridactyla*：一種屬貧齒目的哺乳類動物。

Anus：圭拉布穀鳥，Guirakuckuck（*Guira guira*）：屬於杜鵑科的鳥類（Cuculidae），這種過群體生活鳥類，會使用共同巢穴育幼，無如歐洲布穀鳥寄主他人鳥巢育幼情形。

Arieiro：馱驢隊的領班。

Arroba：西班牙及葡萄牙的計重單位，約等於一四・七公斤。

Barbudos：美洲鬚鴷鳥，屬於鬚鴷科（Capitonidae）：與巨嘴鳥為近親。

Bisamschwein：西猯豬（Pecari）.

Caatinga：卡欽卡為巴西都東北部乾燥林區，面積約德國兩倍（譯註：約為臺灣二十倍），卡欽卡來自印地安語，意思為枯乾的森林或白色的森林，卡欽卡的植物因經常性乾旱，經常以白色的灌木為為主。

Câoha：笑隼，*Herpetotheres cachinnans*：主要以蛇類為主食。

Campo：平坦地。

Capataz：工頭。

Capueira：巴西齒鶉，或稱為斑翅木鶴鶉（*Odontophorus capueira*）。

Capitâo môr：指揮官，村落長老。

Capybara：水豚*Hydrochoerus hydrocaeris*（L.）：南美洲最大的囓齒動物，與天竺鼠為近親。

Cattun：印花布。

Cobra de duas cabegas：葡萄文，意思為雙頭眼鏡蛇：一種無毒蚓螈（*Siphonops annulatus*），遇危險食會分泌一種噁心的液體，但無危險性，屬於無足目的盲螈。主要生活在地裏，夜間活動。

Doppelschleiche：蚓蜥，類似蚯蚓般的蠕行蜥蜴。以前被是為蜥蜴，現在則規類為獨立的亞目。

Eichhörnchen：巴西有不同的松鼠（松鼠科Sciuridae），但無歐洲的歐亞紅松鼠（Eichhörnchen, *Sciurus vulgaris*）。

Eurilochus：貓頭鷹蝶（*Caligo eurilochus*）：為蛺蝶科大翅環蝶族的大型蝶類，底色為米色或棕色，後翅具一大眼狀紋。

Equipage：馱運隊的總稱，包括馱獸，打包物品與人員（僕役及奴隸）。

Fazenda：農舍，房產。

Feronia：魔音森蛺蝶*Hamadryas feronia*，屬於蛺蝶科，飛翔時會發出刺耳或折裂的聲音，翅膀的背面斑紋似樹皮，腹面出現彩黑色斑紋。

Fieber：徐華克斯的時代尚無法測量人體溫度，發燒一詞係指生病的狀態，尤其伴隨心跳加速的症狀，冷熱症（Kaltes Fieber）則指風寒所引起之病症，肺結核或瘧疾的早期症狀，如身體打顫，被稱為是冷熱症。

Fuchs：可能是指短耳狐，*Atelocynus microtis*：一種南美洲犬科動物，具有細長敏捷的身體，分布在亞馬遜盆地，具獨行習性

Hesperiden：弄蝶科蝶類（Hesperiidae）。

Heulaffe：棕吼猴（*Alouatta guariba*）。

Hoccos：鳳冠雉：雞形目的一科，約有五十種，分布在中南美洲，生性隱蔽但叫聲響也獨特。

Homonym：異物同名（生物學名詞）：如有兩種或兩屬的種類用同樣名稱，必需改名，否則無效。

Idea：大白斑蝶，屬蛺蝶科（Nymphalidae）。

Jaciis：黑額鳴冠雉（*Pipile jacutinga*），為鳳冠雉的近親，徐畢克斯一八二五年所命名的新種。

Jabiru：裸頸鸛（*Jabiru mycteria*），群居在河邊或池塘。

João de Barros：灶鳥科鳥類（Furnariidae）。

Kaltes Fieber：請見Fieber。

Klettervogel：可能是擬黃鸝科鳥類（Icteridae）

Laertes：萊氏閃蝶（*Morpho laertes*），Schmetterling：閃蝶多半具有金屬綠或金屬藍色光澤，屬於蛺蝶科蝶類。

Lagoa：瀉湖，池塘。

Legoa：葡萄牙及巴西就的度量單位，約六．六公里。

Lingoa geral：土僻斯族的語言，經傳教士整理過後，作為歐洲人與印地安人溝通的工具。

Loffelgans：玫瑰琵鷺（*Ajaja ajaja*）；一種屬朱鷺亞科（Ibisse）的涉水禽類。

Lugar：地方名稱。

Macuc：灰尾雞（*Tinamus solitarius*）。

Mahnenwolf：鬃狼（*Chrysocyon brachyurus*）；一種獨居的狐狸，具長腿，以側對步行走（譯註：某些四足動物行走時身體一側的兩腿同時向前的步態），以昆蟲與果實為食。

Mandiocca：木薯（*Manihot esculenta*）：具厚大塊根的農作物，遠在哥倫布之前已被美洲原住民當食用植物，目前廣泛分布在熱帶地區。木薯屬於大戟科，生食有毒，傳統上食用時要切成小塊，榨汁後再用火烤炙。

Maracana：藍翅金剛鸚鵡（紅背金剛鸚鵡）（*Primolius maracana*）：分布巴西南部熱帶及亞熱帶森林，居住在河岸或半乾燥地帶。

Mazama：墨西哥鹿，屬於鹿科（Cervidae），生活在森林中，數量眾多分布很廣的紅墨西哥鹿（*Mazama americana*）。

Menelaus：墨涅拉俄斯閃蝶（*Morpho menelaus*）大型具藍色金屬光澤蛺蝶科蝶類。

Moco：（= Moko），岩豚鼠（*Kerodon rupestris*）。

Nestor：蝴蝶。

Nomenklatur：命名法，種類及高層分類之命名。

Onze：美洲豹（*Felis onza*），今日之學名為（*Panthera onca*），徐畢克斯與馬萩仕也用此名稱，指稱美洲獅與其他具危險性貓科動物。

Paiica：一種毒煙藥物，許多美洲印地安人部族傳布甚廣的吸鼻煙習俗。

Pecari：西貒豬，與豬類似，但自成一科，分布在中美及南美洲，典型的森林動物。

Periquiten：虎皮鸚鵡，屬於鸚鵡科（Psittacidae）。

Pipren：朱儒鳥（Pipridae）：雀鳥中種類眾多的一科，主要以昆蟲為食，交尾行為引人注意，又，稱為舞蹈雀。

Pirarana：紅尾護頭鱨（*Phractocephalus hemioliopterus*）：亞馬遜河及奧瑞諾科河的的大魚。

Pirole：黃腰酋長鳥或擬黃鸝科鳥類，Stirnvogel oder Starlingsvogel（Icteridae）：因為這類鳥有些具有黃黑色斑紋，與歐洲金黃鸝（Pirole）類似。

Reh：可能是西方狍。

Reis：雷亞爾；巴西的貨幣名稱。

Schwarzes Wasser：富含電解質、養分缺氧的河水，顏色像咖啡一般，係溶解的腐植土酸所造成。

Sertão：巴西內陸的半沙漠地帶。

Siriema：叫鶴（德文名稱為Seriema）主要棲息在地面，屬叫鶴科（Cariamidae），只有二種，分布巴西的為紅足叫鶴（*Cariama cristata*）。

Systematik：分類學。

Tangaren：種類與樣式繁多的雀形目鳥類，多數種類生活在南美洲熱帶地區，多半具美麗色彩。

Taxonomie：為分類學，Systematik的同義詞；生物分類的方法與理論（此處特別指動物），為將物種按階層分成群組的基礎，多個種組成一個屬，數個屬組成一個科等，自達爾文以降，物種的源始為分類學的基礎，但在林內及徐畢克斯的時代，重點仍在尋找上帝造物計畫。

Tropeiros：驢夫

Topfervogel：灶巢鳥（Funariidae）會築泥巢，徐畢克斯曾提過的黑啄灶巢鳥，僅分布在巴西（*Furnarius figulus*）。

Typusexemplar, Typen：模式標本，用於描述某種新種或亞種的動植物標本，徐畢克斯時代指定模式標本尚不普遍，目前已有嚴謹規則，徐畢克斯描述所使用的種類，後來被補登為模式標本，所謂的選模標本（sogenannte Lectotypen）。

Uraponga：裸喉鐘雀：一種鐘鳥屬（*Procnias*）傘鳥科（Cotingidae）鳥類。

Vielfras：狐鼬（*Eira barbara*）：分布中南美洲的鼬。

Villa：村落、聚落。

Wolf：鬃狼。

Zigeunerhuhn：吉普賽雞又稱麝雉（*Opisthocomus hoazin*）：一種原始的獨特鳥類，不善飛行，雛鳥的翅膀上有爪子，消化系統有類似反芻的機制，臉上有彩斑，只在河邊及湖灘活動，與雞形目動物無近親關係。

歷史回顧

徐畢克斯生平與大事年表

一七八一年九月二日	出生於埃西河畔之賀悉城	一七八二－一七九九年	法國大革命
一七九五－一八〇〇年	就讀於邦柏格的「奧福賽斯書院」（Aufseesianum）	一七九九	約瑟夫（Max Joseph aus Zweibrücken）成為巴伐利亞選帝侯
一七九九－一八〇四年	洪堡德（Alexander von Humboldt）與波恩布朗特（Aomé Bonpland）前往南美洲探勘	一八〇〇年	取得哲學博士學位
一八〇〇年	第二次反法國聯盟戰爭	一八〇三年	終止攻讀神學，轉而研習醫學
一八〇三年	教會世俗化	一八〇四年	拿破崙稱帝
一八〇五年	威茲堡成為獨立公國	一八〇五年十二月二日	奧斯特立茲戰役，拿破崙擊敗奧地利及俄羅斯
一八〇六年	巴伐利亞成為王國	一八〇七年	取得醫學博士學位

一八〇七年	巴伐利亞取消拷打刑罰	一八〇八－一八一〇年	前往巴黎研習並遊歷法國及義大利
一八〇八年	葡萄牙王室因拿破崙入侵，遷往巴西，政治上實施開放政策	一八一〇年十月三十一日	被任命為科學院助理研究員
一八一〇年十月十七日	路德維希王儲與泰瑞莎公主結婚（首次的「啤酒節」）	一八一一年四月二十四日	成為動物及動物解剖學蒐藏研究員
一八一三年四月二十九日	成為科學院常任研究員	一八一三年十月十八日	簽訂里德條約，巴伐利亞加入反拿破崙陣營
一八一三年十月十六日－十八日	對抗拿破崙之萊比錫戰役	一八一五年	巴伐利亞開始規劃巴西探勘
一八一五年	巴西成為王國	一八一四年九月至一八一五年六月	維也納會議

一八一五年十一月二十二日	路德維希任命柯連徹（Leo von Klenze）為建築師	一八一六年	「無夏日年」（印尼覃柏拉火山爆發，全球氣候異常）
一八一六/一八一七	巴伐利亞饑荒	一八一七年二月六日	從慕尼黑起程前往巴西
一八一七年七月十四日	抵達里約熱內盧	一八一七年	巴西佩鐸國王與奧地利公主利奧菩婷妮結婚
一八一七年十二月九日	離開里約熱內盧	一八一八年	巴伐利亞頒佈首部憲法
一八一九年二月十八日	抵達巴伊亞	一八一九年八月二十一日	離開貝稜開始探勘亞馬遜河域
一八二〇年六月十三日	返程，從貝稜返回歐洲	一八二〇年十二月十日	抵達慕尼黑
一八二二	巴西獨立，佩鐸登基為皇帝	一八二三年	巴西探勘之旅第一冊出版
一八二六年五月十三日	在慕尼黑過世	一八二六年十二月十一日	巴西第一位皇后利奧菩婷妮過世

一八二八年	巴西探勘之旅第二冊出版	一八二九年	巴伐利亞國王麥西米連一世孫女阿梅莉公主與佩鐸皇帝結婚
一八三一年	巴西探勘之旅第三冊出版	一八三一年	達爾文搭乘小獵犬號航行全球，旅程中的觀察為後來天擇理論奠基，日後更發展生物演化理論。

文獻目錄

一、徐畢克斯自撰之文稿

（包括過世後出版的文獻，以及在雜誌發表的信函，部分並附帶註解）

Spix, Johann Baptist (1809): Memoire pour servir à l'histoire de l'asterie rouge, *asterias rubens*, Linn.; de l'actinie coriacée, *actinia coriacea*, Cuv.; et de l'alcyon exos., Annales Musée d'Histoire Naturelle, Band 13, S. 438–459.

Spix, Johann Baptist (1811): Geschichte und Beurtheilung aller Systeme in der Zoologie nach ihrer Entwicklungsfolge von Aristoteles bis auf die gegenwartige Zeit, Nurnberg 1811, S. 710ff.

Spix, Johann Baptist (1814a): Darstellung des gesammten inneren Körperbaues des gemeinen Blutigels (*Hirudo medicinalis* Linné), Denkschrift der Königlichen Akademie der Wissenschaften, München 1813 [4], S. 183–224, Tafel 6–7.

Spix, Johann Baptist (1814b): Abhandlung über die Affen der alten und der neuen Welt im Allgemeinen, insbesondere über den schwarzen Heulaffen (*Simia Belzebul* Linne) und über den Moloch (*Simia Moloch* Hofmannsegg) nebst den Abbildungen der bei den Letzten (Tab. XVII, XVIII), und einem Verzeichnis aller bis jetzt bekannten Affenarten, Denkschrift der Königlichen Akademie der Wissenschaft, München, S. 321–342.

Spix, Johann Baptist (1815): Cephalogenesis sive Capitis Ossei Structura, Formatio et Significatio per omnes Animalium Classes, Familias, Genera ac Aetates digesta, atque Tabulis illustrata, Legesque simul Psychologiae, Cranioscopiae ac Physiognomiae inde derivatae, München, S. 1 und S. 72ff.

Spix, Johann Baptist / Martius, Carl Friedrich Philipp (1817–1820): Berichte und Briefe aus Brasilien in Fortsetzungen, in:》EOS. Zeitschrift aus Baiern, zur Erheiterung und Belehrun》 g. [Zu《EOS》siehe Abschnitt 2 des Literaturverzeichnisses.]

Spix, Johann Baptist / Martius, Carl Friedrich Philipp (1818):Bayerische Naturforscher in Basilien, in:》Isis oder Encyclopadische Zeitung《herausgegeben von Lorenz Oken, Band 12, 1818, Sp. 2111–2121. [Aus《EOS》übernommene Berichte, zusammengestellt.》

Spix, Johann Baptist / Carl Friedrich Philipp Martius (1818–1821): Nachrichten über die Reise der beiden Akademisten, der Herren DD. Spix und Martius, nach Brasilien, aus ihren Berichten gesammelt. Mitgetheilt von dem Herrn Direktor, Ritter von Schrank, in:》Flora oder allgemeine botanische Zeitung《, Nr. 5 und 9, Regensburg, 1818, Nr. 11, 1820, Nr. 17, 1819, 1821.

Spix, Johann Baptist:Über ein neues, vermuthlich dem *Pteropus Vampyrus* Linn zugehöriges Petrifikat aus dem Solenhofer Kalkbruch in Baiern, Denkschrift der Königlich Baierischen kademie der Wissenschaften, math.-phys. Cl. 6, Abt. 4, Munchen, S. 59–68.

Spix, Johann Baptist(1821): Brasilien in seiner Entwicklung seit der Entdeckung bis auf unsere Zeit. Eine Rede zur Feyer des Maximilians-Tages, Denkschrift der Königlich Baierischen Akademie der Wissenschaften, München, S. 1–44. [Hiervon gibt es auch neue Nachdrucke; Auszug davon, Schilderung von Rio de Janeiro, zusätzlich publiziert in《EOS》, Nr. 86, 1821, S. 345–346.]

Spix, Johann Baptist (1823):Simiarum et Vespertilionum Brasiliensium species novae ou Histoire Naturelle des especies nouvelles de singes et de chauves – souris observees et recueillies pendant le voyage dans l'interieur du Bresil execute par ordre de S M Le Roi de Baviere dans les annees 1817, 1818, 1819, 1820. – München: I–VIII, S. 1–72.

Spix, Johann Baptist / Martius, Carl Friedrich Philipp (1823–1831): Reise in Brasilien auf Befehl Sr. Majestät Maximilian Joseph I. König von Baiern in den Jahren 1817–1820 gemacht(und beschrieben), 3 Bande und 1 Atlas, München. [Die Atlastafeln wurden den drei Banden ursprünglich als lose Blätter beigelegt, siehe Anmerkung 107.]Band I (1823)bearbeitet von Spix und Martius, mit Musikbeilage, brasilianischen Volksliedern und indianischen Melodien. Band II (1828) teilweise noch von Spix bearbeitet. Band III (1831) bearbeitet und herausgegeben von Carl Friedrich Philipp von Martius, mit geografischem Anhang.

– Neudruck (1967 / 1968, 21980), F. A. Brockhaus Komm. Ges. Abt. Antiquarium, Stuttgart. (Atlastafeln gegenüber dem Original zum Teil verändert, mit Erlauterungen von Karl Magdefrau, ins Portugiesische übersetzt von H. Sick.)

– Englische Übersetzung von H. E. Lloyd, London Band I (1824) [Neudruck der Übersetzung 2008, BiblioBazaar, Charleston.]

– portugiesische Übersetzung von L. Furquim Lahmeyer, Rio de Janeiro 1938. [Weitere Auflagen 1961, 1981.]

– Teile aus dem ersten Band: in》Isis oder Encyclopadische Zeitung《, herausgegeben von Lorenz Oken, Band 14 (6), 1824, S. 581–612; Band 15 (5), 1825, S. 489–518.

Spix, Johann Baptist : (1824a) Animalia nova sive species novae Testudinum et Ranarum, quas in itinere per Brasiliam annis

MDCCCXVII–MDCCCXX Iussu et Auspiciis Maximiliani Josephi I. Bavariae Regis suscepto collegit et descripsit. – Typis Franc. Seraph. Hubschmanni, Munchen: S. 1–29.

– mehrfache Neuausgaben, unter anderem (1981) in: Herpetology of Brasil, herausgegeben von der Society for the Study of Amphibians and Reptiles, Oxford. [Siehe dort eine Übersicht von K. Adler (Editors note, v-vii) with an introduction by Paulo Emilio Vanzolini (IX–XXIX).]

Spix, Johann Baptist / Wagler, Johann Georg (1824b): Serpentum Brasiliensium species novae ou Histoire Naturelle des especes nouvelles de serpens, recueillies et observes pendant la voyage dans l'interieur du Bresil dans les annees 1817, 1818, 1819, 1820 execute par ordre de Sa Majeste le Roi de Baviere, publiee par Jean de Spix, ecrite d'apres les notes du Voyageur par Jean Wagler – München, 1–75, Monachii: I-VIII, S. 1–75.

– reprinted, 1981 [Siehe Spix, Johann Baptist : (1824a).] Spix, Johann Baptist (1824c): Avium species novae, quas in itinere per Brasiliam Annis MDCCCXVII–MDCCCXX Iussu et Auspiciis Maximiliani Josephi I. Bavariae Regis suscepto collegit et descripsit. – Typis Franc. Seraph. Hubschmanni, München Tom. I, S. 1–94.

Spix, Johann Baptist (1825a): Avium species novae, quas in itinere per Brasiliam Annis MDCCCXVII–MDCCCXX Iussu et Auspiciis Maximiliani Josephi I. Bavariae Regis suscepto collegit et descripsit. – München: Tom. II, S. 1–85.

Spix, Johann Baptist (1825b): Animalia nova sive Species novae Lacertarum, quas in itinere per Brasiliam annis MDCCCXVII–MDCCCXX Iussu et Auspiciis Maxi

Spix, Johann Baptist (1826): Berichtigung der Bemerkungen des Herrn Dr. HeinrichBoie in Leyden über die von Herrn Dr. Spix abgebildeten Saurier(Isis, 1826, Heft 1,S. 117). In:》Isis oder Encyclopädische Zeitung《, herausgegeben von Lorenz Oken, Band 18, S. 601–602. Wagner, Johann Andreas / Spix, Johann Baptist [posthum] (1827): Testacea fluviatilia quae in itinere per Brasiliam annis MDCCCXVII–MDCCCXX jussu et auspiciis Maximiliani Josephi I. Bavariae Regis augustissimi suscepto collegit et pingenda curavit Dr. Johann Baptist de Spix, ··· digessit, descripsit et observatonibus illustravit Dr. J. A. Wagner. Ediderunt Dr. F. a Paula de Schrank et Dr. Carl Friedrich Philipp de Martius. Monachii. [siehe Cowie et al. 2004.]

Spix, Johann Baptist [posthum] / Agassiz, Louis (1829): Selecta Genera et Species Piscium quos in itinere per Brasiliam Annis MDCCCXVII–MDCCCXX Iussu et Auspiciis Maximiliani Josephi I. Bavariae Regis Augustissimi, Percato Collegit et Pingendos Curavit Dr. Johann Baptist de Spix. [Herausgegeben und mit einer Einleitung, einem Nachruf fur Spix (einschlieslich einer Abbildung) und sieben Tafeln (A–G) uber den Fischfang der Indianer versehen von F. C. Ph. Martius. München, Wolf, I–XVI, I–II, Tafeln A–G, I–LXXVI; A–F. Naheres zum Publikationsdatum und zur Autorenschaft siehe Kottelat 1988.] Perty, Maximilian / Spix, Johann Baptist [posthum] (1830–1834): Delectus Animalium Articulatorum quae in itinere per Brasiliam Annis MDCCCXVII–MDCCCXX Iussu et Auspiciis Maximiliani Josephi I. Bavariae Regis Augustissimi, percato collegerunt Dr. Johann Baptist de Spix et Dr. C. F. Ph. de Martius.

Spix, Johann Baptist [posthum] / Martius, Carl Friedrich Philipp (1831)*: Reise in Brasilien in den Jahren 1817–1820: nebst Skizzen aus A. v. Humboldt's und A. Bonpland's Reise in die Aquinoctial-Gegenden des neuen Continents. Für die Jugend bearbeitet von Carl Friedrich

Dietzsch, Leipzig (1847)*: 2. Aufl.; Leipzig. Hefner, Josef von (Hg.) (1846): Reise in Brasilien von Dr. J. Bapt. v. Spix und Dr. C. Fr. Ph. v. Martius. Für die reifere Jugend bearbeitet und mit Worterklarungen versehen. Augsburg, 1. Auflage* (1856). [Populare, etwas gekurzte Version des Reiseberichts von 1823–1831, in zwei Banden.]

二、徐畢克斯與馬荻仕從巴西寄回刊登於《EOS》之報告

EOS意思為來自巴伐利亞的雜誌（Eine Zeitschrift aus Baeiern），具娛樂性及教育性，在慕尼黑一共發行15年（1818-1832），發行人為曼恩（Karl Christian von Mann）。

Über die Sendung der baierischen Akademiker Dr. Spix und Dr. Martius nach Brasilien in dem Jahre 1818, in:《EOS》, Nr. 1, 1818, S. 2–3.

Erster Bericht aus Brasilien, an den König Maximilian, in:《EOS》, Nr. 1, 1818, S. 3–4,Nr. 2, S. 7–8, Nr. 3, S. 10–12, Nr. 4, 1818, S. 16, Nr. 5, S. 17–18. Zweiter Bericht aus Brasilien, von Rio de Janeiro den 7. September 1817, in:《EOS》, Nr. 11, 1818, S. 42–43, Nr. 12, S. 45–46.

Brief von Martius an von Schrank, aus Bahia, 13. August 1817 und 7. September 1817, in:《EOS》, Nr. 16, 1818, S. 63–64, Nr. 17, S. 66–68.

Dritter Bericht aus Brasilien, an die Königliche Akademie der Wissenschaften von Rio de Janeiro, 7. September 1817, in:《EOS》, Nr. 13, 1818, S. 49–50, Nr. 14, S. 54–55, Nr. 15, S. 58–59.

Vierter Bericht aus Brasilien, an den König Maximilian aus Rio de Janeiro, 30. November 1817, in:《EOS》, Nr. 23, 1818, S. 93–95.

Fünfter Bericht aus Brasilien, an den König Maximilian, aus Villa Rica, 26. April 1818, in:《EOS》, Nr. 83, 1818, S. 335–336, Nr. 84, S. 337–339, Nr. 86, S. 347–348, Nr. 88), S. 354–356.

Auszug aus dem Schreiben des Dr. Spix und Dr. Martius an den königlichen Gesandten am Wiener Hofe, Freyherrn von Stainlein, aus Villa Rica, 26. April 1818, in:》EOS《, Nr. 94, 1818, S. 378–379.

Brief von Spix und Martius aus Tejuco an den Königlich Bayerischen Gesandten von- Pfeffel in London, 18. Mai 1818, in:《EOS》, Nr. 95, 1818, S. 381–382.

[Sechster] Bericht der reisenden Akademiker Dr. Dr. Spix und Martius an den König Maximilian, aus Bahia te todos ossantos, 13. November 1818, in:《EOS》, Nr. 9, 1819, S. 33–34.

Brief von Spix an Direktor von Schrank, München aus Bahia, 28. Januar 1919, in:》EOS《, Nr. 28, 1819, S. 110–111, Nr. 29, S. 114–115.

Brief von Dr. Martius aus Bahia, 26. Januar 1819, in:《EOS》, Nr. 29, 1819, S. 115–116, Nr. 30, S. 118–120.

Brief von Martius an seine Ältern, 26. Januar 1919 aus Bahia, in:《EOS》, Nr. 31, 1919, S. 123–124, Nr. 33, S. 131.

[Siebter] Bericht aus Brasilien, an den König Maximilian aus Bahia, 6. Februar 1819,》EOS《, Nr. 50, 1819, S. 197–199, Nr. 51, S. 202–204, Nr. 52, S. 206–208. Schreiben des Herrn Dr. Martius aus Brasilien an Hrn. Oberkonsistorial Rath Hanlein in München, 14. Februar 1819, in:《EOS》, Nr. 76, 1819, S. 301–302, Nr. 77, S. 306–307.

[Achter] Bericht der Reisenden Baierischen Akademiker Dr. Spix und Martius an den König, Maranhao, 18. Juli 1819, in: Kunst- und Literaturblatt aus Bayern. Eine Beilage zur EOS, 1821, Nr. 92, 1819, S. 365–366, Nr. 93, S. 369–370, Nr. 94, S. 373–374

三、輔助文獻

與徐畢克斯有關的主要文獻，部分附有作者的註解

Autrum, Hansjochem (1983): Ritter von Spix, der Münchner Zoologe, in:"Spixiana Supplemente. Zeitschrift für Zoologie", herausgegeben von der Zoologischen Staatssammlung München, Band 9, München, S. 19–21.

Anonymus (1839): Johann Baptist v. Spix. Eine biographische Skizze, in: Vaterländisches Magazin für Belehrung, Nutzen und Unterhaltung, insbesondere zur Beförderung der Vaterlandskunde, Heft 15, München, S. 117–120. [Fittkau vermutet, dass F. Mayer, Redakteur des "Vaterländischen Magazins", der Autor sein durfte. Vergleiche dazu Fittkau 1995, S. 33.]

Bartkowski, Beatrix (1998): Das Tierreich als Organismus bei Johann Baptist von Spix(1781–1826). Seine Auseinandersetzung mit der Mannigfältigkeit im Tierreich: Das" natürliche System", Reihe Europäische Hochschulschriften, Serie III, Band 804, Frankfurt am Main. [Publizierte Doktorarbeit über Spix, wichtige Grundlage zum Thema.]

Fittkau, Ernst Josef (1983): Johann Baptist Ritter von Spix. Sein Leben und seinwissenschaftliches Werk, in:"Spixiana Supplemente. Zeitschrift für Zoologie", herausgegeben von der Zoologischen Staatssammlung München, Band 9, München, S. 11–18.

Fittkau, Ernst Josef (1994): Johann Baptist Ritter von Spix, Zoologe und Brasilienforscher, in: Helbig, Jorg / Fittkau, Ernst Josef (Hg.): Brasilianische Reise 1817–1820. Carl Friedrich Philipp von Martius zum 200. Geburtstag, München, S. 29–38.

Fittkau, Ernst Josef (1995): Johann Baptist Ritter von Spix, in: Rundgesprache der Kommission für Ökologie, Band 10: Bayerische Tropenforschung – Einst und jetzt, herausgegeben von der Bayerischen Akademie der Wissenschaften, München, S. 29–38.

Fittkau, Ernst Josef (2001): Johann Baptist Ritter von Spix: primeiro zoologo de Munique e presquisador no Brasil, Historia ciencias saude vol. 8 (supplement), Rio de Janeiro, S. 1109–1135.

Gistel, Johannes (1835): Johannes von Spix, in: Gistel, Johannes (Hg.): Galerie denkwürdiger Naturforscher, (2), S. 7–8 [und Titel-Kupferstich], Beilage zu:"Faunus. Zeitschrift für Zoologie und vergleichende Anatomie", Band 2, München. [Diese Arbeit wurde verschiedentlich als"Anonymus" zitiert, es ist aber anzunehmen, dass sie von Gistel selbst geschrieben wurde.]

Huber, Berta / Huber, Walter (1993): Dr. Johann Baptist Ritter von Spix – eine" berühmte Münchner Persönlichkeit", in:"Spixiana. Zeitschrift fur Zoologie, herausgegeben von der Zoologischen Staatssammlung München, Band 16, München, S. 97–104.

Heinzeller, Thomas (2006): Zum 225. Geburtstag des Begründers der ZSM: Spix und der Aufbruch der Zoologie in die Moderne, in:"Spixiana. Zeitschrift fur Zoologie", herausgegeben von der Zoologischen Staatssammlung München, Band 29, S. 193–197.

Hoppe, Brigitte (2010): Spix, Johann Baptist, in: Hockerts, Hans Gunter (Hg.): Neue Deutsche Biographie 24, S. 727–729. Lux, Wilhelm (1960): Spix, Johann Baptist, Zoologe und Reisender, 1781–1826, in:Lebenslaufe aus Franken, Würzburg, herausgegeben von Sigmund Freiherr von Polnitz, S. 532–535.

Martius, Carl Friedrich Philipp von (1829): Memoriae Joa. Bapt. de Spix, in: Spix / Agassiz1829, siehe dort. [Mit Übersetzung im Internet.]

Reinartz, Karl Dieter (1994): Ritter von Spix – Mediziner, Zoologe, Brasilienforscher, Staden-Jahrbuch 42, S. 29–31. [Auch unpubliziertes Manuskript, weit verbreitet.]

Sick, Helmut (1983): Die Bedeutung von Johann Baptist von Spix für die Erforschung der Vogelwelt Brasiliens, in:"Spixiana Supplemente. Zeitschrift fur Zoologie", herausgegeben von der Zoologischen Staatssammlung München, Band 9, München, S. 29–31.

Stössel, Adam (1933): Johann Baptist von Spix, Zoologe und Amerikaforscher, in: Gedenkschrift zum 300. Gedenktag der Zerstörung der Stadt Höchstadt an der Aisch, herausgegeben von Heimat- und Verschonerungsverein Höchstadt a. d. Aisch und Umgebung e. V., S. 58–60.

Tiefenbacher, Ludwig (1982): Johann Baptist von Spix und die erste bayerische Expedition durch Brasilien, Charivari, Heft 2, München, S. 3–10.

Tiefenbacher, Ludwig (1983): Die Brasilienexpedition von Johann Baptist von Spix und C. F. Ph. von Martius in den Jahren 1817 bis 1820. Ein Abris, in:"Spixiana Supplemente. Zeitschrift fur Zoologie", herausgegeben von der Zoologischen Staatssammlung München, Band 9, München, S. 35–42.

Tiefenbacher, Ludwig (1994): Die Bayerische Brasilienexpedition von Johann Baptist von Spix und C. F. Ph. von Martius 1817–1820, in: Brasilianische Reise 1817–1820. Carl Friedrich Philipp von Martius zum 200. Geburtstag, herausgegeben von Jorg Helbig, München, S. 28–52.

Tiefenbacher, Ludwig (1997): Rückblick auf das Leben des grosen Brasilienforschers Johann Baptist Ritter von Spix anlaslich seines 170. Todestages am 13. Mai 1996, Vortrag, gehalten am 8. Mai 1996 vor dem"Ritter von Spix-Förderverein" in Höchstadt an der Aisch, in: Martius-Staden-Jahrbuch, Sao Paulo, S. 28–46.

Tiefenbacher, Ludwig (2000): Johann Baptist Ritter von Spix, der in Lindau unbekannt gebliebene, ehemalige Herr von Schloss Alwind, in: Jahrbuch des Landkreises Lindau, herausgegeben vom Heimattag für den Landkreis Lindau e. V., Bergatreute, S. 57–70.

Wolker, Anton / Schmidt, Sebastian / Epple, Wolfgang (2003): Dr. med. et Dr. phil. Ritter Johann von Spix, in: Aus der Geschichte der Stadt Höchstadt a. d. Aisch, herausgegeben von der Stadt Höchstadt an der Aisch zum 1000-jahrigen Jubilaum der unkundlichen Ersterwähnung Höchstadts im Jahr 1003, Höchstadt an der Aisch, S. 168–171.

Zerries, Otto (1983): Johann Baptist von Spix als Völkerkundler, in:"Spixiana Supplemente. Zeitschrift fur Zoologie ", herausgegeben von der Zoologischen Staatssammlung München, Band 9, München, S. 33–34.

四、其他的輔註文獻

包括對徐畢克斯著作的評論與作者註解

Abreu, Jean Luiz Neves (2007): Contribucoes a geografia medica na viagem de Spix e Martius. Hygeia, 3 (5), S. 1–10.

Adelfinger, Kathrin / Meisner, Ina (2008a): Untersuchung und Restaurierung der Masken der Sammlung Spix und Martius, Staatliches Museum für Völkerkunde München, Fallstudie, WS 2007 / 2008, SS 2008, Professor Emmerling, Technische Universität München. [Unveroffentlichtes Manuskript.]

Adelfinger, Kathrin / Meisner, Ina (2008b): Die Untersuchung und Restaurierung der Masken aus der Sammlung Spix und Martius im Staatlichen Museum für Völkerkunde München, Münchner Beiträge zur Völkerkunde, herausgegeben vom Staatlichen Museum für Völkerkunde München, Band 12, S. 73–96.

Albus, Anita (2005): Von seltenen Vögeln, Frankfurt am Main.

Anonymus (1821): Miszellen aus Baiern. Kunst und Literaturblatt aus Baiern, Beilage Zu《EOS》, Nr. 12, S. 45–46. [Bericht über Spix und Martius nach ihrer Rückkunft.]

Anonymus (1828): I. Deutsche Literatur. Reise in Brasilien auf Befehl Sr. Majestät Maximilian Joseph I. König von Baiern in den

Jahren 1817–1820 gemacht [Literaturbesprechung des zweiten Bands der"Reise in Brasilien"von Spix und Martius, unter besonderer Erwähnung der otanischen Beschreibungen], in:"Flora oder Botanische Zeitung, Regensburg", Nr. 25, S. 385–396. [Signiert mit "V. S", vermutlich "von Schrank".]

Appel, Michael / Bujok, Elke / Stein, Wolfgang (2009):"Ein Annexum des zoolog[ischen] Cabinetes". Das Staatliche Museum für Volkerkunde und die bayerische Akademie der Wissenschaften, in: Wissenswelten – die Bayerische Akademie der Wissenschaften und die Wissenschaftlichen Sammlugen Bayerns. S. 274–285.

Balss, Heinrich (1926): Die Zoologische Staatssammlung und das Zoologische Institut, in: Müller, Karl Alexander von (Hg.): Die wissenschaftlichen Anstalten der Ludwig-Maximilians-Universität zu München, München, S. 300–315.

Bachmann, Wolf (1966): Die Attribute der Bayerischen Akademie der Wissenschaften 1807–1827, Münchner Historische Studien, Abteilung Bayerische Geschichte, Band 8, Kallmunz.

Baumann, Gunther (1999): Das Münchner Waisenhaus. Chronik 1899–1999, München.

Beck, Hanno (1977): Wilhelm Ludwig v. Eschwege (1777–1855) – Eine roblemorientierung.

Zum 200. Geburtstag des masgebenden Brasilienforschers, in: Erdkunde, Band 31, S. 06–307.

Bujok, Elke (2007): Johann Baptist von Spix und Karl Friedrich Philip von Martius. Zwei bayerische Forschungsreisende in Brasilien und ihre ethnographische Sammlung, in: Müller, Claudius / Stein, Wolfgang / Mergenthaler, Markus (Hg.): Exotische Welten. Aus den völkerkundlichen Sammlungen der Wittelsbacher 1806–1848, Dettelbach, S. 81–94.

Burmeister, Ernst-Gerhard (1983): Die Geschichte der von Johann Baptist v. Spix und C. F. Ph. v. Martius in Brasilien gesammelten Arthropoden und deren Bearbeitung durch M. Perty, in:"Spixiana Supplemente. Zeitschrift für Zoologie", herausgegeben von der Zoologischen Staatssammlung München, Band 9, München, S. 261–264.

Buhler, Dirk (2009): Das Abenteuer Kunst im 19. Jahrhundert: Die Reisen eines ugsburger Malers durch Mexiko und Sudamerika, [Johann Moritz Rugendas], Deutsch- Mexikanische esellschaft e. V., Noticias 12, S. 3.

Cowie, Robert H. / Cazzaniga, Nestor J. / Glaubrecht, Matthias (2004): The South American Mollusca of Johann Baptist Ritter von Spix and their publication by Johann Andreas Wagner, The Nautilus Band 118, Nr. 2, S. 71–87.

Darwin, Charles (1875): Reise eines Naturforschers um die Welt, aus dem Englischen übersetzt von J. Victor Carus, Stuttgart.

Dreesbach, Anne (2005): Gezähmte Wilde. Die Zurschaustellung"exotischer" Menschen in Deutschland 1870–1940, Frankfurt am Main.

Eschwege, Wilhelm Ludwig von (1818): Journal von Brasilien oder vermischte Nachrichtenaus Brasilien, auf wissenschaftlichen Reisen gesammelt, Weimar.

Eschwege, Wilhelm Ludwig (1832): Beitrage zur Gebirgskunde Brasiliens, Berlin.

Fentsch, Eduard (1989): Bavaria Land und Leute im 19. Jahrhundert, München.

Fonseca, W. Dias da (1994): Das Kreuz von Santarem, Staden-Jahrbuch Band 42, S. 113–117.

Gebhardt, Fritz (1933): Historisches aus dem Turmknopf, in: Heimat- und Verschonerungsverein Höchstadt a. d. Aisch und Umgebung e. V. (Hg.): Gedenkschrift zum 300. Gedenktag der Zerstorung der Stadt Höchstadt an der Aisch, S. 34–38.

Goethe, Johann Wolfgang von (1820): Über den Zwischenkiefer des Menschen und der Tiere. Zur Morphologie, Band I (2)"Dem Menschen wie den Tieren ist ein Zwischenknochen der obern Kinnlade zuzuschreiben"(1831) mit Tafeln in en"erhandlungen der Kaiserlich Leopoldinisch-Carolinischen Akademie der Naturforscher".

Goethe, Johann Wolfgang von (1824): Zur Naturwissenschaft überhaupt, besonders zur Morphologie, Band II (2).

Grau, Jurke (1994): Erlebte Botanik – Martius als Wissenschaftler, in: Helbig, Jorg (Hg.): Brasilianische Reise 1817–1820. Carl

Friedrich Philipp von Martius zum 200. Geburtstag, München, S. 75–84.

Guth, Klaus (2009): Mit den Augen des Fremden. Die Erforschung der indigenen evölkerung Brasiliens durch Johann Baptist von Spix (1781–1826) und Carl Friedrich von Martius (1794–1868) – Voraussetzungen, Arbeitsweise, Einstellungen. Jahrbuchfür Frankische Landesforschung Band 69, S. 213–228.

Helbig, Jorg (Hg.) (1994): Brasilianische Reise 1817–1820. Carl Friedrich Philipp von Martius zum 200. Geburtstag, München. [Mit Katalog zu den Ausstellungen, Schirn-Kunsthalle, Frankfurt am Main 16.9.–16.10.1994 und Staatliches Museum für Völkerkunde München Dezember 1994 bis April 1995.]

Helbig, Jorg (1998): Eine unbekannte Zeichnung von Rugendas im Nachlass von Mar tius – ein Indiz für frühe Zusammenarbeit. Münchner Beiträge zur Völkerkunde, herausgegeben vom Staatlichen Museum für Völkerkunde München, Band 5, München, S. 31–59.

Hellmayr, Carl Eduard (1906): Revision der Spix'schen Typen brasilianischer Vögel. Abhandlung der Königlich Bayerischen Akademie der Wissenschaften, II. Kl., Band 22, S. 562–726.

Horch, Rosemarie E. (1994): Sechs unveröffentlichte Briefe von C. F. Ph. von Martius. Staden-Jahrbuch, 42, S. 141–159.

Huber, Walter (1998): Münchner Naturforscher in Sudamerika, Berichte der Freunde der Zoologischen Sammlung München, Band 1, München. [Darin insbesondere Kapitel 1: Brasilienreise 1817–1820; S. 17–37.]

Huber, Walter / Kraft, Richard (1993): Sichtbares Gedachtnis der Natur. Die Alte Akademie in München und die Zoologische Staatssammlung, in: Unser Bayern, Heimatbeilage der bayerischen Staatszeitung, Jahrgang 42, Nr. 12, S. 97–99.

Huber, Walter / Kraft, Richard (1994)"Aufrecht stehendt, mit Stro ausgeschoppt". Der erste Elefant in München, in: Charivari, Heft 12, S. 29–34.Jantzen, Jorg (2007): Friedrich Schelling (1775–1854). Naturphilosoph und Wissenschaftsorganisator, in: Leutheusser, Ulrike / Noth, Heinrich (Hg.): München leuchtet für die Wissenschaft. Berühmte Forscher und Gelehrte, Band 1,

Munchen, S. 186–206.

Juniper, Tony (2002): Spix's Macaw. The Race to Save the World's Rarest Bird, London.

Kamp, Michael (2002): Das Museum als Ort der Politik. Münchner Museen im 19. Jahrhundert, Dissertation Ludwig-Maximilians-Universität München, München.

Kauder, Friedrich (2001): Bayern – Brasilien, herausgegeben von Rugendas – Brasilianisch-Deutsche Gesellschaft für Ökologie, Kultur und Wissenschaft, Wolnzach.

Kottelat, Maurice (1988): Authorship, dates of publication, status and types of Spix and Agasiz's Brazilian fishes, in:"Spixiana. Zeitschrift fur Zoologie", herausgegeben von der Zoologischen Staatssammlung München, Band 11, München, S. 69–93.

Kreutzer, Winfried (2002): Vortrag in Höchstadt an der Aisch, 26. Oktober 2002. [Unpubliziertes Manuskript.]

Kreutzer, Winfried (2003): Encontro com o Outro. Johann Baptist von Spix, Carl Friedrich von Martius e os Indios na Amazonia, in: Portugal – Alemanha – Brasil, Actas do Encontro Luso-Alemao 6 / Deutsch-Portugiesische Arbeitsgesprache 6, Organizacao Grossegesse, Orlando et al., Braga, Universidade do Minho / Centro de Est. Hum.; Col. Hesperides / Literatura 14 / 1, S. 89–101.

Leonhardt, Henrike (1987): Unerbittlich des Nordens rauher Winter. Eine Geschichte, München.

Lisboa, Karen Macknow (2007): Spix und Martius auf der Entdeckung des Nord(ost)ens Brasiliens, in: Born, Joachim (Hg.): Curt Unckel Nimuendaju – ein Jenenser als Pionier im brasilianischen Nord(ost)en, Wien, S. 237–251.

Mägdefrau, Karl (1967 / 1980): Leben und Werk des Botanikers Carl Friedrich Philipp

von Martius (1794–1868), in: Reise in Brasilien in den Jahren 1817–1820 von Joh.Bapt. von Spix und Carl Friedr. Phil. von Martius; Nachdruck, I–XII (beziehungsweise V–XIV, 21980), Stuttgart.

Martius, Carl Friedrich Philipp von (1831): Die Pflanzen und Thiere des tropischen America, ein Naturgemalde, Munchen.

Martius, Carl Friedrich Philipp von (1831): Frey Apollonio: Ein Roman aus Brasilien, erlebt und erzählt von Hartoman, herausgegeben von Erwin Theodor Rosenthal (1992), Berlin.

Martius, Carl Friedrich Philipp von (1866): Akademische Denkreden, Leipzig. [Darin S. 599–601 uber Spix.]

Martius, Carl Friedrich Philipp von (1863): Beiträge zur Ethnographie und Sprachenkunde Brasiliens, Band II, Zur Sprachenkunde. Wortersammlung brasilianischer Sprachen, Erlangen.

Mauthe, Gabriele (1994): Die österreichische Brasilienexpedition (1817–1836), in: Brasilianische Reise 1817–1820. Carl Friedrich Philipp von Martius zum 200. Geburtstag, München, S. 13–27.

Mawe, John (1815): Travels in the Interior of Brazil, particulary in the gold and diamond districts of that country, by authority of the prince regent of Portugal: including a voyage to the Rio de le Plata and an historical sketch of the revolution of Buenos Ayres, London. [Deutsche Übersetzung 1817, von A. E. W. von Zimmermann, Bamberg 1817 / 18.]

Meissner, Carl Friedrich (1869): Denkschrift auf Carl Friedr. Phil. von Martius,

München.Moisy, Sigrid von (1994): Martius in München, Streiflichter aus dem häuslichen und geselligen Leben, in: Brasilianische Reise 1817–1820. Carl Friedrich Philipp von Martius zum 200. Geburtstag, München, S. 85–116.

Oken, Lorenz (1818): Bayerische Naturforscher in Brasilien, in: "Isis oder Encyclopadische Zeitung", herausgegeben von Lorenz Oken, Band 12, Jena, Sp. 2111–2121.

Oken, Lorenz (1819a): Cephalogenesis sive capitis ossei structura, formatio et significatio per omnes Animalium classes, familias, genera ac aetates digesta, atque tabulis illustrata, legesque simul psychologiae, cranioscopiae ac physiognomiae inde derivatae [Buchbesprechung: Spix 1815], in:"Isis oder Encyclopadische Zeitung", herausgegeben von Lorenz Oken, Band 2, Jena, Sp. 1342–1345.

Oken, Lorenz (1819b): Spix: Tiere aus Brasilien [Bericht über die von Spix nach München geschickten Tiere aus Brasilien, einschlieslich der von Triest und Gibraltar geschickten Praparate], in:"Isis oder Encyclopadische Zeitung", herausgegeben von Lorenz Oken, Band 2, Jena, Sp. 1345–1350.

Oken, Lorenz (1820): Nachrichten von den kaiserlich österreichischen Naturforschern in Brasilien und Resultaten ihrer Betriebsamkeit, in:"Isis oder Encyclopadische Zeitung ", herausgegeben von Lorenz Oken, Band 3, Nr. 6, Jena, Sp. 289–309.

Oken, Lorenz (1823a): Nachrichten von den kaiserlich österreichischen Naturforschern in Brasilien und Resultaten ihrer Betriebsamkeit, [Bericht über das Werk von Schreibers 1820 / 22 mit Anmerkungen], in:"Isis oder Encyclopadische Zeitung", herausgegeben von Lorenz Oken, Band 7, Jena, Sp. 714–724.

Oken, Lorenz (1823b): Brasilianisches Museum, in:" Isis oder Encyclopadische Zeitung ", herausgegeben von Lorenz Oken, Beilage 9, Jena.

Oken, Lorenz (1824a): Reise in Brasilien, in:"Isis oder Encyclopadische Zeitung", herausgegeben von Lorenz Oken, Band 14 Nr. VI, Jena, Sp. 581–612. [Buchbesprechung des ersten Bands der"Reise in Brasilien"von Spix / Martius; mit Bericht über die Reise und mit einer Liste von Pflanzen der Kapitanie von St. Paul; mit Textauszugen der Beschreibung der Reise nach Villa Rica, Fundgebiet von Topas-Edelsteinen, S. 327ff. und den Reisen in der Umgebung von Villa Rica, S. 339ff., 409ff.]

Oken, Lorenz (1824b): Simiarum et Vespertilionum brasiliensium species novae [Buchbesprechung zu Spix: 1823], in:"Isis oder Encyclopadische Zeitung", herausgegeben von Lorenz Oken, Band 15, Nr. VIII, Jena, Sp. 899–904.

Oken, Lorenz (1824c) Serpentum brasiliensium species novae [Buchbesprechung zu Johann Baptist Spix / Johann Georg Wagler: 1824], in:"Isis oder Encyclopadische Zeitung", herausgegeben von Lorenz Oken, Band 15, Nr. X, Jena, Sp. 1097–1102.

Oliveira, Marcia Maria de (2006): A mobilidade humana na triplice fronteira: Peru, Brasil e Colombia, Estudos avancados, Band 20,

Nr. 57, Sao Paulo.

Overbeck, Bernhard (1982): 17 Müzen von der Brasilienreise 1817–1820 von K. F. Ph. Martius und Johann Baptist Spix, in: Hes, Wolfgang / Kuthmann, Harald / Overbeck, Bernhard / Weber, Ingrid S: Vom Königlichen Cabinet zur Staatssammlung 1807–1982, Katalog, Ausstellung zur Geschichte der Staatlichen Münzsammlung München, 7. Oktober 1982 bis 9. Januar 1983, S. 116–117.

Pfister, Jennifer (2003): Alwind: Die historische Entwicklung der Ausenanlagen der Villa Alwind in Lindau im Bodensee ab 1852 mit Ausblick bis 2002, Band 5, Schriftenreihe Lehrstuhl für Landschaftsarchitektur und Entwerfen, Technische Universität München, München.

Riedl-Dorn, Christa (2000): Johann Natterer und die Österreichische Brasilienexpedition,Petropolis. Riepl, W. (1914): Ehrendenkmal zweier fränkischer Gelehrter in Brasilien, in:Die Schau. Illustriertes Beiblatt der Nordbayerischen Zeitung, Nr. 23. Reinschmidt, Matthias / Brodde, Ulrich (2010): Tierische Persönlichkeiten im Loro Parque, Puerto de la Cruz.Ross, Hermann (1917): Dem Andenken der Forschungsreise von Spix und Martius in Brasilien 1817–1820, Bericht der Deutschen Botanischen Gesellschaft, Band 35, S. 119–128.

Rosenthal, Erwin Theodor (Hg.) (1992): Martius, Carl Friedrich Philipp von: Frey Apollonio: Ein Roman aus Brasilien, erlebt und erzählt von Hartoman, Berlin 1831.

Schelling, Friedrich Wilhelm Joseph (1797): Ideen zu einer Philosophie der Natur als Einleitung in das Studium dieser Wissenschaft, (21803).

Schelling, Friedrich Wilhelm Joseph (1803): Vorlesungen über die Methode des akademischen Studiums. [Mehrere Neuauflagen und Nachdrucke.]

Schmeller, Johann Andreas (1801–1852): Tagebücher, in: Bauer, Reinhard / Münchhoff, Ursula (Hg.):"Lauter gemähte Wiesen fur die Reaktion" ‥ Die erste Hälfte des 19. Jahrhunderts in den Tagebüchern Johann Andreas Schmellers, München 1990.

Schmidt, Sebastian (1999): Genealogischer Exkurs zur Ahnen- und Nachfahrentafel – in Aszendenz und Deszendenz – des Johann Baptist Ritter v. Spix, Höchstadt an der Aisch. [Unpubliziertes Manuskript]

Schmidtler, Josef Friedrich (2007): Die Wurzeln der bayerischen Herpetofaunistik im 18. und beginnenden 19. Jahrhundert, in:"Zeitschrift fur Feldherpetologie", Band 14, S. 93–119.

Schmidtler, Josef Friedrich (2009): Der"Thiermaler"Nikolaus Michael Oppel (1782–1820) und die Anfange der herpetologischen Forschung an der Bayerischen Akademie der Wissenschaften, in:"Zeitschrift fur Feldherpetologie", Band 72, S. 483–512.

Schmutzer, Kurt (2007):"Der Liebe zur Naturgeschichte halber". Johann Natterers Reisen in Brasilien 1817–1835, Dissertation, Universität Wien, Veröffentlichung der Kommission fur Geschichte der Naturwissenschaften, Mathematik und Medizin 64, Wien 2011.

Schneider, Sylk (2008): Goethes Reise nach Brasilien. Gedankenreise eines Genies, Weimar.

Schraml, Erwin (2006): Pareidon microps – ein parasitischer Wels, in:"Aqualognews. Die Zeitschrift fur Aquarianer", Nr. 72, Rodgau.

Schramm, Hugo (1869): C. F. Ph. v. Martius. Sein Lebens- und Characterbild insbesondere seine Reiseerlebnisse in Brasilien, Leipzig.

Schrank, Franz von Paula, von (1819 / 1820): Fernere Nachrichten über die Reise der beyden Akademisten, der Herren Doctoren Spix und Martius, nach Brasilien, aus ihren Briefen gesammelt, in:"Flora oder allgemeine botanische Zeitung ", Regensburg, Band 2, Nr. 44, 1819, S. 683–692 und 1820, Band 3, Nr. 11, S. 161–172.

Schreibers, Karl Franz Anton von (1820 / 1822): Nachrichten von den kaiserlich sterreichischen Naturforschern in Brasilien und den Resultaten ihrer Betriebsamkeit, Brunn, zwei Bande (= Hefte). [Erweiterter Abdruck der Berichte, die in den"Vaterländischen Blättern" ab 1818 veröffentlicht wurden.]

Schrott, Ludwig (1964): Die Naturforscher Martius und Spix, in: Schrott, Ludwig:Bayerische Weltfahrer, München, S. 182–197.

Schulze, Frederik (2008): Konzepte von Physiognomie und Rasse bei Martius, in:Revista Contingentia, Vol. 3, No. 2, Porto Alegre, S. 117–132.

Sears, Paul M. (1963): Recovery of the Bendego Meteorite, in:"Meteoritics", Band 2, Nr. 1, Tucson, S. 22–29.

Spengler, Karl (1962): Es geschah in München, München. Spreti, Heinrich Graf von / Seckendorff, Suzane (Hg.) (2008): Das Reisejournal des Grafen Friedrich von Spreti. Brasilianische Kaiserhochzeit 1829, München.

Stahleder, Helmuth (2005): Chronik der Stadt München, Band 3: Erzwungener Glanz – Die Jahre 1706 bis 1818, München.

Steinle, Robert Fin (2000): Historische Hintergrunde der österreichischen Brasilienexpedition (1817–1835) mit einer Dokumentation der Bororo-Bestande aus der Sammlung Natterer des Museums fur Völkerkunde in Wien, Dissertation Universität Wien.

Stoermer, Monika (2008): Friedrich von Schlichtegroll – ein"Nordlicht"in München, in:Akademie aktuell, (1), S. 46–50.

Stoermer, Monika (2009): Adolf Heinrich Friedrich von Schlichtegroll (1765–1822), in: Willoweit, Dietmar (Hg.): Denker, Forscher und Entdecker. Eine Geschichte der Bayerischen Akademie der Wissenschaften in historischen Portraits, München, S. 19–37.

Terofal, Fritz (1983): Die Fischausbeute der Brasilien-Expedition 1817–1820 von Johann Baptist v. Spix und C. F. Ph. v. Martius, in:"Spixiana Supplemente. Zeitschrift für Zoologie", herausgegeben von der Zoologischen Staatssammlung München, Band 9, München, S. 313–317.

Vanzolini, Paulo Emilio (1981): The scientific and political contents of the Bavarian expedition to Brasil, in: Herpetology of Brasil; siehe Spix / Wagler 1824a Wied-Neuwied, Maximilian, Prinz zu (1820 / 1821): Reise nach Brasilien in den Jahren 1815 bis 1817, 2 Bande, Frankfurt, Joost, Wolfgang (Hg.): Brockhaus Leipzig. [Mit Vorwort und Anhang.]

Zerries, Otto (1980): Unter Indianern Brasiliens. Sammlung Spix und Martius 1817–1820, Innsbruck.

五、引用網路之資料

Alle aufgerufen am 4.8.2011 引用日期全部於二〇一一年八月四日

* Homepage uber Spix: www.schoenitzer.de/Spix
* Abbildungen zum vorliegenden Buch: www.schoenitzer.de/Spix_Bilder
* Abbildungen (Atlas) zur"Reise in Brasilien" von Spix und Martius: http://commons. wikimedia.org/wiki/Category:Reiseatlas_von_Spix_und_Martius
* Informationen über Spix auf der Homepage der ZSM: www.zsm.mwn.de/events/ spix.htm
* Verschiedene Wikipedia-Artikel (www.wikipedia.org) zu den relevanten Themen. Als lesenswert sind zum Beispiel die folgenden, einschlagigen Artikel gekennzeichnet:" Wiener Kongress","Österreichische Brasilienexpedition","Napoleon Bonaparte ","Alexander von Humboldt".
* Englischer Wikipedia-Artikel:"Geography of Brazil" (mit einer interessanten Vegetationskarte von Brasilien).
* "Münchner Gelehrte Carl Friedrich Philipp von Martius": www.br-online.de/bralpha/ alpha-campus/muenchner-gelehrte-DID1206700054415/muenchner-gelehrte- philipp-von-martius-naturforscher-ID671202497932483404.xml
* "Prinz Max der Naturforscher": www.zuwied.de/max.htm
* "Bayern und Brasilien 1500 bis 2010": www.bayern.com.br/Geschichte.aspx
* Informationen über den Spix-Ara: http://awwp.alwabra.com/index.php/content/ view/1621/51/ und www.artenschutzbrief.de/

index/menuid/27/reporeid/56/

* Nachruf von Martius (Deutsch und Latein): www.schoenitzer.de/SpixNachruf. html
* Literatur - Addendum
* Herzog, Andre, Alexander Sales & Gero Hillmer (2008): The UNESCO Araripe Geopark. A short story of the evolution of life, rocks and continents. Fortaleza.
* Oberacker, Karl, H. jr. (1978): Der Deutsche Beitrag zum Aufbau der Brasilianischen Nation.
* São Leopoldo,Kraft, Richard (2009): Die Naturwissenschaftlichen Sammlungen in der Alten Akademie in München. In: Christian Kruse (Hrsg.) Helle Köpfe. Die Geschichte der Bayerischen Akademie der Wissenschaften. München, S. 153-155.

圖照目次與作者

Alvesgaspar（2009）（CC BY-SA 3.0）：圖三九；賀悉城市政府檔案：圖二十；慕尼黑動物學蒐藏館檔案：圖二、五、十一、十二、十六、十七、二四、三二、四五、五五、五六、五七、六十、七四、七五、七九、八二；Bartkowski, Beatrix 1998（見文獻目錄第一頁）：圖十；慕尼黑植物學蒐館圖書館：圖二九、三一、三八、四十、四二、四三、四四、四六、六二、六三、六四、六五、七二、七三；取自比利時，塔伊豐：巴西-從奧地利到新世界Krems，2007，第二九頁：圖二一；第三十六頁：圖三七；第三十三頁：圖二八；第三十六頁：圖三十；Bunks，Claus（2006）：圖四一；Dall'Acqua, F.（2005）（CC BY-SA 3.0）：圖四七，德意志博物館：圖二五；Diller, Juliane, Dr.（慕尼黑動物學蒐藏館）：圖五二、五三、五九、六六、七八、八八；Fleischhacker, Samuel：圖六，Forst, J. O.（2006）：圖七；Franzen, Michael（慕尼黑動物學蒐藏館）：圖六一，八十。

採自Grau 1994，第七六頁（請見文獻目錄）：圖十九頁；取自Heinzeller 2006（請見文獻目錄）第一九五頁：圖七；Hochleitner, Ruppert，Dr.（慕尼黑礦物學博物館，慕尼黑水晶博物館）：圖四九；Klose, Dieter, Dr.（慕尼黑邦立錢幣博物）：圖七六；採自Kratz, Otto：亞歷山大洪堡德，科學家－世界公民－革命者，慕尼黑（1997），第一一五頁：圖三三；第一一六頁：圖三七；Kotrba, Marion, Dr.（慕尼黑動物學蒐藏館）：圖八一；Kubbandner, Ruth（慕尼黑動物學蒐藏館）：圖三五；Leite, Angela，聖保羅，巴西：圖六十，八八；Mdujak（2008）：圖六九；Medeiros, J.（2010）（CC-BY 2.0）：圖八九；Müller, Marianne（慕尼黑動物學蒐藏館）：圖七七；私人持有：圖三、八、十三、二六；Reinartz, Sigrun，賀悉城：圖八三；取自Riedl-Dorn 2000，第十四頁（見文獻目錄）：圖十八；Rodrigues, Miguel Trefaut, Prof. Dr.（巴西聖保羅大學）：圖五十，五一；Santos, Diego（Parque do Museu Goeldi，巴西貝稜市）：圖五四；Schönitzer, Michael：圖一、四；Schuberth, Johannes（慕尼黑動物學蒐藏館）：圖八四；採自Spreti & Seckendorff 2008（請見文獻目錄），第十八頁：圖二三；第一八〇頁：圖四八；第一八三頁：圖二七；第二七七頁：圖二三；Stock, Barbel

（慕尼黑動物學蒐藏館）：圖六七：Watson, Ryan（卡達之阿爾瓦布拉野生動物保護中心）：圖八五、八六，S. 224：採自威特王子（一八一五至一八一七年巴西旅記）（1820/21）再版（1987），第二四頁：圖三四：Windowlicker（2008）（CC BY-SA 3.0）：圖七十：Wikimedia Commons, Mattheus Ignatius van Bree（1773-1839）：圖九：Domenico Quaglio（1787–1837）：圖十四，第二二三頁：第一欄由上至下第三張：Watson, Ryan：第四欄最上面一張：Meschede, Angelika, Dr，其他的照片Diller, Juliane, Dr.

縮寫

CC-BY-SA 3.0:

Creative Commons Attribution-ShareAlike 3.0 Unported

https://creativecommons.org/licenses/by-sa/3.0/deed.de

CC-BY 2.0:

Creative Commons Attribution 2.0 Generic

https://creativecommons.org/licenses/by/2.0/deed.de

ZSM: Zoologische Staatssammlung München

致謝

本書若無許多朋友與同事無私之協助不可能完成，他們的相助、鼓勵與各種支持彌足珍貴，謹對所有協助者表達我由衷感激。

感謝海恩徹樂教授（Prof. Thomas Heinzeller）與我的討論，實受益良多，他對早期手稿版本提供許多甚具價值的訊息與批評，並多方協助。並感謝費特考教授（Prof. Ernst Josef Fittkau）的許多建議與提供文獻，從他的論文中所蒐集的文獻，與休維克（Beatrix Szolvik，原名Bartkovsky）的論文，奠定本書撰寫的基礎，還有笛芬巴赫爾博士（Dr.Ludwig Tifenbacher）的論文與謄寫資料，價值不可限量。許多原始性信件與歷史文件已有謄寫本（尤其是笛芬巴赫爾、巴特考夫斯基與費特考），提供其他的謄寫資料還有榮莫樂（M. Sommerer），史坦勒博士（Dr. Robert Fin Steile）也提供納特爾的信件的謄本。

賀悉城徐畢克斯協會的柯依特澤教授（Prof. Windfried Keutzer）以及萊依阿茲特博士（Dr. Karl Dieter Reinarzt）提供寶貴支援與許多建議，斯密特（Sebastian Schmidt）先生很客氣的讓我使用賀悉城的檔案資料，此外我還感謝賀悉城市長布埃恩（Gerald Brehm），該市徐畢克斯紀念學校的教職員，包括校長烏爾布希（Michael Ulbrich）先生、艾希米勒女士（Michaela Eichmüller）、許朗先生

（Peter Schramm）。

另非常感謝「慕尼黑邦立民族學博物館」的布約克博士（Dr. Elke Bujok）以及何畢希博士（Dr. Jörg Helbig），感謝葛勞教授（Professor Jürke Grau）提供有關馬萩仕的寶貴文獻，普拉斯曼博士（Dr. Eberhard Plassmann）則提供我寶貴熱帶疾病資訊。

慕尼黑邦立動物學蒐藏館的許多同仁參與意見及商討或其他各種方式協助，茲以字母順序列名如次：迪勒先生（Erich Diller）、迪勒博士（Dr. Juliane Diller）、法蘭琛先生（Michael Franzen）、菲爾先生（Nicilas Fülle）、哈許布納教授（Prof. Gerhard Haszprunar）、卡爾女士（Eva Anna Maria Karl）、珂瑜邦德訥女士（Ruth Kühbandner）、馬荷莉克女士（Nina Mahovlic）、米育樂女士（Marianne Müller）、米育樂先生（Matthias Müller）、諾依曼先生（Dirk Neumann）、史托克女士（Bärbl Stock）、舒伯特先生（Johannes Schubertn）、溫瑟德先生（Markus Unsöld）。慕尼黑動物學蒐藏館之友協會與賀悉市儲蓄銀行大方贊助本書出版費用，特別感謝辛特曼女士（（Elisabeth Hintelmann）長期贊助蒐藏館動物之友協會。

慕尼黑周蒲女士（Tina Zop）、慕尼黑動物學蒐藏館之舒伯特女士（Johannes Schubert）、以及賀斯特城的萊依阿茲特（Dr.Karl Dieter Reinartz）協助校搞，並提供寶貴之修改意見。

新銳生活22　PB0037

新銳文創
INDEPENDENT & UNIQUE

亞馬遜森林探勘先鋒
——徐畢克斯用科學寫日記，發掘全新物種

作　　者	Klaus Schönitzer
譯　　者	陳克敏
責任編輯	杜國維
圖文排版	莊皓云
封面設計	蔡瑋筠

出版策劃	新銳文創
發 行 人	宋政坤
法律顧問	毛國樑　律師
製作發行	秀威資訊科技股份有限公司 114 台北市內湖區瑞光路76巷65號1樓 電話：+886-2-2796-3638　傳真：+886-2-2796-1377 服務信箱：service@showwe.com.tw http://www.showwe.com.tw
郵政劃撥	19563868　戶名：秀威資訊科技股份有限公司
展售門市	國家書店【松江門市】 104 台北市中山區松江路209號1樓 電話：+886-2-2518-0207　傳真：+886-2-2518-0778
網路訂購	秀威網路書店：http://www.bodbooks.com.tw 國家網路書店：http://www.govbooks.com.tw

出版日期	2017年7月　BOD一版
定　　價	380元

國家圖書館出版品預行編目

亞馬遜森林探勘先鋒：徐畢克斯用科學寫日記,發
掘全新物種 / Klaus Schönitzer著；陳克敏譯.
-- 一版. -- 臺北市：新銳文創, 2017.07
面；　公分. -- (新銳生活；22)
BOD版
譯自：Ein Leben für die Zoologie : die Reisen und Forschungen des Johann Baptist Ritter von Spix
ISBN 978-986-94864-2-2(平裝)

1. 徐畢克斯(Spix, Johann Baptist von, 1781-1826) 2. 傳記 3. 動物學

784.38　　106008646

讀者回函卡

感謝您購買本書，為提升服務品質，請填妥以下資料，將讀者回函卡直接寄回或傳真本公司，收到您的寶貴意見後，我們會收藏記錄及檢討，謝謝！如您需要了解本公司最新出版書目、購書優惠或企劃活動，歡迎您上網查詢或下載相關資料：http:// www.showwe.com.tw

您購買的書名：________________________________

出生日期：________年________月________日

學歷：□高中（含）以下　□大專　□研究所（含）以上

職業：□製造業　□金融業　□資訊業　□軍警　□傳播業　□自由業

□服務業　□公務員　□教職　□學生　□家管　□其它______

購書地點：□網路書店　□實體書店　□書展　□郵購　□贈閱　□其他

您從何得知本書的消息？

□網路書店　□實體書店　□網路搜尋　□電子報　□書訊　□雜誌

□傳播媒體　□親友推薦　□網站推薦　□部落格　□其他__________

您對本書的評價：（請填代號　1.非常滿意　2.滿意　3.尚可　4.再改進）

封面設計____　版面編排____　內容____　文／譯筆____　價格____

讀完書後您覺得：

□很有收穫　□有收穫　□收穫不多　□沒收穫

對我們的建議：________________________________

____

____

____

請貼
郵票

11466
台北市內湖區瑞光路 76 巷 65 號 1 樓

秀威資訊科技股份有限公司　　收

BOD 數位出版事業部

…………………………………………………………………………

（請沿線對折寄回，謝謝！）

姓　　名：____________　　年齡：______　　性別：□女　□男

郵遞區號：□□□□□

地　　址：______________________________

聯絡電話：(日)____________　(夜)____________

E-mail：______________________________